"出土文献与中国文学研究丛书"编委会

出土文献与中国文学研究丛书

陈良武　主编

北大汉简老子研究

吴文文◎著

社会科学文献出版社

SOCIAL SCIENCES ACADEMIC PRESS (CHINA)

作 者 简 介

　　吴文文，男，江西余江人，1976 年出生，文学博士，闽南师范大学文学院教授，硕士生导师，厦门大学老子道学传播与研究中心兼职研究员，《中华老学》副主编。主持与《老子》有关的国家社科基金西部项目、教育部青年基金项目各一项，出版著作三部。主要从事出土文献、道家思想研究，在《中国文字学报》《中国训诂学报》《诸子学刊》等刊物发表论文三十余篇。

内 容 简 介

　　《北大汉简老子研究》一书分为上下两编。上编聚焦于北大汉简《老子》的语言文字学研究，积极运用古文字、新近出土文献等材料，从文字、音韵、语法、同源字等角度对汉简《老子》进行了较为深入细致的探讨。下编涉及北大汉简《老子》思想的研究。对汉简《老子·上经》首章与《老子·下经》首尾两章分别开展了全面的校勘工作，在此基础上，对此三章所蕴含的老子哲学思想进行了剖析。此外，对汉简《老子》不同于其他版本的分章特征及其义理依据进行了探讨。

　　本书注重研究方法、研究角度的综合运用，积极探索学科交叉背景下古本《老子》研究视域的拓展，可供广大《老子》研究者和爱好者参考。

总　序

汤漳平

闽南师范大学文学院的"出土文献与中国文学研究丛书"即将付梓，嘱予为之序。看着这沉甸甸的十部著作，回忆起多年来文学院的老师们在这一学科领域中所付出的巨大精力与艰辛，我不由得心潮澎湃。

出土文献与中国文学研究，是中国文学史研究中极具前沿性的研究方向。常言道，"十年磨一剑"，这十部著作，正展示了闽南师范大学文学院近十年来在该研究领域中所取得的丰硕成果。其中，有多项是国家社科基金和教育部规划项目的结项成果，已经获得有关鉴定专家的好评；一批相关论文也已在报刊公开发表，在一定程度上填补了相关领域空白，拓展了研究的思路。

20年前，闽南师大文学院（当时是漳州师范学院中文系）在讨论学科的重点研究方向时，便将出土文献与中国文学研究确定为古典文学研究的重点方向，以提高古代文学师资队伍质量，也用以培养硕士研究生对这一研究领域的关注和兴趣。虽然说当时系里的师资力量并不雄厚，但是并没有人对此提出异议。报送省教育厅后，教育厅十分支持，立即将我校这一课题列为省古代文学的重点研究方向。2005年，教育部对我们申报的课题"出土文献与中国文学史研究"予以批准立项，给我们很大的鼓励，也成了我们第一阶段工作的起点。我在《出土文献与中国文学史研究（先秦卷）》（2011年版）的后记中有这样一段话：

感谢教育部对这项课题的支持与资助。从2005年教育部立项后，我们立即组织漳州师范学院古典文学教研室的老师投入这一课题的研究，希望能够尽快拿出成果来。但是这毕竟是一个比较新的研究课题，而且应当承认我们这支队伍中的多数人原先接触这方面的材料也很有限，更遑论自己进行研究了。然而，如果仅仅综述一下前人的研究成果意义虽有，但并不很大。因此，我们在组织队伍并进行分工时，就要求大家一要熟悉相关内容，熟悉前人的研究成果，掌握最新资料；二要投入研究，以自己的研究成果来补充和加强、加深研究工作的进展，应能提出本专题在未来研究中具有前瞻性的问题。我们不仅是为完成课题而开展研究，更希望在这一工作进行的过程中，培养和锻炼出一支能够熟悉并从事这一领域研究的队伍来。因此，我们的这一部书，既有各专题研究状况的综述，又有各自作为支撑的研究成果。应当讲，我们的目的已经初步达到。

2008 年，我们的课题已经取得阶段性的成果。为了推进这一领域的研究，也考虑到距离首届北京会议已过九年，我向学校提出，由我校组织召开第二届全国出土文献与中国文学史研究学术研讨会。这个建议当即得到校领导特别是老校长林继中先生的支持，古代文学教研室的老师大多撰写了相关研究领域的论文。会议召开时，省外也来了不少学者，本次会议达到了我们预期的效果。不久，我们出版了会议的论文集，也相应加快了课题的研究进度。

2010 年，我们的课题如期结项，并于 2011 年正式出版了先秦卷。这样，加上此前出版的《出土文献与〈楚辞·九歌〉》《汉魏晋南北朝诔碑文研究》，我们已经有了四部出土文献与中国文学史研究的著作，可以开始考虑第二个十年的工作计划了。

特别值得高兴的是，我们第二届会议的召开，确实起到了二传手的作用，高校的古代文学界被触动了。我们的会议开完不久，山东济南大学蔡先金副校长和张兵主任与我们联系，讨论共同推进在高校古代文学研究中重视出土文献研究的工作。蔡校长告诉我们，他们准备召开第三届出土文献会议，届时邀请我们参加。此后，济南大学成立了"出土文献与中国文学研究中心"（2010），并一鼓作气连续举办了第三届（2012）、第四届（2014）出土文献与中国文学史研究学术研讨会，进一步起到了扩大宣传的作用。

闽南师范大学文学院从第二个十年开始，就向更高的目标冲击。2013 年，黄金明老师的"出土文献与秦汉魏晋南北朝文学研究"获得国家社科基金项目立项。2014 年，陈良武老师的"百年来出土文献与中国文学史研究史论"获得国家社科基金项目立项。要完成这两个选题，如果过去没有一定的积累，是很不容易的。金明得益于自己前期的诔碑文研究的成果积累，而良武得益于在"先秦卷"中承担了大量的工作。因为当时我承担的任务太多，同学们在背后叫我"汤总"，意思是什么事都管。良武和常斐在"先秦卷"中协助我做了许多工作。

与此同时，我拉着王朝华老师一起来完成中华书局约好的《老子》"三全本"的撰写任务。我也是从"先秦卷"中发现朝华具有比较强的思辨能力。在《老子》"三全本"撰写过程中，我们毫无疑义要认真研究最新出土的各种文献资料，尤其是帛书《老子》和北大简《老子》。2014 年7 月《老子》"三全本"如期出版，得到了专家和读者的一致好评，迄今已发行几十万册。前年已签订版权转让合同，入选国家对外学术交流的"大中华文库"。2020 年，商务印书馆又出版了现代阐释本《老子》。本丛书所收的王朝华老师的《出土简帛与先秦两汉典籍专题研究》应能体现出其行文的风格。

尤其值得一提的是，本丛书收入了五位年轻学者的几部专著。这些专著中有四部多是从文字学的角度，结合出土文献，对许多问题作出新的阐释，让人有耳目一新之感。"第八届出土文献与中国文学研究学术研讨会"由复旦大学出土文献与古文字研究中心承办，我当时就特别高兴。在致辞中，我说"这是一次突破"。因为准确释读古文字，是研究出土文献的基础。以前，每一期的《古文字研究》我都是要看的，网上一些重要的相关信息我也十分关注。不仅文字学，考古学动态也非常需要了解。以前《考古》《文物》《中原文物》《江汉考古》等重要的考古学杂志，我也是每期必读的。不同学科相互联系的重要性，我就不需要多说了。

本丛书还有一部我校 2016 年举办的"第五届出土文献与中国文学史研究学术研讨会"的论文集。六年前开的会，现在出论文集，是迟了一些，但论文集中许多学者的真知卓见是不会过时的。第五届会议上，来自全国各地高校的学者特别多，他们对于我校一连获得两个关于出土文献的国家社科基金项目深感惊讶。我校不仅有在校生提交了这方面的研究论文，也有已毕业的学生带着他们的研究成果返校来参加本次会议，大家都认为我校在这一研究领域成果确实喜人。第五届会议之后，黄金明、陈良武、蔡树才等的国家社科基金项目先后顺利结项，其成果已纳入本丛书中。嗣后，本丛书中的作者又先后获得"《诗经》学出土文献汇辑汇校集释与《诗经》学专题研究"（陈良武，2022）、"出土文献视域下的《老子》字义诠释和文本整理"（吴文文，2022）、"出土战国叙事文献整理与研究"（蔡树才，2021）等数项国家社科基金项目，显现出我校在此领域研究中良好的发展态势。

2022年，经过努力，酝酿多年的"出土文献与中国文学暨文化研究中心"获准成立。中心将继续聚焦出土文献，开展出土文献与古代文学暨文化的研究，开展中华文化元典的整理、阐释、现代转化及普及工作。陈良武为中心负责人，本丛书即由其策划、主编。本辑丛书所包括的十部著作具体书目胪列如下（按作者姓名拼音排序）①

蔡树才:《出土简帛与东周文学考论》（2015年度国家社科基金项目成果）

陈练军:《居延汉简词汇的历史语用研究》

陈良武:《百年来出土文献与中国文学史研究史论》（2014年度国家社科基金项目成果）

何家兴:《新出文献文本释读与文学研究》

黄金明:《出土文献与秦汉魏晋南北朝文学研究》（2013年度国家社科基金项目成果）

黄金明、陈良武主编《出土文献与中国文学暨文化研究论稿》（第五届出土文献与中国文学史研究会议论文集）

贾燕子:《甲骨文文字分类解析》

王朝华:《出土简帛与先秦两汉典籍专题研究》

吴文文:《北大汉简老子研究》（2014年度教育部人文社会科学研

---

① 贾燕子教授另著有《甲骨文祭祀动词句型研究》（社会科学文献出版社，2022），亦作为"出土文献与中国文学研究丛书"之一，已先期出版。

究青年基金项目成果）

　　杨继光:《碑刻文献校读与研究》

　　我衷心祝贺本丛书早日问世，并期待"出土文献与中国文学暨文化研究中心"后续更多成果的出现。是为序。

汤漳平

2022 年 11 月 12 日

前　言

2009 年初，北京大学接受捐赠，获得了一批从海外回归的西汉竹简，这批竹简在内容上"全部属于古代书籍，未见文书类文献，因此可称之为'西汉竹书'。竹书含有近二十种古代文献，基本涵盖了《汉书·艺文志》的古书分类法'六略'中的各大门类"[1]。令人惊喜的是，这批竹简中包含《老子》一书，可称为"北京大学藏西汉竹书《老子》"，或"北大汉简《老子》"，或"汉简《老子》"。[2] 随后，北京大学出土文献研究所对这批竹简进行了整理，并于 2012 年出版了《北京大学藏西汉竹书（贰）》一书，书中包含汉简《老子》的全部图版，为学界从各角度开展研究提供了便利。据整理者统计，汉简《老子》共 281 枚，其中完整简 176 枚，简长 32 厘米，三道编绳，有契口。每简容 28 字，字形清晰匀称。韩巍先生认为，汉简《老子》的抄写年代有可能到武帝前期，但不可能早到景帝，介于帛书甲乙本和传世的王弼本与河上公本之间。[3]

关于汉简《老子》主人的身份，整理者认为"北大西汉竹书的原主人应与阜阳双古堆汉简、定州八角廊汉简的墓主人身份接近，有可能属于汉

---

① 北京大学出土文献研究所编《北京大学藏西汉竹书（贰）》，上海古籍出版社，2012，"前言"第 2 页。

② 本书有时也将北京大学藏西汉竹书《老子》简称为"北大汉简本"或"汉简本"。或直接省去《老子》两侧的书名号，称为"北大汉简老子""汉简老子""西汉竹书老子""竹书老子"等。以上诸多称谓均指该书，特此注明，下文不再一一标注。

③ 韩巍：《西汉竹书〈老子〉的文本特征和学术价值》，北京大学出土文献研究所编《北京大学藏西汉竹书（贰）》，上海古籍出版社，2012，第 209 页。

代的王侯一级"①。

在各古本《老子》中，北大汉简本首次将《老子》分为《上经》和《下经》。这印证了《史记·老子韩非列传》中"于是老子乃著书上下篇"的说法。此外，被尊称为"经"，是《老子》文本演变过程中具有标志性的事件，这在形式上确立了其在众多书籍中的经典地位。汉简《老子》中的上经、下经部分，在马王堆帛书乙本《老子》中分别属于德篇、道篇。原题葛玄所作的《老子道德经序决》中说："于是作道德二篇，五千文上下经焉。"②这一表述，亦与上述两古本《老子》篇名相呼应。

和各版本相比，汉简《老子》在形式上还有一个鲜明的特征，那就是每一章在竹简起始处以圆形墨点"●"作为分章符号，一章结束了，在简尾留空白，另起一简书写下一章。这种书写方式的优点是章与章之间界限十分清晰。由此得出，汉简《老子》共七十七章，其中《上经》四十四章，《下经》三十三章。本书从义理角度对汉简《老子》的分章进行了探讨。

此外，汉简《老子》有不少独特的字词用法，这对《老子》版本的校勘具有重要的参考价值。比如王弼本《老子》第十四章"绳绳不可名"，汉简本作"台台微微不可命"，"其上不曒"的"曒"，汉简本作"杲"；第十六章"守静，笃"，汉简本作"积正，督"；第二十五章"有物混成"，汉简本作"有物纶（昆）成"，"寂兮寥兮"，汉简本作"肃觉"，"大曰逝"，汉简本作"大曰慸"；第三十一章"恬淡"，汉简本作"銛偻（镂）"；第三十六章"将欲废之，必固兴之"，汉简本作"将欲废之，必古（姑）举之"，"柔弱"，汉简本作"夒弱"；等等。对这些唯独见于汉简《老子》的字词用法，学者进行了较为深入的研究，取得了一些值得重视的成果。比如，王弼本第四十一章的"道隐无名"，汉简本作"道殷无名"。复旦大学古文字与出土文献研究中心陈剑教授受汉简本"殷"字启发，重新审视帛书乙本的"道褒无名"，认为帛书本整理者的原释读"褒"有误，帛书《老子》乙本该残破字形应释读为"段"，在先秦出土文献中，"段"和"殷"往往互相讹混。这种有价值的异文还有不少，本书对相关研究成果进行了收集整理。

---

① 北京大学出土文献研究所编《北京大学藏西汉竹书（贰）》，上海古籍出版社，2012，"前言"第3页。

② （汉）河上公章句，王卡点校《老子道德经河上公章句》，中华书局，1993，第313页。

关于汉简《老子》正文字数，"据统计，汉简《老子》全书正文现存五千二百字，另重文一百一十字，此外还有计字尾题十三字，简背篇题八字。推测原书正文应有五千二百六十五字（较其自注字数多二十字），另重文一百十四字"①。

北大汉简《老子》的面世，为老子学研究提供了新的契机。作为中国传统文化的重要元典之一，《老子》历来受到人们的重视和喜爱。历代先贤从各种角度对《老子》进行了阐释考证，到元代，已是"道德八十一章，注者三千余家"②。因此，当代人研究《老子》，必须回答的一个问题是：我们何以能在《老子》的考据和义理阐释等问题上产生新的思考、提出新的观点？

首先，我们拥有比古人更多的古本《老子》材料。张岱年先生说："清代毕沅以来，校订《老子》者多家（如罗振玉、马叙伦、劳健、朱谦之等），但所据旧本，以唐碑、唐卷为最古，尚未见到唐代以前的写本。"③而随着 1973 年汉代马王堆帛书《老子》（甲、乙两本）和 1993 年战国时期的郭店楚简《老子》的相继面世，我们在《老子》文本的校勘和训诂方面拥有了此前学者所未曾见过的新材料。在四古本《老子》中，汉简《老子》有其独特的重要价值。北京大学出土文献研究所整理者认为，在几种出土《老子》文本中，汉简《老子》堪称善本。"以往所见的三种简帛《老子》古本虽然年代早于汉简本，但都不够完整。郭店本仅有传世本内容的五分之二。帛书本虽是相当成熟的全本，但残破较甚；虽然甲、乙两本可互相补充，但仍有不少残缺的文句无法补出。因此，汉简本是目前保存最为完整的简帛《老子》古本，对于《老子》文本的整理校勘具有重要意义。"④丁四新先生认为，研究老子思想或引用《老子》文本，都应当以汉简本为主要依据。⑤笔者在本书的姊妹篇《北大汉简老子译注》（中华书局，2022）一书的后记中，把各版本尤其是四古本《老子》比喻为"拼图"，四古本和

---

① 北京大学出土文献研究所编《北京大学藏西汉竹书（贰）》，上海古籍出版社，2012，第121页。

② （元）张与材：《〈道德玄经原旨〉序》，《道藏》第 12 册，文物出版社、上海书店出版社、天津古籍出版社，1988，第 725 页。

③ 高明：《帛书老子校注》，中华书局，1996，张岱年《序》。

④ 北京大学出土文献研究所编《北京大学藏西汉竹书（贰）》，上海古籍出版社，2012。

⑤ 丁四新：《老子思想研究的文本依据：观念及其原则》，《社会科学战线》2022 年第 6 期。

通行本对《老子》文本的演变、校勘、释读都有其独特价值。

　　其次，注重学科交叉以及研究方法、研究角度的综合运用也将有力推动老子学研究。就《老子》文本的校勘、训诂而言，应进一步发扬乾嘉学者因声求义等科学理论和科学方法，并善于结合近来同源字考证、词汇演变考察、语法分析、考古学、古文字考释、方言研究等领域的新进展，这些新的研究方法和研究条件，是之前很多大学者所不具备的。拥有新材料、新方法，当代老子学研究者在堪称汗牛充栋的前代研究成果面前也无须妄自菲薄，老子学在当代取得新进展将是毋庸置疑的。

　　闽南师范大学文学院近期把土文献研究作为学科建设和学术发展的重要生长点，对本书的出版给予了大力支持。本书集中了笔者近年来有关北大汉简《老子》和其他三种古本《老子》的研究论文，主要从文字、音韵、训诂、语法等语言文字学角度切入，很多内容已经先后发表在一些刊物上，今不揣鄙陋，以专书的方式出版，敬请方家批评指正。

吴文文

2022 年 8 月 9 日

目　录

上　编

北大汉简《老子》的语言文字学研究

第一章 汉简《老子》通假字及用韵研究

1936 年，钱玄同在给于安澜的信中，曾感叹先秦以后上古音研究的不足："然专尊先秦，于汉魏以下不屑措意，偶有涉及，辄以'变音'一词了之，是亦通人之弊也。"[①]罗常培甚至认为："清代对于汉代语音真正做过一些工作的只有王念孙一个人。"[②]周祖谟在《两汉韵部说略》一文对前代学者段玉裁、孔广森、王念孙、张成孙的汉代语音研究进行了述评，同时也指出，关于汉代语音的研究，一是研究者寡，二是研究还不够深入。[③]近年来，出现了不少对汉代语音进行研究的专著和论文，我们按照其使用的材料对相关研究进行简要列举。

一 近来有关汉代语音的研究

根据使用材料来看，近来有关汉代语音的研究大致可分为以下三类。第一类是利用韵文材料进行的汉代语音研究。比如罗常培、周祖谟合著的《汉魏晋南北朝韵部演变研究》，利用汉魏晋南北朝诗文用韵为材料，系统、全面地研究汉魏晋南北朝 800 年间韵部演变；王力在《汉语语音史》中利用张衡等人的汉赋用韵对汉代（以东汉为主）韵部进行了研究；于安澜的《汉魏六朝韵谱》用韵谱的方式，对汉魏六朝的韵文用韵情况进行了罗列。

---

① 于安澜著，暴拯群校改《汉魏六朝韵谱》，河南人民出版社，1989，第 3 页。
② 罗常培、周祖谟：《汉魏晋南北朝韵部演变研究》，中华书局，2007，第 2 页。
③ 周祖谟：《两汉韵部说略》，《周祖谟语言学论文集》，商务印书馆，2001，第 113 页。

此外，邵荣芬①等学者也利用这类材料以单篇论文的形式对汉代语音进行了探讨。

第二类是利用通假字材料考订汉代语音。其中利用汉代简帛等材料中的通假字考订汉代语音的有周祖谟《汉代竹书和帛书中的通假字与古音的考订》、赵诚《临沂汉简的通假字》、李玉《秦汉简牍帛书音韵研究》、刘宝俊《秦汉帛书音系》与《秦汉帛书音系概述》、张儒《关于竹书、帛书通假字的考察》等。在《汉代竹书和帛书中的通假字与古音的考订》一文中，周祖谟利用山东临沂银雀山汉墓竹简中的《孙子兵法》《尉缭子》和长沙马王堆汉墓帛书中的《周易》、《老子》甲本、《老子》乙本、《经法》、《战国纵横家书》共七种材料与传本对校，根据上述简帛文本中爬梳整理出来的通假字，对汉代的声韵调进行了探讨。②最近利用汉代其他出土文献材料开展汉代语音研究也日益受到重视，比如邱龙升在《汉代镜铭的同音通用字考察》一文中，统计了汉代铜镜上的铭文中的同音通用字（通假字）。③吴文文《从东汉碑刻通假字考订东汉语音》一文，利用东汉45方碑刻中的通假字为材料探讨了东汉时期的语音特点。④

第三类是利用声训、读如、读若、梵汉对音等材料研究汉代语音。此类著作和论文可参看拙文《从东汉碑刻通假字考订东汉语音》中综述部分的相关内容介绍。

"清人只着重在周秦音的考证，厚古薄今，对于后代语音的发展就很少研究。"⑤由上述列举的专著和论文可知，近来对汉代语音的研究正日益深入，研究方法有所更新，研究材料日益丰富，研究成果较清代音韵学学者而言，也有了很大的进展。

北大汉简《老子》是抄写于西汉时期的文献，其中有不少通假字，且《老子》一书又是韵文，因此，我们据此材料，开展对西汉语音的考察。据北大汉简《老子》整理者分析，北大汉简《老子》"抄写年代有可能到武帝

---

① 邵荣芬：《古韵幽、宵两部在后汉时期的演变》，《语言研究》1983年第1期。
② 周祖谟：《周祖谟语言文史论集》，学苑出版社，2004。
③ 邱龙升：《汉代镜铭的同音通用字考察》，《南昌大学学报（人文社会科学版）》2010年第5期。
④ 吴文文：《从东汉碑刻通假字考订东汉语音》，《安康学院学报》2011年第6期。
⑤ 罗常培：《序》，罗常培、周祖谟：《汉魏晋南北朝韵部演变研究》，中华书局，2007，第1页。

前期，但不太可能早到景帝"①，"下限不晚于宣帝"②。据此可知，汉简《老子》的抄写时间以及其通假字所能反映的语音时代，大致在汉武帝至汉宣帝之间，也即公元前 140 年至公元前 49 年。

二 北大汉简《老子》中的通假字

我们首先收集整理了北京大学藏西汉竹书《老子》中的全部通假字材料。确定通假字和本字的具体做法是将北大汉简《老子》（以下简称"汉简本"）和王弼本《老子》（以下简称"王本"）的文本进行对比，按照章节顺序罗列。首先排除一些因字形相近而产生的讹字，用"〈 〉"标出本字。如北大汉简《老子》第二十章（王本第五十七章）："民多利器而固〈国〉家兹昏"；第三十七章（王本第七十三章）："勇于不敢则枯〈活〉"；第五十三章（王本第十章）："爱民沽〈治〉国"。又如一些"木"旁和"扌"旁相混的字，如"槫（抟）气至柔""椊（挫）其锐"等。其次，在考订语音时，还应排除异体字。如汉简本第六十八章（王本第二十七章）："善数者不用梼〈筹〉筞"等。那些因版本不同尚存在争论的用字也不列入，如第二章"万物作而弗辞"，王本为"万物作焉而不辞"，傅奕本为"万物作而不为始"，"辞"和"始"显然也不能视为通假关系。

确定通假字后，查找出全部通假字及其本字的音韵属性。具体做法是，在"【 】"内依次列其在《广韵》③中的声调、韵部和声母，最后根据郭锡良《上古音手册》④列出其在上古音的韵部。在后面的小括号内按照同样顺序列出本字的上述音韵属性。本字和通假字音韵地位完全相同者，用【同】表示，如：

藏【平唐精，阳部】（藏【平唐从，阳部】）；
规【平支见，歌部】（窥【平之溪，歌部】）；

---

① 北京大学出土文献研究所编《北京大学藏西汉竹书（贰）》，上海古籍出版社，2012，第 2 页。
② 北京大学出土文献研究所编《北京大学藏西汉竹书（贰）》，上海古籍出版社，2012，第 209 页。
③ （宋）陈彭年：《宋本广韵·永禄本韵镜》，江苏教育出版社，2002。
④ 唐作藩：《上古音手册》，江苏人民出版社，1982。

生【平庚生，耕部】（姓【去清心，耕部】）；

聂【入叶娘，叶部】（摄【入帖泥，叶部】）；

智【去支知，支部】（知【平支知，支部】）；

政【去清章，耕部】（正【平清章，耕部】）；

有【上尤云，之部】（又【去尤云，之部】）；

姓【去清心，耕部】（生【平庚生，耕部】）；

被【上支并，歌部】（彼【上支帮，歌部】）；

精【平清精，耕部】（清【平清清，耕部】）；

渴【入曷溪，月部】（竭【入薛群，月部】）；

禄【入屋来，侯部】（碌【同】）；

桎【入质章，质部】（质【去脂知，质部】）；

摴【平模晓，鱼部】（吾【平麻疑，鱼部】）；

医【入帖溪，叶部】（歙【入叶书，叶部】）；

属【入烛章，侯部】（注【去虞章，侯部】）。

限于篇幅，这些通假字及其音韵属性不一一列出。通假字按照其与本字在字形上的关系分为四类，全部在下文列出。

三 以汉简《老子》通假字为材料考订西汉语音

（一）这些通假字与其所代表的本字在字形上的关系

1. 本字以通假字为声旁

如：发（废）；厥（蹶）；堇（勤）；辱（黦）；臧（藏）；规（窥）；生（姓）；聂（摄）；孰（熟）；复（覆）；齐（济）；来（勑）；央（殃）；正（政）；兑（锐）；兹（滋）；章（彰）；晢（蟄）；夬（缺）；亨（烹）；位（莅）；共（拱）；四（驷）；若（诺）；兹（慈）；亢（抗）；苦（枯）；责（积）；俞（愈）；亚（恶）；顷（倾）；争（静）；方（妨）；严（俨）；广（旷）；至（致）；云（芸）；母（侮）；芒（荒）；熙（熙）；台（似）；蜀（独）；屯（沌）；或（惑）；章（彰）；兄（况）；或（域）；睘（還）；立（位）；古（姑）。

2.通假字以本字为声旁

如：智（知）；璽（弥）；有（又）；姓（生）；脱（兑）；薄（搏）；倚（奇）；虖（乎）；宵（肖）；葆（保）；冈（网）；懁（懼）；畸（奇）；参（三）；浴（谷）；揞（昏）；佻（兆）；视（示）。

3.通假字与本字声旁相同，形旁不同

如：被（彼）；精（清）；渴（竭）；禄（琭）；抹（昧）；刑（形）；学（教）；命（名）；诎（屈）；晐（孩）；错（措）；揣（揣）；热（势）；奠（尊）；僅（勤）；蛇（迤）；逢（丰）；薄（普）；赫（螫）；狻（朘）；详（祥）；苛（奇）；芙（妖）；抵（柢）；葆（保）；唯（雎）；豪（毫）；侍（持）；敛（俭）；適（敵）；謞（默）；脱（税）；蒿（槁）；辅（補）；功（攻）；恙（祥）；眇（妙）；侍（恃）；佁（似）；脱（锐）；墐（勤）；揄（愈）；荧（营）；修（涤）；殖（埴）；殴（驱）；以（始）；泽（释）；忘（妄）；何（阿）；遗（匮）；抗（顽）；请（情）；说（悦）；剽（飘）；偏（徧）；劈（辙）；適（谪）；炊（吹）；隋（堕）；避（譬）；欽（禽）；说（脱）；寘（镇）。

4.通假字与本字在形体上完全不同

如：與（誉）；桎（质）；鄗（郊）；瀸（惨）；虖（吾）；直（得）；匛（歙）；属（注）；番（爪）；逐（育）；亭（成）；介（挈）；街（径）；抠（握）；幽（嗄）；畛（尘）；计（察）；刖（列）；葆（宝）；肥（配）；肆（彻）；气（器）；气（既）；殴（也）；侥（徼）；上（尚）；旖（兮）；袗（尘）；桓（揣）；允（锐）；橐（托）；计（诘）；运（混）；杲（暾）；没（惚）；芒（恍）；杶（敦）；安（焉）；乡（享）；訌（恍）；视（是）；发（伐）；趋（骤）；炊（企）；叕（赘）；孩（改）；纶（混）；愆（逝）；贠（忒）；盼（割）。

（二）北大汉简《老子》通假字所反映的声母方面的特点

在声母方面，根据《广韵》，属于相同的发音部位而发音方法不同的居多。有些是送气与不送气之分，这在北大汉简《老子》通假字中例证很多，如：

　　亢—抗【见—溪】；方—妨【非—敷】；广—旷【见—溪】；

精—清【精—清】；诎—屈【溪—见】；介—挈【见—溪】；
计—诘【见—溪】。

有些是清浊之分，如：

兹—慈【精—从】；脱—兑【透—定】；膴—乎【晓—匣】；
被—彼【并—帮】；渴—竭【溪—群】；薄—普【并—滂】；
脱—锐【透—定】；殖—埴【禅—昌】；何—阿【匣—影】；
请—情【清—从】；避—譬【并—滂】；蠲—惨【从—清】；
发—伐【非—奉】；趋—骤【清—崇】。

可见在北大汉简《老子》所能反映的时期，清浊音的分别、送气音与
不送气音的区别和中古音相比不甚明显。

下面按照声母的不同类别，分别展开探讨。

1. 唇音

清人钱大昕《古无轻唇音》一文认为上古汉语只有重唇音"帮滂并
明"，没有轻唇音"非敷奉微"，这一点早已为学界所承认。汉简《老子》
中有一些通假字方面的证据，如：

敷—布【敷—帮】；逢—丰【奉—敷】；辅—补【奉—帮】。

2. 舌音

清代钱大昕《舌音类隔之说不可信》认为上古汉语只有舌头音"端透
定泥"，没有舌上音"知彻澄娘"，这在北大汉简《老子》通假字中也可找
到例证。如：

直—得【澄—端】；佻—兆【透—澄】；
梼—筹【端—澄】；杝—敦【彻—端】。

3. 照组二等字

照组二等字即"庄初崇生"四母。这四母黄侃等人已经提出古音读近

"精清从心"。周祖谟列举了汉代竹简和帛书中一些通假的例子来证明这一点。①北大汉简《老子》中的通假字也有一些这样的例子，如：

> 责—积【庄—精】；争—静【庄—从】；
> 蚤—爪【精—庄】；姓—生【心—生】。

4. 照组三等字

"照穿床审禅三等字在谐声上与端透定和知彻澄关系比较密切，古音当读近舌头音，钱大昕已有论证。在古文字里，甲骨文'屯'即'萅'（春），金文里'氐'即'致'，'冬'即'终'，可证照穿审古读如舌头音。"②下面列举汉简《老子》中这一类通假的例子：

章母：

> 畛—尘【章—澄】；之—治【章—澄】；
> 至—致【章—知】；适—敌【章—定】；
> 适—谪【章—知】；桎—质【章—知】；
> 畛—尘【章—澄】；叕—赘【知—章】。

审（书）母：

> 脱—税【透—书】；以—始【以—书】；
> 泽—释【澄—书】；说—脱【书—透】
> 说—悦【书—以】。

禅母：

> 蜀—独【禅—定】；侍—持【禅—澄】；
> 亭—成【定—禅】；懲—逝【彻—禅】。

---

① 周祖谟：《两汉韵部说略》，《周祖谟语言学论文集》，商务印书馆，2001，第131页。
② 李新魁：《上古音"晓匣"归"见溪群"说》，《李新魁自选集》，河南教育出版社，1993，第1~20页。

5. 邪母

周祖谟在《汉代竹书和帛书中的通假字与古音的考订》一文中指出：
"近人已有文章论到邪母古音接近定母，因为在谐声上邪母与喻母定母的关系十分密切。"① 汉简《老子》中有一些通假字的例子，也可以作为很好的旁证。如：

台—似【透—邪】；恙—祥【以（喻四）—邪】；
怡—似【以（喻四）—邪】。

6. 匣母

李新魁在《上古音"晓匣"归"见溪群"说》一文中认为，魏晋以前，晓匣两纽的字与见溪群纽没有区别。② 匣母在谐声上与见母、群母的关系较为密切，汉简《老子》中匣纽和见纽或群纽相通的有 5 例，晓纽和见纽相通的有 1 例，如下：

纶—混【见—匣】；睘—還【群—匣】；晐—孩【见—匣】；
学—教【匣—见】；苛—奇【匣—见】；蒿—槁【晓—见】。

7. 喻三归匣

曾运乾在《喻母古读考》③ 提出喻三等在上古音隶属匣母。汉简《老子》通假字中亦有例证。如：

或—域【匣—云（喻三）】；运—混【云（喻三）—匣】。

8. 泥娘日

章太炎有《古音娘日二纽归泥说》，认为娘日二母古读为泥。汉简《老子》中有泥日二母的两个字通假的例子，如：若—诺【日—泥】。

① 周祖谟：《两汉韵部说略》，《周祖谟语言学论文集》，商务印书馆，2001，第 121 页。
② 李新魁：《上古音"晓匣"归"见溪群"说》，《李新魁自选集》，河南教育出版社，1993，第 1~20 页。
③ 曾运乾：《喻母古读考》，《东北大学季刊》1927 年第 2 期。

9. 晓母和明母、以母关系密切

申倩利用出土文献中的通假材料，详尽考察了《古文字通假字典》一书中涉及晓母的 249 次古音通假，其中明母和晓母共有 28 次通假，明母和以母（喻四）通假有 3 例。[1] 孙玉文说，明晓相通这种现象，古人早已注意到。比如段玉裁注《说文》，不仅注意到这种现象，而且还把其中的一些晓母字注成明母。例如"耗"从毛声，晓母字，段注"《水经注》曰'燕人谓无为毛'。故有用毛为无者，又有用耗者，初读莫报切，又读呼到切"。[2]

汉简《老子》中的相关例证如下：

芒—荒【明—晓】；捪—昏【明—晓】；
没—惚【明—晓】；耺—熙【以（喻四）—晓】。

（三）北大汉简《老子》通假字所反映的韵部方面的特点

1. 阴声韵之间相通或阳声韵之间相通，其韵母元音必然相近

视—示【脂部—支部】；视—是【脂部—支部】；
奠—尊【真部—文部】；炊—企【歌部—支部】；
罳—還【耕部—元部】；
俞—愈【幽部—侯部】；趋—骤【侯部—幽部】。

王力认为："从东汉时代，幽部加入先秦侯部一等字（《切韵》侯韵字）。其实从西汉时代起，先秦侯部一等字就有一些转入幽部。例如枚乘《七发》叶'酒口'，王褒《四子讲德论》叶'兽茂母'。"[3] 上述侯部一等字"愈""趋"和幽部的流摄字"俞""骤"分别相通也印证了这一语音演变现象在西汉时期就开始了。

---

① 申倩:《基于出土文献通假字的上古晓母研究》,《汉字文化》2019 年第 1 期, 第 27 页。
② 孙玉文:《试论跟明母谐声的晓母字的语音演变（一）》,《古汉语研究》2005 年第 1 期, 第 3 页。
③ 王力:《汉语语音史》, 商务印书馆, 2010, 第 115 页。

2. 阴阳入相配对转，元音必相同

遗—匮【微部—物部】；枕—敦【文部—微部】；
棷〈掃〉【上豪心，幽部】（奥【去豪影，觉部】）；
若—诺【鱼部—铎部】；亚—恶【铎部—鱼部】；薄—普【铎部—
鱼部】。

3.《广韵》去声韵祭、泰、夬、废和入声韵相通

周祖谟主张去声祭部和入声月部分立。在《诗经韵字表》《古音有无上
去二声辨》《两汉韵部略说》以及《汉魏晋南北朝韵部演变研究》中，祭部
都是独立的韵部。从北大汉简《老子》通假字所反映的西汉语音来看，去
声和入声通假的有 11 例，去声和去声通假的有 1 例。这唯一的例子即北大
汉简《老子》第六十六章："大曰懲"，据王弼本此处作"大曰逝"。通常认
为"懲"和"逝"通假，但《广韵》云"懲，极也"，"懲"作"极"义也
是符合本章义理的，因此此处"懲"是否通"逝"还需要商榷。由此可见，
北大汉简《老子》通假字材料支持"古无去声"之说。

脱【入末透，月部】（兑【去泰定，月部】）；
热【入薛日，月部】（势【去祭书，月部】）；
脱【入末透，月部】（锐【去泰定，月部】）；
说【去祭书，月部】（悦【入薛以，月部】）；
说【去祭书，月部】（脱【入末透，月部】）；
发【入月非，月部】（废【去废非，月部】）；
厥【入月见，月部】（蹶【去祭见，月部】）；
计【去齐见，质部】（察【入黠初，月部】）；
刖【入辖疑，月部】（刿【去祭见，月部】）；
叕【入薛知，月部】（赘【去祭章，月部】）；
懲【去夬彻，月部】（逝【去祭禅，月部】）；
吤【去皆见，月部】（割【入曷见，月部】）。

四 北大汉简《老子》用韵研究

《老子》一书的用韵，历来为研究上古音的学者所重视。这方面的研究，较为全面的有朱谦之《老子校释》，该书每章附有"音韵部分"，对历来的老子用韵研究成果进行了罗列，同时也提出了自己的看法。此书于《老子》文字、训诂校释之外，"以江有诰《老子韵读》为主，参之以吴棫之《韵补》，顾炎武之《唐韵正》，江永之《古韵标准》，姚文田之《古音谐》，邓廷桢之《双砚斋笔记》（卷三），李赓芸之《炳烛篇》，推求经文古韵，句求字索。又刘师培、奚侗、陈柱及高本汉之《老子韵考》（Bernhard Karlgren: *The poetical parts in Lao-Tsi*）说《老子》古音，颇多臆说，亦有可取者，间附以己见，然后知五千文率谐声律，斐然成章。韵理既明，则其哲学诗之为美者可知矣"①。对上述诸家《老子》用韵的研究者，朱谦之推重江有诰和姚文田两家："江晋三以《廿一部谐声表》，姚文田以《古韵廿八部》，于五千言之中，句求字索，使韵理日明。虽不无遗漏之处，而乖舛甚少。尤以江氏《韵读》，其分部与王念孙《古韵谱》同，学者取资焉。"②需要说明的是，上述江有诰等研究老子《用韵》的学者在韵例的划分方面，存在不少分歧。

而汉简《老子》作为新材料，对《老子》用韵研究显然有其独特价值。例如，江有诰的《老子韵读》据河上公本《老子》，认为其第一章中"此两者同出而异名"无韵。而查看北大汉简《老子》作"两者同出，异名同谓"。"出"和"谓"都是物部字，用韵整齐。又如，对于虚字是否入韵，是否要考虑句首韵、句中韵、交韵、抱韵等问题，各家存在不同看法。相应地，得到的结论差异也颇大。比如，江有诰《老子韵读》统计《老子》用韵共483处，姚文田《古音谐》统计《老子》用韵共430处。江有诰认为《老子》共有25章无韵，今人陈广忠则据帛书材料认为《老子》81章全部有韵。③

根据汉简《老子》的材料，我们在《老子》韵例的归纳这一问题上，

① 朱谦之：《老子校释》，中华书局，1984，第7~8页。
② 朱谦之：《老子校释》，中华书局，1984，第316~317页。
③ 陈广忠：《帛书〈老子〉的用韵问题》，《复旦学报（社会科学版）》1985年第6期。

不赞成过于宽泛。比如虚字入韵的问题。王显《诗经韵谱》认为，"《诗经》里头是没有纯用虚字押韵的"①。这一观点在分析汉简《老子》用韵时也值得我们考虑。比如第三十章，江有诰以为虚字入韵，认为"者、下"同为鱼部。②虽然此处郭店本及各传世本都有"者"字，但北大汉简本以及帛书《老子》甲、乙本这三个汉代版本都没有"者"字，参见表 1-1。

表 1-1 《老子》第三十章虚字用韵情况分析

	《老子道德经河上公章句》*	北大汉简《老子》	帛书《老子》甲本	帛书《老子》乙本
第三十章	以道佐人主者，不以兵强于天下，其事好还。师之所处，荆棘生焉。	以道佐人主，不以兵强于天下，其事好畏（还）。师之所居，楚棘生之。	以道佐人主，不以兵强□天下，□□□□，□□所居，楚朸生之。	以道佐人主，不以兵强天下，亓□□□，□棘生之。
虚字是否入韵	江有诰认为虚字"者"入韵	无虚字"者"	无虚字"者"	无虚字"者"

注：* 因为江有诰《老子韵读》是依据河上公本，故在此将《老子道德经河上公章句》和北大汉简本《老子》比较。

这一现象虽然可能和汉代语音或方音用字有关，但确实证明了虚字入韵不可取，因为句首或句末虚字依版本不同，带有很大的不确定性。这种不确定性在语气词是否入韵的问题上需要认真考虑。我们认为，韵文中一些语气词的使用，除了表示疑问等语法作用外，有些是为了补足音节，有些则是为了缓冲语句不押韵而产生的诵读时音律的紧张，因为语气词的语音可以根据其所在语境用韵的不同而作适当的音转。比如，汉简本第四十五章（王本第一章）："道可道，非恒道殹；名可命，非恒名也。"两个汉字"殹、也"，记录的应是当时语言中同一个语气词的音转。所以，语气词入韵更需慎重。

西汉时期的传世文献已经有一定数量的韵文材料，此前学者也据这些材料总结出西汉的一些语音特点，显然可以为北大汉简《老子》用韵研究提供参照。罗常培、周祖谟两位先生对两汉诗文用韵情况的研究较为全面。他们认为，两汉音和周秦音有两方面不同：首先是韵部分合的不同，其次

---

① 王显：《诗经韵谱》，商务印书馆，2011，第 79 页。
② 参见朱谦之《老子校释》，中华书局，1984，第 123 页。

是同部之内的字类有变动：

> 韵部分合的不同，在西汉时期最显著的是鱼侯合为一部，脂微合为一部，真文合为一部，质术合为一部。其次是歌与支、幽与宵通押较多，但是彼此之间仍然保存分立的形式。其余各部大都和周秦音的类别相同。这样阴阳入三声共有二十七部。至于字类上的变动，在诗文用韵里表现得较清楚的是之部尤韵一类的"牛丘久"等字和脂韵一类的"龟"字开始转入幽部。另外，鱼部的麻韵字如"家"、"华"之类有转入歌部的趋势，蒸部的"雄"字有转入冬部的趋势，都渐渐和周秦音不同。①

一方面，《老子》一书作为春秋时期的作品，其用韵具有先秦上古音（也即罗常培、周祖谟所指的周秦音）的特点；另一方面，作为西汉时期的出土文献材料，汉简《老子》自然也具备西汉语音以及其出土地域方言的特点。我们主要就能够反映西汉语音或其出土地方言的特点进行分析。与西汉语音有关的用韵情况列举如下：

鱼侯合韵2例：主、下（第三十章）；下、后（第六十六章）。

脂微合韵2例：夷、希、微（第十四章）。

歌支通押2例：离、儿、疵、雌、智（第十章）；雌、豁、离、儿（第二十八章）。

幽宵通押3例：道、笑（第四十一章）；道、鄙（第四十六章）；游、交（第六十一章）。

真文合韵：无。

质术合韵：无。

此外，汉简《老子》用韵还进一步验证了上文中该材料通假字所反映的一些语音特点，如：

鱼铎通韵1例：薄、华（第三十八章）。

幽侯合韵3例：数、守（第五章）；首、后（第十四章）；斫、手（第七十四章）。

---

① 罗常培、周祖谟：《汉魏晋南北朝韵部演变研究》，中华书局，2007，第13页。

去声祭部和入声月部分合问题。祭部独用只有两例：大、懲（第二十五章）；脱、兑（第五十六章）。祭月合韵则有 4 例：发、歇、渴、厥（第三十九章）；缺、敝（第四十五章）；拔、脱、绝（第五十四章）；杀、枯〈活〉、害（第七十三章）。此外，还有祭质合韵：计、夬（第五十八章）；祭物合韵：契、肆（第七十九章）；等等。

除了上述有关北大汉简《老子》语音特征的归纳，我们还发现，这些材料在考察《老子》文本的演进方面有独特的价值。刘笑敢认为，不同时期的传抄者，主观上会对老子文本进行一些有意识的加工。[1] 这种改进反映在用韵上，主要是为了适应当时的用韵特征，从而使改进后的《老子》文本用当时、当地的语言诵读起来更有韵律。通过对不同时代《老子》版本的比较就可以发现这种用韵上的加工。《老子》这部经典的演变时间跨度大，既有郭店《老子》、汉简《老子》、马王堆帛书《老子》等先秦两汉上古音时期的文本，也有众多中古音时期的《老子》文本如王弼本、敦煌唐写本、傅奕本等，因此，结合语音史来考察《老子》文本的演变具有可行性和必要性。但目前基本上是围绕某一《老子》文本开展用韵分析，尚未从文本演变角度结合语音史开展动态研究。朱谦之的《老子校释》"音韵部分"就是只根据《〈老子〉河上公章句》一书来进行研究的。结合语音史对《老子》文本演变进行考察，可为厘清不同文本出现的时间序列这一重要问题提供有力证据。比如，将北大汉简《老子》和《老子道德经河上公章句》在西汉语音特征方面的用韵情况[2] 进行比较（见表 1-2）。

表 1-2　《老子》北大汉简本与河上公本用韵情况比较

	北大汉简本《老子》	《老子道德经河上公章句》
鱼侯合韵	2 例	8 例
脂微合韵	2 例	2 例
真文合韵	无	4 例
歌支通押	2 例	3 例
幽宵通押	3 例	3 例

① 刘笑敢：《老子古今》，中国社会科学出版社，2006，第 32 页。
② 河上公《老子》用韵统计数据主要参考孙雍长《〈老子〉韵读研究》，《广州大学学报（社会科学版）》2002 年第 1 期。

　不难看出，和北大汉简《老子》相比较，《老子道德经河上公章句》在西汉语音特征方面的用韵在数量上有递增的趋势，尤为明显的是鱼侯合韵和真文合韵。这些信息，可为《老子道德经河上公章句》的成书时间和北大汉简《老子》的传抄年代等问题提供参考。关于《老子道德经河上公章句》的时代及其作者，众说纷纭，大致有秦汉、西汉、魏晋说。结合《诗经》用韵为代表的上古音到西汉时期语音的演变来看，《老子道德经河上公章句》的出现，应该在北大汉简《老子》抄写时间之后。

　　北大汉简《老子》通假字及其用韵提供了较为丰富的西汉语音信息。声母方面的特征如清浊音的区别、送气音与不送气音的区别和中古音相比不甚明显，匣母与见组声母同属一类，邪母与喻四、定母的关系十分密切，等等。用韵方面，具备罗常培、周祖谟总结出来的大部分西汉语音特点，如鱼侯合为一部，脂微合为一部，歌支通押，幽宵通押；同时，也存在一些与之不符的特征，如真文不同部、幽侯相押、鱼铎相押等。"时至于今，通过文献语言研究汉语的历史语音，必须面对复杂的语音，语音史必须要包括历史方音的内容，'一线制'的语音史有必要作新的改造。"①上述几个北大汉简《老子》通假字及用韵所反映的语音情况，如鱼铎通韵等，未被罗常培、周祖谟视为西汉语音特征，或许与北大汉简《老子》出土地域的方音有关；又如前文中包括汉简《老子》在内的几个汉代版本在虚字的使用上不同于其他版本的现象，所反映的是时间层面的语音特点还是空间层面的地域特点，既由于北大汉简《老子》出土地不详而存疑，同时也还需要结合更多同时期和有关地域的材料加以分析。

原载《广西师范大学学报（哲学社会科学版）》2015 年第 4 期，

人大复印资料《语言文字学》2015 年第 12 期全文转载。

---

① 刘晓南：《试论汉语语音史的历史方音研究》，《中国音韵学研究会第十八届学术讨论会暨汉语音韵学第十三届国际学术研讨会论文集》，广西南宁，2014 年 10 月。

第二章 以汉简《老子》字形为参照的汉代文字演变

一 北大汉简《老子》字形所处的时代及其字形特点

1. 字形所处时间的上下限

北大汉简《老子》整理者认为，从字体特征等因素分析，北大汉简《老子》"估计其抄写年代有可能到武帝前期，但不太可能早到景帝"[1]，"下限不晚于宣帝"[2]。据此可知，汉简《老子》的抄写时间大致在汉武帝至汉宣帝之间，也即公元前 140 年至公元前 49 年之间。

2. 字形书写规范

相对马王堆帛书《老子》、张家山汉简、银雀山汉简等字形材料而言，北大汉简《老子》字形的书写是比较规范的。例如，"言"字在其他简帛文字材料中异体众多，写法相当不一致。但我们考察北大汉简《老子》中 24 个"言"字的写法即可发现，传抄者有相当高的文字书写规范意识，同一汉字的字形在结构上基本相同[3]。比如北大汉简《老子》中共 4 个"闭"字，分别作 閉（善闭者无关键）、閉（塞其脱，闭其门；和其光，同其尘）、

---

[1] 北京大学出土文献研究所编《北京大学藏西汉竹书（贰）》，上海古籍出版社，2012，第 209 页。

[2] 北京大学出土文献研究所编《北京大学藏西汉竹书（贰）》，上海古籍出版社，2012，第 2 页。

[3] 考察北大汉简《老子》中复见频率较高的字形（如出现 71 次的"道"字、出现 37 次的"德"字、出现 21 次的"用"字、出现 15 次的"亦"字等）亦可得出相同结论。

⿵門甲（天门启闭）、⿵門甲（塞其脱，闭其门，终身不仅），这四个"闭"字字形相同。北大汉简《老子》整理者在将其字形与马王堆帛书《老子》字形进行比较后也评价说："学者早已指出，［马王堆］帛书两本并不是'善本'，抄写者的文化水平不高，态度也不算认真，衍文、错字、漏字比比皆是。与之相比，汉简本抄写者的文化水平要高得多，而且态度一丝不苟，通篇基本不见衍文、漏字，错字也屈指可数。我们推测，汉简本的抄写者应非寻常以抄书为生的书手，甚至不排除学者亲自校订手录的可能。将汉简本称为西汉中期的一个'善本'，应该是不过分的。"①因此，北大汉简《老子》书写较为规范确实是其字形特点之一。

3. 隶变后，北大汉简《老子》字形中新的区别特征的产生

从北大汉简《老子》可以发现，隶变过程中，一些因隶变而字形相近的字，为了在使用中不产生混淆，往往会通过一些方式对字形的书写进行重新调整。有些是通过笔画的长短加以区别，以"王"和"玉"为例，玉字作王，相对于"玉"字而言，"王"字的第三横笔画较长，作王（万乘之王）、王（而王居一焉）；有的是通过笔画的粗细加以区别，如"人"和"人"，"人"字作人，"人"字作人，"人"字的捺比较粗；有的是通过笔画间的相对位置加以区分，如"曰"和"日"。"曰"作曰，"日"字则写作日。通过上述各种方式，隶变后字形相近的文字形成各自不同的区别特征，以避免字形趋同而带来文字使用中的混乱。我们可以把这些区别特征作为判定其所处时代的重要参考。

二 以北大汉简《老子》字形为参照中心的汉代字形演变描写

于省吾先生在《甲骨文字释林·序》中说："我们研究古文字，既应注意每一字本身的形、音、义三方面的相互关系，又应注意每一字和同时代其它字的横的关系，以及它们在不同时代的发生、发展和变化的纵的关系。"②因此，研究汉字除了要关注单字本身形音义的相互关系之外，还应该

---

① 韩巍:《西汉竹书〈老子〉的文本特征和学术价值》，北京大学出土文献研究所编《北京大学藏西汉竹书（貳）》，上海古籍出版社，2012，第215页。

② 于省吾:《甲骨文字释林》，中华书局，2009，第3页。

将每一个汉字放在整个汉字系统中去考察，也就是要关注于省吾先生所说的"横的关系"；更为重要的是，必须从汉字流变的动态视角去考察，也即注意考察于省吾先生所说的"纵的关系"。为了从"纵的关系"去考察汉代文字的演变，我们尝试将北京大学藏汉简《老子》字形材料与《说文》字形、以睡虎地秦简为代表的秦隶字形、同时期的汉简字形、汉玺印字形以及后世楷书字形相比较，由此可以得出部分汉字由篆到隶（也即隶变）、由隶到楷的演变轨迹，同时可以弄清北大汉简《老子》字形在上述演变中所处的位置和所起的作用。为此，我们首先以笔画、个体汉字为单位，对其历时演变进行考察。

"对于今文字的具体字形演变轨迹的探寻是非常必要的，也是有规律可寻的。跟古文字相比，今文字的字形演变探求显得比较薄弱。"[1]汉代文字字形是隶变前各个时期文字的投影，同时，反过来也折射出汉字隶变过程中不同时期字体的字形，因此，可以利用这些材料反映汉字由篆到隶、由隶到楷的演变轨迹。

利用汉代文字材料来分析汉字的演变，一些学者已经做过这方面的尝试。如"贼"本为"从戈则声"的形声字，后来其字形演变为"从贝从戎"。王献唐曾用汉碑文字材料对"贼"字字形演变过程做过论述。[2]其对"贼"字演变过程之描述十分清楚，但没有对这种演变的原因进行说明。"贝"部字较多且常见，而"贼"字与这些字在结构上类似，书写者易于把它和贝部字归为一类，"贼"字在人们的书写过程中也逐渐混淆其中（而同是从"则"声的"鰂""铡"等字因声旁在右边，未受影响）。同时，在书写过程中，右边的"刀"与"戈"字渐渐组合演变成"戎"字，这样，就逐渐完成了演变。贼，金文作𧵘（散氏盘），《说文》："𧴱，败也。从戈则声。"睡虎地秦简作𧴱（34.32）、𧴱（法86），马王堆帛书作𧴱（甲60），北大汉简《老子》作𧴱，这些字形中的声符都是"则"，可见，这一演变至西汉尚不彻底。东汉《熹平石经》中有字形作𧴱，汉碑中《朝侯小子残碑》作𧴱，部首"贝"开始独立出来。但由《玉篇·戈部》"贼，《说文》作賊，败也"可知，这种演变在汉末至魏晋时期已经完成。根据王献唐的

---

① 储小旵、曾良：《汉魏碑刻文字演变考五则》，《古汉语研究》2007年第3期。

② 王献唐：《周虎段贼戈考记》，载氏著《那罗延室稽古文字》，齐鲁书社，1985，第60页。

分析,"贼"字的演变路径可参看表 2-1。

表 2-1 "贼"字的演变路径

散氏盘	《说文》小篆	朝侯小子残碑	李孟初神祠碑	今楷
𢦏	賊	賊	賊	贼

由此例可见,将汉简牍帛书文字、汉碑文字与秦隶、汉代玺印综合起来考察隶变过程,能够更为详尽而全面地描写一些汉字的隶变路径。我们将以北大汉简《老子》字形为参照点,综合《说文》、秦隶、汉碑等有关材料,对一些汉字在汉代由篆到隶、由隶到楷的演变进行描写和分析。

除了书写便捷之外,趋于对称的力量在演变中也起很大作用。比如"用"字的演变。"用"字甲骨文作 𠙹(前 4.6.4),金文作 𠙹(戊寅鼎)、𠙹(中山王鼎)。《说文》:"用,可施行也。从卜,从中。卫宏说。𠙹,古文用。"睡虎地秦简作 𠙹(25.50),马王堆帛书作 𠙹(老子甲 17),北大汉简《老子》作 𠙹,东汉时期的《熹平石经》作 𠙹,与《说文》小篆同构。《校官碑》作 𠙹,上面一横已经越过中间之竖线,靠近左边一撇。《张迁碑》作 𠙹,上面一横线已与左边一撇连接。看起来更对称了。武威汉简亦有字形作 𠙹(少牢一)亦是如此。今楷字形与此同。其演变路径可拟为:

𠙹前 4.6.4 → 𠙹戊寅鼎 → 𠙹《说文》小篆 → 𠙹汉简《老子》 → 𠙹校官碑 → 𠙹张迁碑

再如"煎""翦"等字中的"前"。北大汉简《老子》有"前"字作 �前,"前"所从之"止"讹变为横上三点的形状。"煎"字,马王堆一号墓竹简作 𤋱(126),流沙简作 𤋱(屯戍 10.8)。之后,进一步省略为横上两点的形状,如此则更对称了,如流沙简 𤋱(屯戍 12.1)。又,"翦"字,《说文》小篆作 𦐇,《汉印文字征》作 𦐇,与《说文》小篆同构。《古陶文字征》有字形作 𦐇(3.1371),该字形的横上三点,也当由"止"演变而来。银雀山汉简有字形作 𦐇(孙膑 262),《曹全碑》作 𦐇。横上三点省写为横上两点,也有追求对称美的原因在起作用。

在"萬"字的演变中,也可以看出追求对称的力量。"萬"字,甲骨文作 𤯢(乙 1215)、𤯢(前 3.30.5),金文作 𤯢(颂簋),《诅楚文》作 𤯢。《说文》："萬，虫也。从厹，象形。"睡虎地秦简作萬（24.27），北大汉简《老子》作萬，《武氏石阙铭》作萬，直到东汉延熹八年（165）的《西岳华山庙碑》中的字形，尚未演变为后来楷书"萬"字字形下部构件的"冂"形。"萬"字演变路径可拟为：

前3.30.5 → 颂簋 → 《说文》小篆 → 汉简《老子》 → 张迁碑 → 萬今楷

下面，以北大汉简《老子》字形为参照，结合相关字形资料，列举一些汉字的演变路径。

1. 作

《说文》小篆作，北大汉简《老子》作，东汉碑刻《孔宙碑》作。和《魏受禅表》中的，《孔宙碑》中的一样，右边构件"乍"上面的一点都处在上横中点的位置。在以下汉碑中的"作"字，可以看到这一点的位置渐渐靠左。如《史晨前碑》作，《礼器碑》作，《议郎元宾碑》作。综合小篆和汉碑材料，我们可以看到以上汉碑文字恰好演示了"作"字由隶到楷的清晰演变路径。这个演变过程就是字右边构件"乍"上的一点从中间向左边移动，并最终演变成楷书中的一撇：

《说文》小篆 → 汉简《老子》 → 史晨前碑 → 礼器碑 → 议郎元宾碑 → 作今楷

2. 及

金文作（保卣），象手逮人之形。《说文》："及，逮也，从又，从人。"睡虎地秦简作（24.18），马王堆帛书作（老子甲16），与《说文》小篆同构，仍大致能分别看出象人之形与象手之形。北大汉简《老子》作，象手之形状已不明显。在《曹全碑》字形中，象人之形的第二笔和象手之形的第一笔连接起来了，这是一个重要的变化，后来的楷书即沿袭此字形。从"及"的字如"级"，睡虎地秦简有字形作，《开通褒斜道刻石》则作，观察其所从之"及"的演变方式正相同。"及"字的演变路径可拟为：

保卣 → 《说文》小篆 → 睡虎地秦简24.18 → 汉简《老子》 → 曹全碑 → 及今楷

3. 丁

甲骨文作█（后下 6.2），金文作█（虢季子白盘）。《说文》："↑，夏时万物皆丁实。象形。丁承丙，象人心。"徐灏注笺："疑丁即今之钉字，象铁弋形。"隶变后象形图画渐渐符号化、线条化。睡虎地秦简作┛（13.61），《武威简》作┳（少牢一），《鲁俊碑》作丁。其演变路径可拟测为：

█ 后下 6.2 → █ 虢季子白盘 → ┛ 睡虎地秦简 13.61 → ┳ 武威简 . 少牢一 → 丁 鲁俊碑

4. 成

甲骨文作戌（续 6.13.7），金文作戌（墙盘）、戌（成周戈）。《说文》："戌，就也，从戊，丁声。戌，古文成从午。"《泰山刻石》作戌，《汉印文字征》作戌（新成日利），皆与《说文》小篆同构。汉碑中《西峡颂》作成，《熹平石经》作成（易·说卦），部件"丁"尚未讹变。但汉简《老子》作成，马王堆帛书作成（老子甲后 177），居延汉简作成（甲 713），部件"丁"已经讹变，后世楷书与此同。从时间上看，《西峡颂》《熹平石经》要晚于马王堆帛书时期，但"成"字所处的演变阶段反而靠前，这可能是因为碑刻使用正式的文字字形，所以较为保守。

"成"字的演变路径可拟为：

戌 成周戈 → 戌 《说文》小篆 → 成 西峡颂 → 成 汉简《老子》 → 成 今楷

5. 城

金文作城（元年师兑簋）、城（班簋），《说文》小篆作城，睡虎地秦简作城（秦 122），《诅楚文》作城，银雀山汉简作城皆与《说文》小篆同构。睡虎地秦简另有字形作城（杂 5），似乎与今楷字形相近，但由汉碑中《熹平石经》作城（春秋哀五年）、《圉令赵君碑》作城可知，秦简中此字形只是书写速度较快而形成的异写字，尚不是当时的规范写法。直到《曹全碑》"城"作城，《成阳田界石》"成"作城，构件"丁"才发生讹变。"城"字由隶到楷的演变至此大致完成。其演变路径可拟定为：

城 《说文》小篆 → 城 诅楚文 → 城 圉令赵君碑 → 城 曹全碑

6. 庶字构件"火"到"灬"的演变

"庶"字甲骨文作凶（前 4.30.1），金文作厎（宜侯夨簋）。《说文》："庶，屋下众也。从广、炗，炗，古文光字。"睡虎地秦简作厡（18.157），与《说文》小篆同构。马王堆帛书作庶（老子乙前 148 下），所从之"火"已经散开作四点，由此字形可看出构件"火"演变为"灬"的痕迹。《武威简》作庶（士相见九），《史晨碑》作庶，《曹全碑》作庶，皆已经完成由"火"到"灬"的演变。"庶"字的演变路径可拟为：

凶前 4.30.1→厎宜侯夨簋→庶《说文》小篆→厡睡虎地秦简 18.157→庶老子乙前 148 下→庶史晨碑→庶今楷

7. 道

金文作𢓊（散氏盘），《说文》小篆作𧗟。睡虎地秦简作道（日甲 25背），北大汉简《老子》作道，马王堆帛书作道（五十二病方 252），汉碑中《西岳华山庙碑》作道，右上构件皆演变为"止"。《韩仁铭》作道，睡虎地秦简又有字形作道（秦 119），《礼器碑》字形作道，"首"字上部三点已经省写成两点。由此例可知，汉字的演变并非遵循其所在材料的先后顺序，时间较早材料中的汉字字形，可能早已经完成了演变的过程，而时间较后的材料中的字形，却仍然保守，是不同步的。其演变路径可拟为：

𢓊散氏盘→𧗟《说文》小篆→道睡虎地秦简→道汉简《老子》→道礼器碑→道今楷

8. 闭

西周豆闭簋金文字形作𨳿；战国子禾子釜金文作閇。《说文解字》："閇，关门也。从门，才所以距门也。"按：门中应该是象用来关门的门闩之形。睡虎地秦简有字形作閇（秦 196），或已经彻底线条化的俗体字形閇（日甲 14）；北大汉简《老子》有字形作閇（善闭者无关键）、閇（塞其脱，闭其门；和其光，同其尘）、閇（天门启闭）、閇（塞其脱，闭其门，终身不勤）。这四个"闭"中的"才"字都有团块状，比睡虎地秦简中的俗体字形閇更加保守。其演变路径可拟为：

明 豆闭簋→ 子禾子釜→ 睡虎地秦简→ 汉简《老子》→ 张迁碑

9. 服

甲骨文作 （林 1.24.5），金文作 （大盂鼎）、 （班簋）、 （毛公鼎）。《说文》：" ，用也。一曰车右騑，所以舟旋。"睡虎地秦简中有从舟之字形作 （秦 62）、 （日乙 70）；也有类化为从月之字形，如 （为 35）。北大汉简《老子》中有完全类化为"月"的字形，如 （服文彩）；也有仍保持与"月"有所区别的较为保守的字形，如 （是以圣服）、 （美其服）。同一材料中存在不同演变阶段的两类字形，说明该材料正处于字形剧烈演变的时期。睡虎地秦简和北大汉简《老子》材料都处于这一时期。汉碑中从舟之例有《袁安碑》作 、《度尚碑》作 、《繁阳令杨君碑》作 。和秦隶相比，汉碑中服字的构件"舟"大多已演变为从"月"，如《曹全碑》作 、《孔宙碑》作 、《灵台碑》作 、孙根碑作 。顾蔼吉按："《说文》服从舟，变隶作月，与月肉字相混。"[①] 其演变路径可拟为：

林 1.24.5 → 大盂鼎→ 日乙 70 → 汉简《老子》→ 孙根碑→ 曹全碑

10. 首

甲骨文作 （前 6.7.1），金文作 （帅俞簋），《说文》小篆作 ，北大汉简《老子》作 。早至马王堆帛书《老子》甲本就出现了与今楷同构的俗体字形 ，但汉碑字形中仍保存沿袭《说文》小篆的痕迹，如《朝侯小子残碑》作 ，横上有三点。《熹平石经》作 ，《孔龢碑》作 ，有可能是三点省写为两点而成。其演变路径可拟为：

前 6.7.1 → 帅俞簋→ 《说文》小篆→ 汉简《老子》→ 朝侯小子残碑→ 熹平石经

11. 舟

甲骨文作 （佚 688），金文作 （南疆鼎）。《说文》："舟，毛冉冉也，

---

① 顾蔼吉：《隶辨》，中国书店，1982，第 644 页。

象形。”马王堆帛书《老子》乙本作🔲，与《说文》小篆同构。《郑固碑》作🔲，象腮旁胡须形的“仌”在《郑固碑》中两两连成横线之形。其演变路径可拟为：

🔲佚 688 →🔲南疆鼎→🔲《说文》小篆→🔲老子乙前 90 下→🔲郑固碑→冄今楷

12. 友

甲骨文作🔲（乙 2908），金文作🔲（矢令方彝）、🔲（墙盘），《说文》：“🔲，同志为友。从二又。相交友也。🔲，古文友。🔲，亦古文友。”马王堆帛书作🔲（老子乙前 145 下），定县竹简作🔲（91），汉碑中《张寿碑》与该汉简字形相近，作🔲。《熹平石经》作🔲。“友”字的演变路径可拟为：

🔲（乙 2908）→🔲（矢令方彝）→🔲《说文》小篆→🔲老子乙前 145 下→🔲定县竹简 91 →🔲熹平石经

13. 禹

金文作🔲（秦公簋），《说文》：“🔲，虫也，从厹，象形。🔲，古文禹。”居延汉简作🔲（甲 95A），与《说文》小篆同构。由汉碑中《西峡颂》字形🔲及《石门颂》字形🔲，可看出“禹”字下部构件逐步完成规范化为“冂”的过程。楷书字体中《魏封孔羡碑》作🔲。其由篆到楷的演变路径可拟为：

🔲秦公簋→🔲《说文》小篆→🔲居延汉简→🔲西峡颂→🔲魏封孔羡碑

14. 介

甲骨文作🔲（前 1.45.6），金文作🔲（师虎鼎）。《说文》：“🔲，画也，从八，从人，人各有介。”罗振玉：“象人著介形，介联革为之。”[1]睡虎地秦简作🔲（法 207），马王堆帛书作🔲（老子甲 91），北大汉简《老子》作

---

① 罗振玉：《增订殷墟书契考释》，朝华出版社，2018，第 82 页。

，所从之"八"与所从之"人"仍保持分离，与《说文》小篆同。汉碑中《石经仪礼残碑》作，《说文》所从之"八"和所从之"人"开始连接，进而演变为今楷之"介"形。"界"字马王堆帛书作（老子乙前61上），流沙简作（屯戍7.3），所从之"八"与所从之"人"仍保持分离，与"介"字的演变类似。东汉碑刻中《白石神君碑》作，《衡方碑》作。"介"字的演变路径可拟为：

（前1.45.6）→（師�鼎）→《说文》小篆→汉简《老子》→石经仪礼残碑→介今楷

15. 今

甲骨文作（乙7818），金文作（召伯簋）。马王堆帛书作（老子甲69），北大汉简《老子》作，《华山庙碑》作，与《说文》小篆同构。居延汉简作（甲78），《李孟初神祠碑》作，下部分构件演变成"丁"，由于汉字的书写主体用右手书写，倾向于由左向右的笔势，促使"今"的下部构件"丁"进一步演变。其演变路径可拟为：

乙7818→召伯簋→汉简《老子》→居延汉简→李孟初神祠碑→今今楷

16. 以

《说文》："㠯，用也，从反已。贾侍中说，意已实也，象形。"甲骨文作（粹221），从字形看，可能正如《说文》所引贾侍中说，象薏苡米之形。金文作（趞孟），字形中果实之形和枝干已经分开。小篆有秦《绎山碑》作，汉《袁安碑》作，其枝干已经演变为构件"人"。汉简《老子》作，隶变后字形有《尹宙碑》作，今楷与此字形同。另有一系字形作（后上25.7）、（颂簋）、（北海相景君铭）等，与《说文》小篆一样，当是略去枝干之形的省写。"以"字的演变路径可拟为：

（粹221）→趞孟→绎山碑→汉简《老子》→尹宙碑

17. 皮

金文作（叔皮父簋），石鼓文作。《说文》："，剥取兽革者谓之皮。从又，为省声。，古文皮。，籀文皮。"《说文》对"皮"字的训释虽然无误，但小篆字形已经与金文等字形乖讹。并且由睡虎地秦简、银雀山汉简（孙膑220）以及北大汉简《老子》中的"被"字等更可以证实《说文》小篆字形之误。因此，分析"皮"的字形演变路径，《说文》小篆不适合作为参照。银雀山汉简（孙膑220）可视为由篆到隶演变的过渡字形。其演变路径可拟为：

叔皮父簋→石鼓文→睡虎地秦简→银雀山汉简→曹全碑阴

18. 盖

金文作（秦公簋），《说文》："，苫也，从艹，盍声。"睡虎地秦简有字形作（日乙23）、（秦195），《汉印文字征》作（许盖之），汉碑中《熹平石经》作，皆与《说文》小篆同构。睡虎地秦简又有字形作（日甲一背）、（日甲33），当是省写。睡虎地秦简有字形作（日甲117），汉印有字形（盖延寿印）、（任盖都印），则将"去"的下部分"厶"完全省去。从睡虎地秦简看其演变过程为：

秦公簋→《说文》小篆→日乙23→日甲一背→日甲117

从《汉印文字征》看此演变过程则为：

秦公簋→《说文》小篆→许盖之→盖延寿印

汉碑字形中也可看出这样一种演变，但由于"盖"字上部的构件"艹"在汉碑中演变为"丷"，且与"去"的上部构件"土"相连接。经过演变，字形如熹平石经之演变为诸如《曹全碑》之，进一步省去"去"字下部分构件后，则成为后来楷书盖字的源头，如《赵宽碑》中的。其演变路径可拟为：

秦公簋→盖《说文》小篆→盖熹平石经→盖曹全碑→盖赵宽碑

19. 思

《说文》："思，容也。从心囟声。"杨树达认为"思"是会意字："古人谓心主思虑。孟子曰：'心之官则思。'是也，故字从心。今人谓脑主思虑，造字者亦早知之，故字又从囟。囟训头会脑盖也，于此可见吾先民文化之卓越。"[1]"思"字在古文字字形中多从心从囟，如《包山楚简文字编》作、、《长沙子弹库帛书》作。此字于汉碑《郑季宣残碑》中作，与上述字形相比，上部构件中的尖端隶变为一点。《孙叔敖碑阴》作，已省去此点。上部构件类化为"田"，如东汉碑刻《史晨碑》作思。其演变路径可拟为：

《说文》小篆→恖郑季宣残碑→恩孙叔敖碑阴→思史晨碑

20. 诉

《说文》："愬，告也，从言，斥省声。"晋《张朗碑》作訴。后来其右边构件进一步类化为"斥"字，其演变路径正如段玉裁在《说文解字注》中所说："凡从屰之字隶变为斥，俗又讹斥。"[2]

訴《说文》小篆→訴晋《张朗碑》→诉今楷

21. 构件"廾"以及"恭"字的演变

战国《长沙子弹库帛书》作，是较早出现的"恭"字。《说文》："蕭，肃也。从心，共声。"《汉印文字征》作（卫恭私印）、（恭恪里附城），皆与小篆同构。北大汉简《老子》有"共"字作（虽有共之璧以先四马）、"兵"字作（兵者），"兵"与"共"字的下部都类化为"大"。"恭"字武威汉简作恭（士相见15），《圉令赵君碑》作，上部构件演变为"共"。"恭"字由隶到楷的演变主要体现在其所从之构件"心"的演变。

---

① 杨树达：《积微居小学述林》卷五，科学出版社，1955，第 56 页。
② （清）段玉裁：《说文解字注》，浙江古籍出版社，2006，第 100 页。

汉碑中《白石神君碑》作恭，三国吴凤凰元年碑刻《吴谷朗碑》作恭，与今楷"恭"字相近。其演变路径可拟为：

卫恭私印→武威汉简→白石神君碑→吴谷朗碑→恭今楷

22. 具

《说文》："具，共置也。从廾，从贝省。古以贝为货。"甲骨文作具（甲3365）、具（前8.6.4），金文作具（默钟）、具（孙叔师父壶），马王堆帛书作具（老子乙前5上），武威汉简作具（士相见12），汉碑中《石门颂》作具，《史晨碑》作具。其演变路径可拟为：

具前8.6.4→具默钟→具孙叔师父壶→具老子乙前5上→具武威汉简

23. 送

金文作送（舒壶），《说文》小篆作送。睡虎地秦简作送（日甲90）、送（杂38），马王堆帛书作送（老子甲64），皆与《说文》小篆字形同构。汉代字形中敦煌汉简作送（178），《熹平石经》作送，小篆所从之"廾"隶变后类化为构件"六"或者"大"，如上述《熹平石经》之字形以及《张迁碑》之送、流沙简之送（屯戍8.10）等。之后，下部构件类化为"天"，从而形成现行楷书中的字形。如武威汉简之送（士相见4）。从字形送（魏王基残碑）可以看出此演变痕迹。

送《说文》小篆→送睡虎地秦简→送熹平石经→送魏王基残碑→送武威汉简

24. 夜

金文作夜（师酉簋），《说文》："夜，舍也，天下休舍也。从夕，亦省声。"睡虎地秦简作夜（10.4），马王堆帛书作夜（老子乙前85上），皆与小篆同构，仍可看出"从夕，亦省声"的造字理据。武威简作夜（服传四），最明显的演变就是"亦"字上部的两条斜线（象两手臂形）隶变为一条直线，这是"夜"字演化过程中的一个重要步骤。相对而言，汉简《老子》中的"亦"字作亦，东汉《史晨碑》中的"夜"字作夜。至此，省写之

"亦"字已经被拆解，且左下部分已经演变出较为稳固的常用部件"亻"，至魏晋时期的《吴谷朗碑》作夜，部件"亻"进一步和右下部分分离，与今楷"夜"字已经没有什么大的差别了。其演变路径可拟为：

师酉簋→《说文》小篆→老子乙前85上→武威汉简→史晨碑→夜 今楷

25. 曲

金文作（曲父丁爵）。《说文》："象器曲受物之形。或说曲，蚕薄也。凡曲之属皆从曲。，古文曲。"北大汉简《老子》作，银雀山汉简作（孙膑155），居延简作（甲2443），东汉碑刻中《礼器碑阴》作，《仓颉庙碑》作。《郑直残碑》作曲，现行楷书与此字形同。其演变路径可拟为：

《说文》小篆→汉简《老子》→银雀山汉简→居延汉简→曲 郑直残碑

26. 先

甲骨文作（乙3798），金文作（虢季子白盘）。《说文》："前进也，从儿，从之。"睡虎地秦简作（24.25）；北大汉简《老子》作先（先后之相随）、先（象帝之先）、先（后其身而身先）、先（先天地生）、先（其欲先民也）、先（不敢为天下先）诸形。上部分仍然从"之"，与《说文》小篆同构。北大汉简《老子》中有些第一笔写得速度快一些，如先（共之璧以先四马），马王堆帛书（老子乙221下）则更为明显，"先"字上部构件发生讹变，这可能与汉字书写者右手执笔，从左端起笔有关。汉碑中《熹平石经》作先，与今楷相同。其演变路径可拟为：

乙3798→虢季子白盘→《说文》小篆→老子乙221下 汉简《老子》→先 熹平石经

通过上述例子可知，要详细、具体地描述汉字由古到今的演变，汉代文字材料在演变中是一个重要的中间环节。没有这些材料，也就无法有力地解释"服"何以从"月"、"思"何以从"田"、"诉"何以从"斥"等一大批造字理据丧失的字形演变现象。"隶变是古今汉字的分水岭，隶书之后的文字属于今文字，隶书的不同写法对于探讨今汉字的每一个具体字形的来历，提供了线索。某个字其具体演变过程，往往可通过不同异写得到印证。"① 在隶变这一由古文字到今文字演变的重大过程中，汉碑、汉简等字形对于描述这种演变是不可或缺的重要材料。

---

① 林志强:《汉碑隶体古文述略》,《古文字研究》第 26 辑，中华书局，2006，第 127 页。

第三章 据汉简《老子》证"建言"为老子所引之典籍

"建言"一词见王弼本《老子》第四十一章:

> "上士闻道,勤而行之;中士闻道,若存若亡;下士闻道,大笑。不笑,不足以为道。故建言有之:明道若昧,进道若退,夷道若纇……"

高亨、奚侗等学者认为"建言"是一本老子所看过的书,"建言"是《老子》中所引之典籍。高亨说:"'建言'殆老子所称书名也。《庄子·人间世》篇引《法言》,《鹖冠子》篇引《逸言》,《鬼谷子·谋》篇引《阴言》,《汉书·艺文志》有《谰言》。可证名书曰'言',古人之通例也。"① 奚侗也认为《老子》中的"建言"是古代书名。②

另一种观点认为,"建言"作"立言"解。持此观点的如陈鼓应、林希逸、蒋锡昌等。陈鼓应引林希逸之说:"建言者,立言也,言自由立言之士有此数语。"③ 蒋锡昌则反驳奚侗之说:"'建言'非古载籍名,谓古之立言者。老子引古立言者语,十四章所谓'执古之道'也。奚说非是。"④

---

① 高亨:《老子正诂》,清华大学出版社,2011,第68页。
② 奚侗:《老子集解》,《老子古注三种》,黄山书社,2014,第38页。
③ 陈鼓应:《老子今注今译》,商务印书馆,2012,第230页。
④ 蒋锡昌:《老子校诂》,成都古籍书店,1988,第271页。

一　北大汉简《老子》"建言"二字字形的考察

北大汉简《老子·上经》第四章和王弼本《老子》第四十一章相对应，行文有差异。王弼本作"故建言有之"，北大汉简《老子》作"是以建言有之曰"。考察北大汉简《老子》中的"建言"两个字，可以发现一个有趣的现象：抄写者有意采用了和当时通行写法不同的、较为保守的字形。

首先看"建"字。睡虎地秦简有字形为建（日甲 16，共 8 例）、建（日乙 16）。北大汉简《老子》中"建"字共出现了 3 次，其中"建言有之曰"的"建"作建。这一字形，其构件"聿"下部分的第一横，和睡虎地秦简中的古隶字形建类似，呈左右分开的断点写法，尚未隶变为一条平直的横线。但细看图片，该断点写法也有可能是由于此处竹简有一条竖的裂纹导致。汉简《老子》中另外两个"建"字的字形分别为建（建德如榆）、建（善建不拔），其构件"聿"的写法已经和成熟的隶书没有差别。比较可知，上述"建言"之"建"字，作者有可能采用了一种相对较为保守的写法。

考察汉简《老子》全部"言"字字形中，唯有"建言"之"言"字形较为特殊。统计可以得出，北大汉简《老子》中共有 24 个"言"字，其中《上经》"建言"之"言"作言，这一字形和《说文》小篆结构相承。而其他所有 23 个"言"字字形无一例外都采用了另一种写法，如言（不言之教）、言（犹虖其贵言）、言（言善信）等。经考察，这 23 个字形在结构上完全一致。

以"言"为构件的文字，其字形中"言"的写法也和上述 23 个"言"字写法一致，如计（其政计计）、信（忠信之薄）、信（美言不信）等。

北大汉简《老子》中"建言"二字，采用与当时通行写法不同的较为保守的字形，是出于偶然，还是作者有意为之呢？这一问题，可以为判断"建言"是否真如高亨等人所说——是一本《老子》所称引的典籍，提供重要信息。由于"言"字在出土文献中出现次数较多，且其隶古定字形和俗体字形差异较大，我们重点结合该字形在秦汉时期的演变进一步分析这一问题。

二 "言"字字形的演变

（一）汉代以前的"言"字字形

《说文》："言，直言曰言，论难曰语。从口，辛声。"郭店楚简有字形作言，包山楚简字形作言；睡虎地秦简中"言"字多见，作言（秦 1，32例）、言（语 11，7 例）、言（日乙 157，3 例）、言（法 12，3 例）、言（封91，6 例），显然都是承自小篆字形的隶古定写法。由《里耶秦简》字形言（J1.9.4）可知，汉代以前，"言"字就有了与《说文》小篆结构截然不同的俗体字形。

（二）汉代文字中的"言"字

1. 马王堆简牍帛书中的"言"字

马王堆帛书甲本不避"邦"字之讳，若依照避讳来判断，抄写时间在刘邦建立政权（公元前 202 年）前后。其"建言"部分已残毁，文本中"言"字字形如言（用兵有言）、言（吾言甚易知）、言（言有君，事有宗）等，与小篆同构的写法未有出现。但据《马王堆帛书文字编》①，马王堆简牍帛书中其他文献不乏与小篆同构的写法，如言、言等。

2. 张家山汉简中的"言"字

在隶变过程中，这种俗体写法在汉初越来越多见，且开始挑战与《说文》小篆同构的写法。如不晚于吕后二年（前 186）的张家山汉简《奏谳书》中，"言"字的写法颇为不一致。考察《奏谳书》中的一篇完整文章中的"言"字，既有俗体写法，如简 117 中的言（恐不如前言），简 118 中的言（故言曰与盗），又有保守的隶定写法如简 116 中的言（其妻租言如讲）。乃至在同一支竹简、类似的上下文中，都有两种字形，如《奏谳书》简 118中的言（何故不尽言请）和言（以此不尽言请）。这两类字形的使用似乎没有特别的规律和规则，在同一篇文章中交互随机出现，不同写法都是出于传抄者一种无意识的流露，正处在俗体写法和保守的隶定写法相互角力的时期。但从数量和出现频率来看，俗体写法在这个时期已占据上风，显然

---

① 陈松长：《马王堆帛书文字编》，文物出版社，2003。

有取代小篆隶定写法的势头。

3. 银雀山汉简中的"言"字

时间在张家山汉简之后约半个世纪、抄写于西汉文景时期至武帝初期（前140～前118）的银雀山汉简中，"言"字如小篆隶定写法的字形已经消失，"言"字的写法都为俗体写法，如字形🖎。构件"言"字也是如此，如🖎（274）、🖎（81）、🖎（163）、🖎（515）等。

4. 北大汉简《老子》中的"言"字

据整理者分析，北大汉简《老子》明显晚于银雀山汉简，估计其抄写年代有可能到武帝前期，但不晚于宣帝。[①]上述银雀山汉简中的"言"字和构件"言"，其中的竖笔"丨"和横画的相对位置非常不确定。且银雀山汉简中一些字形在保留此竖线的同时，也有大量从"言"的字形将其省略，如🖎（412）、🖎（322）、🖎（216）等。相对而言，北大汉简《老子》"言"字字形非常一致，不再有竖线和横线相对位置不确定的写法，也没有省去竖线的写法。这说明，北大汉简《老子》的传抄者有相当高的文字书写规范意识，不然，除"建言"之外的23个"言"字不会在结构上完全相同。北大汉简《老子》整理者在将其字形与马王堆帛书《老子》字形进行比较后也评价说："学者早已指出，马王堆帛书两本并不是'善本'，抄写者的文化水平不高，态度也不算认真，衍文、错字、漏字比比皆是。与之相比，汉简本抄写者的文化水平要高得多，而且态度一丝不苟，通篇基本不见衍文、漏字，错字也屈指可数。我们推测，汉简本的抄写者应非寻常以抄书为生的书手，甚至不排除学者亲自校订手录的可能。将汉简本称为西汉中期的一个'善本'，应该是不过分的。"[②]

如上所分析，首先，"言"字的俗体字形取代其小篆隶古定写法，是一个较为缓慢的过程，且依据抄写者而呈现不同的形式。这一过程在西汉初期的张家山汉简中已经进入尾声。其次，这一过程在银雀山汉简中已经基本结束，但字形不够规范。最后，在北大汉简《老子》材料中，我们可以发现西汉学者在规范化方面的作用，对书写者而言，这一字形已经具有了

---

①　北京大学出土文献研究所编《北京大学藏西汉竹书（贰）》，上海古籍出版社，2012，第209页。

②　北京大学出土文献研究所编《北京大学藏西汉竹书（贰）》，上海古籍出版社，2012，第215页。

相对稳定的书写形式。

因此，在这个时期，该学者在文本传抄中采用隶古定写法书写 "建言" 二字，有一种可能，那就是他认为 "建言" 两字所指示的事物、概念较为特殊而有意为之。那么， "建言" 所指称的，是一个什么概念呢？

三 "建言" 为《老子》所引之典籍

由上所述，我们可以得出， "建言" 二字采用隶古定写法，是抄写者有意为之。抄写者采用保守写法这一现象，大致可分为两类。第一类是与特定的书写活动有关。如玺印文字，多采用篆书，且约定俗成、相沿成习。又如东汉一些碑刻中，在正文多采用成熟隶书写法的同时，其碑额往往采用篆体结构的字形。第二类是作者出于某种用意特地为之。

裘锡圭先生说：

> 在隶书字形演变的过程里，新的字形出现之后，旧的字形往往迟迟不退出历史舞台。不但早期隶书里有这种现象，就是在成熟的隶书里也常常可以看到这种现象。……在少数东汉晚期碑刻上，还可以看到有意按照小篆字形来写隶书的复古现象。如 "农" 作 "農"（司农刘夫人碑）……等。[1]

在东汉时期， "按照小篆字形来写隶书" 是书写者 "有意为之"。为何 "有意" 采用这种复古字形呢？值得进一步思考。一种合情合理的解释是，由于 "司农" 是官职名，并且与碑主身份地位密切相关，为表示正式，庄重和崇敬，所以采用了 "按照小篆字形来写隶书" 的写法。这一现象，和北大汉简《老子》中用与小篆同构的隶书写法书写 "建言" 二字来表示对古代典籍的尊重，是出于类似的意识。

整理者综合考察字形等特征后认为汉简本《老子》是西汉中期的一个善本，北大汉简《老子》的传抄者 "应非寻常以抄书为生的书手，甚至不

---

[1] 裘锡圭：《文字学概要》，商务印书馆，2005，第78页。

排除学者亲自校订手录的可能"①。作为对古代典籍有相当了解的一名学者，用与通行写法不同的形式来书写这两字，目的是使之起到一种"书名号区别特征"的作用。而其用意，在于用较古的字形来表明《建言》这部书的重要和古老，用这种特殊的书写方式表明对这部典籍的尊崇。

四　《建言》是一本什么内容的书籍

《说文解字》："建，立朝律也，从聿，从廴。"马叙伦认为《说文解字》中"立朝"二字可能是校者所加而衍，"建"最初是作为"律"的异体字而出现：

> 律即建之异文，从彳犹从廴也。法律即法。周止言法，后世始言律。律借为法……"建"抑或本训律也。以异文相释。校者增"立朝"二字耳。②

按照马叙伦的观点，"建"最初只是"律"的异体字，其本义即"法"，"建"和"法"字义相近。因此，《老子》所称引之《建言》，和《庄子·人间世》所引用之《法言》，有可能是在当时具有很高权威性的同一类书籍。

《汉书·艺文志》诸子略载有《谰言》十篇，内容是"陈人君法度"，列在《周制》《周法》《河间周制》等书名之后，③这进一步表明，周朝时称"某言"的书籍，其内容可能与君王言论等权威的论述或法度等内容有关。遗憾的是，《老子》所引之《建言》、庄子所称引之《法言》以及《艺文志》中提到的《谰言》都亡佚了。

原载张显成、胡波主编《简帛语言文字研究》第九辑，
巴蜀书社，2017。

---

① 北京大学出土文献研究所编《北京大学藏西汉竹书（贰）》，上海古籍出版社，2012，第215页。

② 马叙伦：《说文解字六书疏证》，科学出版社，1957，第126页。

③ 陈国庆编《汉书艺文志注释汇编》，中华书局，1983，第106页。

第四章 "玄"字造字理据的考察与《老子》中"玄"的内涵

一 此前学者对"玄"字的说解

《老子》为"三玄"之一，如对"玄"字的造字理据不作出一个清晰的判断，就无法对《老子》一书中的相关概念比如"玄之又玄""玄牝""玄鉴""玄通（达）""玄同"等作出令人信服的界定和释读。因此，从文字学角度对"玄"字造字理据进行分析，对我们探讨老子哲学乃至道家哲学具有重要参考意义。《说文解字》："🎋，幽远也，黑而有赤色者为玄。象幽而入覆之也。🎋，古文玄。"许慎刈"玄"字给出了两个不同的释义，一条释义为"幽远也"；另一释义或是根据《诗经·小雅·何草不黄》所载"何草不玄"等文献材料，认为"玄"表示一种黑中带红的颜色。《汉语大字典》《汉语大词典》都采用了这一说法，认为"玄"的本义为赤黑色。王力《古汉语字典》："玄，黑中带红。"[1]甲骨文字形中也有"玄牛"二字的合文🎋（《合集》33276），"玄"是表示牛的毛色。

但是，将一种不是很常见同时也不甚明确的颜色作为"玄"字的造字本义，不人具有说服力。姚孝遂说："中国的汉字，就其最初的来源而言，主要是'近取诸身，远取诸物'，是客观事物的图像。在此基础上，将这些客观事物的图像进行符号化的改造，形成若干基本的形体，作为用于记录

语言的文字符号。"①概览汉字中表颜色的"红、蓝、黑、赤、橙、绿"等字，这些汉字的造字本义大多数也是和一些具体的事物有关。

一些学者根据"玄"字的古文字字形对"玄"字的造字本义作出另外的说解，但多失之于望文生义，如周谷城认为"玄"字象树上悬挂的果子，"玄"有"悬挂"义。②黄冠斌据$等字形认为"玄"字是串珠形。③吴效群据南阳地区的民俗认为古文"玄"字形$涉及生殖崇拜的内容。④

另一些学者从同源分化的角度考察和"玄"有关的一组字，为"玄"字的造字理据及其字形演变的研究提供了更为开阔的思路。如王筠："幺、玄二字古文本同体，特两音两义耳。小篆始加入以别之。"⑤马叙伦对《说文》中"玄"字两种不同释义进行了辨析："其实'幺丝玄系系丝'皆是一字。音转而形亦变。今遂各为义训。'系、悬'二字未造之时，即借'幺、系'为之。'幽远也'当作'幽也，远也'。幽也者即幽字。吕忱或校者加之。'远也'以声训，'黑而'以下十五字，亦忱或校者改之矣。"⑥

王玉堂则认为"玄""弦""幻"本是一字分化："于尧切之幺，本取丝形表示微细，胡涓切之幺取丝缴形表示弓弦，音义互异，形体则混。正因为如此，表弓弦义之字作玄，以别于表微细义之幺。"⑦

王蕴智从字形、字义引申以及语音演变等方面对"丝、幽、兹、兹、幺、玄"这一组字进行了深入细致的考察，认为这一组字的同源分化现象脉络清晰，源流贯通。⑧关于"玄"字的造字理据和字形演变，王蕴智认为这一组字形的源头如$，均象丝束之形，一些字形"如春秋吉日壬午剑铭'幺镠'之'幺'字作'$'，丝束形上羡出了多余的点状。其上面的点状后来或径写成短促的一横笔，于是便成了'玄'字之雏形"⑨。

① 姚孝遂：《序》，载王蕴智《殷周古文同源分化现象探索》，吉林人民出版社，1996，第1页。
② 周谷城：《古代对天地的认识》，《古史零证》，新知识出版社，1956，第36页。
③ 黄冠斌：《老子说的"玄"字是串珠形象》，《珠算与珠心算》2010年第5期。
④ 吴效群：《"玄"字本意的现代民俗学解读》，《河南大学学报（社会科学版）》1994年第6期。
⑤ （清）王筠：《说文句读补正》，清同治四年（1865）刻本。
⑥ 马叙伦：《说文解字六书疏证》卷八，上海书店，1985。
⑦ 王玉堂：《玄幻予的形义》，《古汉语研究》1989年第2期。
⑧ 王蕴智：《殷周古文同源分化现象探索》，吉林人民出版社，1996，第148~159页。
⑨ 王蕴智：《殷周古文同源分化现象探索》，吉林人民出版社，1996，第150页。

二 "玄"组字造字理据的分析

将上述"玄"组字的字源归结为"丝束",最早应源自许慎《说文解字》对"糸"字的说解:"糸,细丝也,象束丝之形。"但从甲骨文字形 （合21306）来看,"糸"字更像棉麻类纤维搓成的细绳形。后世学者沿袭了许慎这一解释,如"丝"字甲骨文作 ,罗振玉《增订殷虚书契考释》:"象束丝形,两端则束余之绪也。"笔者认为,"糸、丝、素、索"这组字的造字"意象",大致源自棉、麻等纺织品捻成或搓成的绳线,而"玄、幺、丝、幽、兹、兹"这组同源字字形的源头应和从蚕茧中抽取细丝这一生产活动有关。《说文》的说解,可能没有注意这种差异。证据有以下几方面:

1. "幺（玄）"字的早期字形,和"丝束"的说解不相符合。比如,"玄"字甲骨文 （25885）、 （27306）,西周中期金文 （同簋盖）,春秋晚期金文 （吴王光鉴）,字形皆象从蚕茧中抽取细丝。春秋晚期金文字形 （郏公牼钟）、包山楚简字形 以及"玄"字的《说文》古文 ,三个字形中加注的小点或是指代蚕茧中的虫蛹。而春秋晚期少虞剑金文字形 中"丝线"上的两个小点是示意从蚕茧中抽取出的细丝。"玄"字甲骨文 （25885）、 （27306）在后来的一些字形中演变为加注短横,如天策楚简作 ,亦是此类现象。这一演变和"末"字从金文 演变为望山楚简字形 （2.13）、《说文》小篆 类似,在六书中可归为指事字。王蕴智所说的"春秋吉日壬午剑铭'幺鏐'之'幺'字 ,字形羡出了多余的点状,其上面的点状后来或径写成短促的一横笔,于是便成了'玄'字之雏形"[1],其中的"羡余点状",亦应该是起指事作用。蚕茧由长 2000~4000 米的蚕丝构成,因此抽取出来的蚕丝通常细微、不易觉察,"细微、不易觉察"义,正是"玄""幺"这两个同源分化字共同具备的源义素。

2. 一些和"幺（玄）"同源或有关的甲骨文字形中,往往存在多种异体,其中的"蚕茧"形可以是两个,也有些是一个。其中一个蚕茧的字形和"丝束"的说解亦不相符合。如"兹"字: （33241）,"兹"字: （屯0029）,又如 （5292）和 （5291）这两个异体字所显示的亦是如此。

---

① 王蕴智:《殷周古文同源分化现象探索》,吉林人民出版社,1996,第 150 页。

3. 一些尚未释读出的甲骨文字形描绘的很像是抽丝时丝线与蚕茧繁乱的样子。如▉（35231）、▉（21028 习刻）、▉（22507 习刻）。

4. 蚕茧的"茧"字，《说文》古文作▉，是个形声字，其声符为"见"，形符为▉，象茧形；"茧"字睡虎地秦简字形作▉（日甲 13 背），字形中亦有蚕茧形和虫形。这也间接表明，幺（玄）字较早的字形▉、▉、▉、▉等，和蚕茧有关。

"幺"和"玄"上古字形无别，后来则因古人思维的发展，为表达具体与抽象的不同概念和词语而分化。相对而言，"幺"表示"细微、不易觉察"的具体事物，"玄"则表示形而上、抽象的"细微、不易领会"这类概念。

与"幺、玄"同源的"幽"字，亦有"细微、不易觉察"义。"幽"字甲骨文作▉、▉，《说文》："幽，隐也。从山，中丝，丝亦声。"容庚《金文编》："幽，从火，不从山。"字形中的意符"火"，或是如罗振玉《增订殷虚书契考释》所分析："古金文幽字皆从火从丝，与此同。隐不可见者，得火而显。""幽"字古文字字形从火从丝，或与古人夜间在明亮的火光旁从事抽取细微幽隐的蚕丝这一生产活动有关。

三 "玄"组字与"系"组字的区别特征

"糸、丝、素、索"等字形，比如"糸"的甲骨文▉（《总表》[1]5321）、▉（总 5322）、▉（总 5323），在字形上下两端往往具备"三叉"这一特征，表示线绳的头绪，正是罗振玉所说的"束余之绪"，是棉麻类纤维编织绳线时的常见特征。又如"丝"字甲骨文字形▉（总 5217）、▉（总 5318），和绳线有关的"束"字▉（总 5312）、▉（总 5314）、▉（总 5315）等。

而蚕丝因为具有较强的相互黏着性，蚕丝的头绪部分，通常不会出现分叉的特征。这一客观事实，也是"玄"组字字形中绝无出现系组字字形"束余之绪"这一特征的原因。如和"幺（玄）"字有关的"兹"▉（33241）、▉（37191），以及"幼"▉（00052）、"滋"▉（08356）等。

---

[1] 甲骨文字形后标有"总"字则表示该字形采自沈建华、曹锦炎编著《新编甲骨文字形总表》，香港中文大学出版社，2001。

造字时，这两类以"三叉"为主要区别特征的符号，记录的必然是不同的事物和概念，不然就没有保持这种差异的必要。另外，从语音角度看，"玄"组字和"糸"组字在上古音相距较远，从语言层面看，亦不存在同源关系，两者字源所代表的词，应该是源自不同的事物。

作为部首时，这种区别特征保持得不是很严格。在甲骨文材料中，"幺"、"糸"、"束"作为部首时存在彼此混淆现象。如"紟"字：💠（31812）、💠（辑佚0401）、💠（13751）。这也说明，"幺（玄）"与"系"组字有着共同或相近的意义范畴，但在具体所指上又是一种同中有异的关系。这种"异"就是和"幺（玄）"组字的造字理据和从蚕茧中抽取蚕丝有关。

许慎《说文解字》对这两组汉字造字理据的混淆，体现在《说文》一些相关汉字本义的错误阐释上，比如对"幺"字的说解："幺，小也。象子初生之形。"又如对"丝"字的说解，《说文》："絲，蚕所吐也。从二糸。"后世学者因未注意这两组字在字源上的差异，在释读时对两组字亦往往不加区分。如朱骏声《说文通训定声》对"玄"字的说解："此字当从半糸。糸者，丝之半；幺者糸之半，细小幽隐之谊。玄从此，会染丝意；更从此，会细绳意。许君盖从幼字生训，然幼会细小意不必子也，据文实无子初生形。"[1]又如李孝定《甲骨文字集释》按：甲骨文"实糸之初文"，"许书之幺乃由糸之古文所孳衍，形体不异而音义已殊。惟幺训'小也'犹为糸之本义'细丝也'一义所引申"。[2]

林义光《文源》认识到"玄"字和"丝"有关，但对其造字理据的分析不够彻底："（金文）像丝形，本义当为悬。《释名》：'玄，县也，如县物在上也。'县之义为虚，故引申为玄妙。空虚之处，色黯然而幽，故引申为黝黑。"[3]

就甲骨文材料看，"（幺）玄"字与字形相近的"午"字也保持区别度。这一特征在于字形中"蚕茧"的上下端都有可能有细丝形，如💠（25885）、💠（27306）；而"午"由于其造字本义为舂杵，字形的下端都没有细丝形，如"午"的甲骨文字形💠（27955）、💠（合补11300反）、💠（10405正）。

---

① （清）朱骏声：《说文通训定声》，中华书局，1984。

② 李孝定：《甲骨文字集释》，台湾"中央研究院"历史语言研究所专刊，1965。

③ 林义光：《文源》，中西书局，2012，第129页。

四　"玄"字造字理据及其与《老子》若干相关概念的相互印证

　　如上所述，"玄"字字形源自上古中国人日常生活中从蚕茧抽取细丝这一客观意象，抽取的蚕丝具有"细微、不易觉察"的特点，相应地，"玄"字也具有"细微""不易觉察"的义项。

　　老子道学往往也被称为"玄学"，可见老子哲学中的"道"与"玄"在内涵上有相通之处。老子哲学中"道"的内涵和特征，与"玄"字造字理据所生发出来的上述两个义项，应该是可以相互印证的。比如，王弼本《老子》第三十二章"天地相合，以降甘露"有"甘露"的意象，是指道的运化和作用具有幽微而久远的特征，道以一种时时刻刻存在着的细微力量作用于宇宙间的每一个角落、作用于每一个事物，如同甘露普降天下，万物均沾。甘露这一意象，用来说明道之力细微而不易觉察，天下万物却在不知不觉中受其滋润。正因为如此，道的作用"虽小，天下弗敢臣"。又如《老子》第七十三章"天网恢恢，疏而不漏"有"天网"意象。天道以不争善胜、不言善应、不召自来、默然善谋的方式实现其至大威力。虽然天道无目的、无意识，不是一个人格意义上的神祇，但万事万物都由其所化生，也为其所节制。因此这种威力和影响就像一张巨网，无声无息、无形无相，却又无所不在。综合上述两种意象可知，老子认为，道以一种时时刻刻存在着的、不易觉察的细微力量作用于万物。这正是"玄"字所具有的"细微、不易觉察"的意义。

　　"玄"字上述义项和《老子》中的一些概念也可以相互印证。比如《老子》第六章"谷神不死，是谓玄牝"中"玄牝"的概念。"玄牝"即"道"之形象化比喻。"牝"字甲骨文字形有 ⅓ⅼ、⅔ⅼ、𝑙、𝑙 等，是在"牛、羊、马、鹿"等字形上添加意符而成。意符 𝑙 象雌性哺乳动物的产道。可见"牝"是一个集体名词，古人用来统称所有雌性的哺乳动物。哺乳动物不但生产后代，而且还用乳汁哺育后代。这一特点，和道"生之畜之""衣养万物"，既化生万物，又生养万物的性质是类似的。"道"是万事万物所从出的源头，然而它又无形无相，因此老子采用雌性哺乳动物也即"牝"这一形象事物来比喻"本原之道"。再加上"玄"这一修饰语，用以形容"道"这一巨大的"雌兽"悄无声息而又绵绵不绝地化生万物。

又如"玄德"之"玄"。北大汉简本《老子》第十四章:"故生而弗有,为而弗持,长而弗宰,是谓玄德。""玄德"意思即幽微久远之德。道虽然参与到天地万物的每一个环节,它对万物的发生、发展、成熟、繁衍、衰弱、消亡都具有一种限定性,然而道生长万物却不据为己有,成就万物却不居为己功,如长辈般爱护万物却不私自主宰。这就是深远幽妙的"玄德"。"玄"在这里用来形容德以一种时时刻刻存在、细微而不易觉察的力量施加于万物之上。范应元说:"道生之而不以为己有,为之而不自恃其能,长之而不为之主,是谓玄远之德也。有德如此,而人莫能知,莫能见,故曰玄。"①

又如汉简本《老子》"修除玄鉴,能无疵乎?""玄鉴"是将人内在的幽微不测之心比喻为镜子。此处"玄"亦有"细微、不易觉察"义。又如汉简本第五十八章:"古之为士者,微妙玄达,深不可识。"描绘有道者在细微中缓慢而持久地运化,在无形中与外界相通达。"玄"在"玄达"中也有"幽微"义,"玄达"则是用以形容有道者存在一种无形的强大"场"作用于外界和身边的人,与外界相通达,这种力量"深不可识",也即"玄"不易觉察之义。

"玄"字字义还可以看出老子世界观与方法论的内在联系。"玄"字造字理据,从一个独特的角度反映了老子的世界观。"玄"有细微的特点,那么,体现在方法上则是"图难于其易,为大于其细"(王弼本《老子》第六十三章)、"合抱之木,生于毫末;九层之台,起于累土;千里之行,始于足下"(王本第六十四章);"玄"有"幽隐"也即"不易觉察"这样一个特点,所以和这一世界观对应的方法论有"为之于未有,治之于未乱"(王本第六十四章),也就是在一般人没有觉察到这种道的作用之前,就要采取"未雨绸缪"的措施。又因为道的作用是长久而时时刻刻存在着的,所以遵道者需"慎终如始,则无败事"(王本第六十四章)。

综上所述,"玄"字具有"细微""不易觉察"义;《老子》中"玄"字也具有上述相近的内涵。这样,从文字学和哲学两个不同的角度很好地印证了"玄"字字义这一问题。

---

① (宋)范应元:《老子道德经古本集注》,涵芬楼影印本。

五　余论

历史学家夏鼐说:"我国是世界上最早饲养家蚕和织造丝绸的国家,并且在一个相当长的时期内是唯一的这样一个国家。"[①]甲骨卜辞中有"桑"字,还可以看到隆重祭祀蚕神的记载。商代祖庚祖甲时曾用三对羊或三头牛来祭祀蚕神。[②]商代时期,丝绸生产活动已经很成熟了。"殷商西周的丝绸文物亦不少,并多见于青铜器、玉器或泥土的印痕中,出土地点集中在黄河流域中下游,如河南安阳、河北藁城、陕西宝鸡、山东淄博,还有辽宁朝阳等。从其印痕研究,丝绸种类已有绫绮类暗花丝织物、绞经织物、经二重织物,刺绣和染印加工的工艺亦已出现。"[③]商代青铜器的装饰花纹中,蚕的形象也屡见不鲜。[④]蚕、桑都能在古文字和出土实物纹饰中见到其形象,但是丝绸生产过程中的一个非常典型和生动的"蚕茧"形象却在为数众多的和丝绸有关古文字中缺失,不太符合常理。这也可构成支持"幺(糸)"组字是和从蚕茧中抽取细丝有关的间接证据之一。

从文献看,《诗经·豳风·七月》记载了整修桑条、养蚕、缫丝、绣织、炼染等丝绸生产的各个步骤。

李发、向仲怀综合各家意见整理出甲骨文中和丝绸相关的字 53 个,并且进行了分类。其中"丝"及其派生字 16 个;"糸"及其派生字 34 个;"幺"及其派生字 3 个。[⑤]他们对这些字形所在的甲骨卜辞进行了分析,得出结论说:"甲骨文中的丝及相关诸字使用量是较大的,从侧面反映至迟在商代,蚕桑丝织已经相当发达。但从甲骨文的使用情况来看,尚未见到其本义用法。这主要是因为甲骨文多为卜辞,其内容与占卜有关,所以见不到直接记载蚕桑丝织的信息也是极为正常的。因此,在使用这些材料时要明确,甲骨文中有丝、桑等字,并不意味着它们记载了商代丝织业的情况,要想对商代丝绸产业,或者对蚕丝文化进行深入探讨,仍需依赖于更多考

①　夏鼐:《我国古代蚕桑丝绸的历史》,《考古》1972 年第 2 期。

②　胡厚宣:《殷代的蚕桑和丝织》,《文物》1972 年第 12 期。

③　赵丰:《丝绸史与考古学》,《丝绸》1987 年第 9 期。

④　容庚:《商周彝器通考》,哈佛燕京社,1941,第 116~117 页。

⑤　李发、向仲怀:《甲骨文中的丝及相关诸字试析》,《丝绸》2013 年第 8 期。

古实物的出土。"①

甲骨卜辞中虽然没有"幺（玄）"组字和蚕丝有关的直接文辞证据，但甲骨文中，存在不少字形可以和丝绸生产活动的步骤相对应。

传统的丝织业，要经过缫丝、练丝、染丝、织丝四步骤。将蚕茧抽出茧丝的工艺概称缫丝。《说文》："缫，绎茧为丝也。"又："绎，抽丝也。"原始的缫丝方法，是将蚕茧放入锅中用水加热，使其脱去丝上的胶质后，丝头才能析出，便于抽理。《淮南子·泰族训》曰："茧之性为丝，然非得工女煮以热汤而抽其统纪，则不能成丝。"而一些甲骨文象蚕茧浸泡在器皿中，如𮠣（01682）、𬌁（08032）；有些字形甚至似乎是放置器皿中加热，如甲骨文𬱟②、𬔈等。甲骨文字形𬔈（1569反）、𬔈（08186反）上部为"束"，下部为"盧（郭沫若释为古爐字）"，因为"幺""束"、"糸"作为部首时有相混淆的情况，则此两个字形亦有可能属于一类。

因蚕丝十分细微，丝抽出后，需要将几股丝总在一起，叫作"總"，《说文》："總，聚束也。"意思是把丝线聚集起来。和这一类生产活动有关的字形有"茲"字：𬌁（11028），如𬔈（16238）、𬔈（屯 0029）、𬔈（屯 3764）、𬔈（16240）、𬔈（39425）、𬔈（32384），等等。

一些字形如𬔈（06352）、𬔈（08173）、𬔈（08177）亦和"總"的步骤有关。王献唐、孙海波、徐中舒等认为𬔈象纺砖形③，则上述字形是纺砖和几股丝线连在一起。

综上可知，"幺（玄）"组字造字理据的考察，可对一些未释字或存在争议的字形释读提供新思路。

原载《中国文字学报》第十辑，中国文字学会会刊，

商务印书馆，2020 年。

---

① 李发、向仲怀：《甲骨文中的丝及相关诸字试析》，《丝绸》2013 年第 8 期。

② 字形源自于省吾主编《甲骨文字诂林》第 2673 字。

③ 于省吾主编《甲骨文字诂林》，中华书局，1999，第 2979~3001 页。

第五章　四古本《老子》中的九组同源字

一　《老子》同源字研究的必要性和已有相关研究

随着近年来四种古本《老子》的相继出现，这些新出版本中丰富的通假及异文现象，为《老子》文本同源字的考证提供了比以前更为充分的条件。同时，同源字的考证也为《老子》文本的精确释读提供了较为新颖的视角和方法，具有不可代替的独特价值。

然而，《老子》众多版本中蕴含的同源字，通常被注释者笼统地归入通假或异文现象，从语言文字学角度看，这种处理方式未能深入揭示《老子》各版本间更为密切的字词关系，并进一步影响到对《老子》文本与思想的准确释读。李玉已认识到这一点："学术界对简牍帛书里相通用的字及异文一般统称'通假字'。实际上，这些'通假字'中有一些是同源字。因为同源字之间音义相同或相近，故可相互通用。"①

由于同源字理论较为晚出，因而在漫长的老子学研究史中，从同源字角度研究《老子》文本的观点只零散地见于一些《老子》学者的注释中，但多属于"因声求义"的训诂方法，尚未自觉、全面地运用同源字理论去考察《老子》众多文本的差异。目前专门对《老子》同源字进行研究的论文，唯有聂中庆的《郭店楚简〈老子〉古今字、同源字研究》，这篇文章首先对同源字和古今字、异体字、假借字之间的联系和区别进行了辨析，认为古今字都属于同源字；异体字的两个字只是一个字的不同写法，字与字

---

① 李玉：《出土简牍帛书"通假字"中同源通用考释》，《广西师范大学学报（哲学社会科学版）》2015年第4期。

之间只是同字而不是同源的关系；假借字的本字和借字之间只是语音相同或相近，在字义上没有任何联系。其次，聂中庆还探讨了郭店《老子》中的十组同源字，比如郭店《老子》甲本"始折有名"之"折"和通行本"始制有名"之"制"为同源字，郭店《老子》乙组中"静胜然"之"然"和传世本的"热"为同源字，等等。①

四种古本《老子》为同源字理论的运用提供了丰富的材料和条件，运用同源字理论亦可以丰富研究《老子》文本的角度和方法，并有望获得对《老子》文本和老子思想更为精确的理解。因此，我们以王弼本《老子》为主要参照对象，结合其他传世本《老子》以及郭店楚简《老子》、帛书《老子》（甲本和乙本）、北大汉简《老子》，从上述各文本异文或通假字中甄别出同源字，并由此探讨同源字理论对《老子》文本分析以及《老子》义理释读的重要性。

二 同源字判定标准以及《老子》中的九组同源字

王力《同源字典》判断同源字的标准如下：

> 凡音义皆近、音近义同，或义近音同的字，叫做同源字。这些字都有同一来源。……同源字，常常是以某一概念为中心，而以语音的细微差别（或同音），表示相近或相关的几个概念。……我们所谓的同源字，实际上就是同源词。②

另外，"王宁先生在同源词意义分析上提出义素二分法，强调词汇意义与词源意义的区别，使得意义的分析有了一套较为完善且可操作性强的方法"③。可见，同源字的确定，和音近相通、约定俗成意义上的通假字不同。一组同源字之间，不仅语音相近，它们还存在字义上相同或相近的关系，这种关系如果分析到义素层面，这些同源字往往有共同的"源义素"。

① 聂中庆：《郭店楚简〈老子〉古今字、同源字研究》，《阴山学刊》2003 年第 6 期。
② 王力：《同源字典》，中华书局，2014，第 1 页。
③ 石勇：《从同源词定义的嬗变看同源词研究理论的进步》，《广西师范学院学报（哲学社会科学版）》2007 年第 1 期。

因此，我们主要根据王力确定同源字的方法，并结合王宁关于同源词分析的理论，对《老子》文本中的同源字进行考察，并探讨相关《老子》文句的释读。

1. 第一组同源字：勉、免、晚、曼

王弼本《老子》第四十一章"大器晚成"，北大汉简作"大器勉成"。"大器晚成"之"晚"，郭店本作"曼"，帛乙本作"免"。因此，各版本的异文有"晚、免、勉、曼"共四个字。

对这四个字之间关系的探讨，可分三个层次展开：第一是文字层面的；第二是语言层面的；第三是古文字字形所指向的古人生活场景意象层面。

首先所需要做的，是在文字层面确定各本"免、晚、勉、曼"这四个字的关系。"免"字商代金文作，象人戴着帽子，免是冕的初文，本义是一种象征身份的礼帽。西周金文也是人正面而立戴帽子的形象。同一自然物象，古文字可以从不同角度进行描绘。如古文字"免"也有从侧面角度描绘人戴帽子的字形，如商代甲骨文、西周金文、战国包山楚简，并进一步演变如睡虎地秦简等。由于"免"字常被假借用来表示"免除"的意思。如《老子》："古之所以贵此道者何？不曰：求以得，有罪以免邪？"后来另造分化字"冕"以表示其本义。

"曼"字商代金文作，笔者认为其造字本义为用双手遮住眼睛，"曼"有"遮盖"义。《哀郢》："曼余目以流观兮，冀一反之何时。""曼"就是遮住眼睛（挡住阳光），以仔细观察远方的意思。

"曼"字分化出来的"漫""蔓"，亦有遮盖义。如"蔓"亦指长藤类植物迅速生长，遮盖住大片地面，如《诗经·唐风》："葛生蒙楚，蔹蔓于野"；又引申出"修长"义，《玉篇》："曼，长也"。西周时期的青铜器曼龏父盨有一"曼"字字形作，这一字形和郭店楚简《老子》中的一样，正是加注"免（冕）"作为声符，并且，笔者认为"曼"的声符"免（冕）"亦兼表义，""是个形声兼会意字。《说文》小篆作，和这两个字形上部的声符"免（冕）"形讹变为"冃"。《说文新证》："曼，引日……又，引申为长，为美。甲骨文从又、从目，象以两手张目……金文曼龏父盨加'冕'为声；西汉以后讹从'冃'（'帽'之初文），'冃'下省略'爪'，'冃'形与'目'结合，便成'冒'。"[1]

---

① 季旭升：《说文新证》，福建人民出版社，2010，第203页。

由此我们得到,"免、晚、勉、曼"这四个字有着共同的声符"免",这四个字在语音上符合同源字的条件。而这一声符的源义素是什么,需从语言层面考察这些字所对应的词,如有可能,确定其语源。

"免、晚、勉、曼"共同的声符"免(冕)"的源义素,我们认为是"遮盖"或"覆盖"义。可以设想,上古人们在称呼"冕"的初始形态——比如一片用来覆盖头部的皮毛,或一圈编好用来遮盖头部的枝叶时,因为这种"冕"还没有一个确定的名称,上古人就依据其功用是可以遮住、覆盖头部而给其命名。汉语中表覆盖义的词有"蒙"。也就是说,从语言层面看,"冕"这个词,或许就是上古时期表"覆盖"义的"蒙"音转而来。

方言中的证据如闽南方言词语"幔"$[mua^1]$。"幔"有两个义项:一是"覆盖",如:"物件堆在路边,用塑胶布幔牢";二是"斗篷之类的衣物"如:"雨幔"。[①]

又如江西余干方言,表示覆盖义的词语有"蒙"$[mu^{33}]$,此外,还有由"覆盖、笼罩"义音转而来,表示"大雾"义的方言词"濛"$[mu^{213}]$,和"蒙"声韵完全相同,只是声调不同,如当地农谚:"冬濛晴一七(七天),春濛晴一日。"[②]

由上述两处方言中例子可知,表覆盖义的一组词中,的确存在用"四声别义"方式以区别词性的。《老子》各版本"免、晚、勉、曼"四个字有共同的源义素,且这一源义素为"覆盖",又多了语言层面的证据。

最后,我们认为,在意象层面,"免、晚、勉、曼"四个字以及"蒙"等词语的出现,源自古人生活中"傍晚"这一典型意象。夜幕降临,就好像一张无形的大幕覆盖。所以"晚"字即意符"日(表太阳)"加上表"覆盖"义的声符"免"而产生,意思是太阳被覆盖住了。

"弗"声字都有"模糊、不明"义,如仿佛之"佛、艴、昒"等,亦进一步引申出否定意义,如否定副词"弗"。同样的道理,"曼"也由"朦胧"义引申出"无"义。《广雅》:"曼、莫,无也。"王念孙《广雅疏证》:"曼、莫、无,一声之转。"朱骏声《说文通训定声》:"曼……与用蔑、末、没、靡、莫等字同。"

---

① 陈正统:《闽南话漳腔辞典》,中华书局,2007,第419页。
② 陈昌仪:《赣方言概要》,江西教育出版社,1991,第105页。

此外，又如"梦"字，因为梦中发生的事情都模糊不清，好像蒙着一层东西，亦可视为和"曼"族字同源。

综合上述字义，将这一组同源字（词）的产生以流程图的方式展示如图 5-1。

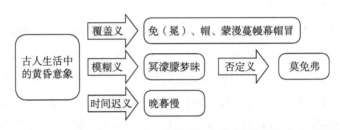

图 5-1　"免、晚、勉、曼"共同声符"免（冕）"的源义素为"覆盖义"

从义理上看，传世本"大器晚成"，并非表明"大器"在成型的时间上要晚、慢，而是"大器"因其遵循自然无为而成，和有意而为相比，是一个自然而然、水到渠成的过程，本身是无所谓"成"与"不成"的，正如《老子》第十九章所说："功成事遂，百姓皆曰：我自然。"这种理解和《老子》该章"大音希声、大象无形"所要表达的意思，在形而上层面是一致的，更为接近"大器晚（曼、免、勉）成"的内涵以及老子的本意。

"大器"在《文子》中指代"天下"：

> 文子问曰："古之王者，以道莅天下，为之奈何？"老子曰："执一无为，因天地与之变化。天下，大器也，不可执也，不可为也，为者败之，执者失之。执一者，见小也，见小故能成其大也。无为者守静也，守静能为天下正。"①

《老子》第二十九章："天下神器，不可为也。为者败之，执者失之。"因此，《文子》中的"大器"对应于《老子》第二十九章的"神器"，面对天下之"大器""神器"，唯有执一无为，"无为者守静也，守静能为天下正"。因此，据上述材料可进一步明确"大器晚成"的本意在于执守清静无为之道，不预设"成"这一既定目标，只是与时迁移、应物变化、因应自然而成。

① 王利器：《文子疏义》，中华书局，2000，第 231~232 页。

通过对"大器晚（曼、免、勉）成"这一例证的探讨可知：《老子》等先秦典籍，要从语源学的角度，乃至于从意象还原的角度去辨析其字词的差异，这一研究方法有助于我们准确认识各版本差异，从而更准确地释读文本。受此启发，我们对《老子》各个版本中的一些同源字作出进一步探讨，但为节省篇幅，不一一进入语源层面进行辨析。

2.第二组同源字：敛、检、俭

传世本《老子》三宝中第二宝为"俭"，对应的北大汉简《老子》第三十一章为"二曰敛"，"敛"的意思为"敛藏、约束"。《说文》："敛，收也。"《周礼·夏官·缮人》："既射则敛之。"郑玄注："敛，藏之也。"引申为"约束，节制"，如《汉书·陈咸传》："郡中长吏，皆令闭门自敛，不得逾法。"帛书本作"检"，也作"约束，限制"义。如《书·伊训》："与人不求备，检身若不及。"孔颖达疏："检，谓自摄敛也。"传世本"俭"在先秦典籍中亦常作"约束、节制"义，如《左传·僖公二十三年》："晋公子广而俭，文而有礼。"杜预注："志广而体俭。"《韩非子·解老》："周公曰：'冬日之闭冻也不固，则春夏之长草木也不茂。天地不能常侈常费，而况于人乎？'故万物必有盛衰，万事必有弛张，国家必有文武，官治必有赏罚。是以智士俭用其财则家富，圣人爱宝其神则精盛，人君重战其卒则民众，民众则国广，是以举之曰：'俭故能广。'"

各版本三种不同用字"敛、检、俭"属于同源字，这三个字或都由古文字"佥"分化而来，其源义素为"收藏"，《集韵·琰韵》："俭，古作佥。"《广韵》："俭，约也，巨险切。"因为老子并非只强调物质上的节俭，还包含精神、民力等方面，这一意思和"治人事天莫若啬"的"啬"字相呼应。因此"敛"字在反映这一思想方面比"检""俭"或许更为贴切全面，但综合"俭、检、敛"这三个同源字，应该能更为全面、准确地贴近老子本意。

3.第三组同源字：印、抑

王弼本《老子》第七十七章"天之道，其犹张弓与！高者抑之，下者举之"，意思是"天道岂不就像给弓安上弦一样吗？弦位高了，就往下按一按；弦位低了，就往上托一托"。"高者抑之"，帛书本作"高者印之"，严遵本作"高者案之"。

"印"，甲骨文字形作🤚，造字本义即一只手用力按住另一个人头部，迫使其跪下。《毛公鼎》作🤚。"抑"字由"印"分化而来。《说文》："👋，按也。从反'印'。𢪒，俗从手。"罗振玉云："'印'之本训既为'按抑'，后世执政以印施治，乃假按印之'印'字为之。反'印'为'抑'，殆出晚季，所以别于印信字也。"[1]

由于"印"被假借为"印信""印章"义，所以分化出"抑"字，用以表示"印"的造字本义。可知，"印"和"抑"同源，"抑"为"印"的分化字。但𢪒字后来讹变为"抑"从"卬"。《说文》："卬，望，欲有所庶及也。从匕，从卪。《诗》曰：'高山卬止。'"徐灏注笺："卬，古仰字。"

4.第四组同源字：辱、黰

王弼本第四十一章"大白如辱"，"辱"，傅奕本《老子》作"黰"。李玉对这两个字的同源关系进行了较为详细的考证。[2]

黰，《玉篇》："黰，垢黑。"《集韵》："黰，黑垢。"可知"黰"有黑色义。

辱，《广雅·释诂》："辱，污也。"《仪礼·士昏礼》："今吾子辱。"郑玄注："以白造缁曰辱。"贾公彦疏："谓以洁白之物造置于缁色器中，是污白色。"可知"辱"亦有污黑义。因此，黰，可视为"辱"的同源分化字。

"辰"，甲骨文字形作𠂤，象河蚌伸出斧足形。《说文》小篆演变为辰，《说文》："震也。三月阳气动，雷电振，民农时也。物皆生。从乙、匕，象芒达，厂声也。辰，房星，天时也。从二。二，古文上字。𠨷，古文辰。"字形讹变，已经看不出其造字本义，许慎的说解也与原意不符。"辱"字西周金文作辱，造字意象为拾捡蚌蛤，这一活动多于黑色污泥中，故这一意象分化出"污黑"义。《说文》的解释十分牵强："辱，耻也。从寸在辰下。失耕时，于封畺上戮之也。辰者，农之时也。故房星为辰，田候也。"杨树达《积微居小学述林》："字形中绝不见失时之义也……辱字从寸从辰，寸谓手，盖上古之世，尚无金铁，故手持摩锐之蜃以芸除秽草，所谓耨也。"[3]

王弼本第二十八章作"知其白，守其黑，为天下式；为天下式，常德不忒；常德不忒，复归于无极。知其荣，守其辱，为天下谷，为天下谷，常德乃足。常德乃足，复归于朴"。

① 罗振玉考释，商承祚编《殷虚文字类编》，收于《甲骨文研究资料汇编》（第13册），北京图书馆出版社，2008，第262页。

② 李玉：《出土简牍帛书"通假字"中同源通用考释》，《广西师范大学学报（哲学社会科学版）》2015年第4期。

③ 杨树达：《积微居小学述林全编》，上海古籍出版社，2007，第78~79页。

北大汉简本作"知其白，守其辱，为天下谷。为天下谷，恒德乃足。恒德乃足，复归于朴。智（知）其白，守其黑，为天下武〈式〉；为天下武〈式〉，恒德不貣（忒），复归于无极"。

传抄过程中，后世之人不知"辱"有"黑"义，"知其白"和"守其辱"在语义上刚好对应，北大汉简本、帛书本是为"知其白"配上"守其黑"，各传世本则是为"守其辱"配上"知其荣"，遂各自产生衍文。

易顺鼎、马叙伦、高亨等人都对这一问题进行了分析。易顺鼎《读老札记》说："按此章有后人窜入之语，非尽《老子》原文。《庄子·天下篇》引老聃曰：'知其雄，守其雌，为天下溪。知其白，守其辱，为天下谷。'此《老子》原文也。盖本以'雌'对'雄'，以'辱'对'白'。'辱'有黑义，《仪礼》注：'以白造缁曰辱。'此古义之可证者。"[①]

高亨《老子正诂》举出 6 条证据说明上述内容是传抄者添加，论证亦十分充分。[②]因此，各版本可据《庄子·天下》篇校改。

5. 第五组同源字：乃、扔、仍

王弼本第三十八章："上礼为之而莫之应，则攘臂而扔之。""扔"，帛书甲本、乙本和汉简本皆作"乃"，河上公本、严遵本、傅奕本皆作"仍"。关于"乃"字，北大汉简整理者说：

　　"乃"，帛书同，王本作"扔"，河本、严本等作"仍"，"扔"、"仍"音义皆同，"乃"为借字。[③]

奚侗主要据《说文解字》释读"扔"字：

　　《说文》："攘，推也。""扔，因也。""因"有"就"谊。《释文》引《字林》亦云："扔，就也。""攘臂"推袖出臂也。攘臂而往就之，忿争之象。[④]

---

① 易顺鼎：《读老札记》，载严灵峰《无求备斋老子集成续编》，台北艺文印书馆，1965，第 18 页。

② 高亨：《老子正诂》，清华大学出版社，2011，第 9 页。

③ 北京大学出土文献研究所编《北京大学藏西汉竹书（贰）》，上海古籍出版社，2012，第 122 页。

④ 奚侗：《老子集解》，《老子古注三种》，黄山书社，2014，第 107 页。

　　奚侗对"攘"字的解释贴切，但对"扔"字的释读义有未洽。

　　王力《同源字典》认为"扔"和"仍"为同源字①。林义光《文源》卷十："乃，扔之古文，引也。"②由此我们认为，各版本中的"乃""仍""扔"这三个字同源，可释为"引"，意思即"拉拽"。引的本义是拉弓，这里指用手来拉。"攘臂而引之"，意思是挽起袖子露出手臂，动手拉那些"莫之应"的人，强迫他们履行"礼"。"引"字甲骨文作𝼂，西周金文𝼃和甲骨文相似。弓上的这一笔逐渐和"弓"分离，如秦简字形作𝼄，小篆作引。"弓"形上一小撇用以指示拉弓的意思。手勾拉弦，使弓张满，叫作"引"；松开手，使箭射出，叫作"发"。成语"引而不发"就是指拉弓持满而箭未射出的状态。如唐代卢纶《和张仆射塞下曲》："林暗草惊风，将军夜引弓。"由拉弓逐渐引申出"拉扯"义，《老子》"攘臂而扔之"用的正是这一引申义。"上礼为之而莫之应，则攘臂而乃之"可译为崇尚"礼"的人因为无人响应，于是就挽起袖子拉人，强迫人家遵守。

　　6. 第六组同源字：埏、挻

　　王弼本第十一章："埏埴以为器，当其无，有器之用。"意思是揉捏黏土成器皿形以制成陶器。帛甲本作"埏埴而为器"，帛乙本作"埏埴为器"，《一切经音义》引《淮南子》许注："埏，揉也。"

　　"埏"，汉简本作"挻"。"挻（shān）"，揉捏。《字林》："挻，柔也；今字作'揉'。"朱骏声："凡柔和之物，引之使长，持之使短，可折可合，可方可圆，谓之'挻'。"

　　王力《同源字典》："'埏、挻'实同一词。"③

　　7. 第七组同源字：敤、锻、捶

　　王弼本第九章："揣而锐之，不可长保。"王弼注："即揣末令尖，又锐之令利，势必摧口，故不可长保也。"意思是锻打兵刃使之又尖又利，锋锐难以长久保持。

　　此"揣"字，北大简本对应的异文作"梪"；郭店楚简本作"湍"；傅奕本作"敤"。姚鼐所见古本与傅奕本同，作"敤而锐之"。"敤"有"锻、捶打"义。《集韵·果韵》："捶，或作敤。"《说文》："捶，以杖击

　　① 王力：《同源字典》，中华书局，2014，第315页。
　　② 林义光：《文源》卷十，中西书局，2012，第112页。
　　③ 王力：《同源字典》，中华书局，2014，第315页。

也。"如《庄子·知北游》："臣之年二十而好捶钩，于物无视也，非钩无察也。""敫、锻、捶"这几个词从词源角度看，其语音都是描摹锻打铁器时"叮叮当当"之音，亦可读为"锻"，意思是锻打、锤炼锋锐。如《书·费誓》："锻乃戈矛。"

8. 第八组同源字：冲、盅、中

王弼本第四章："道冲而用之或不盈，渊兮似万物之宗。""冲"，帛乙本等同，傅奕本作"盅"。《说文解字》引用了《老子》释读"盅"字："盅，器虚也。《老子》曰：'道盅而用之。'"俞樾曰："'道盅而用之'，'盅'训虚，与'盈'正相对，作'冲'者，假字也。第四十五章'大盈若冲'，'冲'亦当作'盅'。"[①]

"冲""盅"都有"中空"这一源义素。从语源上来分析，"冲、盅、空、通、葱、瓮"等词语，都源自上古时期人们敲击中空物体时发出的拟声，这些同源词声母大多为章端二组，东韵。

王弼本第五章："多言数穷，不如守中。"帛书本、汉简本《老子》作"多闻数穷，不若守于中"。"多闻"指代五官为外物所炫而心神迷失，和下文"守于中"的状态相对。"中"在此句中亦包含"中空"义，故严灵峰、陈鼓应等认为"守中"应作"守冲"解，意思是持守虚静之道。

9. 第九组同源字：共、拱

王弼本《老子》第六十二章："故立天子，置三公，虽有拱璧以先驷马，不如坐进此道。""拱璧"，汉简本和帛甲本作"共之璧"，意思是像两手环拱那么大的玉璧。

"共"字商代金文作 𠬞，像双手端着杯中美酒，敬奉给神或祖先。字形本身就引申出双手环拱形。"共"字后来主要承担"共同"义。《说文》："共，同也。"为加以区别，所以后来分化出"拱"字表示双手环拱形。《说文》："拱，敛手也。"如《左传·僖公三十二年》："尔何知？中寿，尔墓之木拱矣！"此外，"共"又另外分化出"供"字表示奉养义。

可知，"共""拱"同源。

由上述9组同源字可知，《老子》各个版本在文字层面的异文，从语言

---

① （清）俞樾:《诸子平议》，中华书局，1954，第144页。

层面来看属于"同源"关系。因此，在涉及这部分内容的释读时，不应拘泥于某一个版本是"最准确的"或"最权威的"，不妨充分利用已有多个版本这一有利条件进行对勘，从同源字的角度进入语言层面，结合古文字字形、方言等材料，整体把握《老子》所处时代的本源词义，从而更为精确地释读《老子》本意。

另外，《老子》各版本中，一些语气词、拟声词或叠音词，异文更为众多，这类字词的释读，显然也应该和上述九组同源字的释读类似，进入语言层面去理解。如王弼本第十六章："夫物芸芸，各归其根。""芸芸"，形容世间生物繁茂众多。汉简本作"云云"，想尔注本同。《庄子·在宥》："万物云云，各复其根。"成玄英疏："云云，众多也。"傅奕本、范应元本作"蕓蕓"。这个叠音词类似于象声词，各本用字皆音近可通，不同时期、地域都有约定俗成的用法，如郭店简本作"员员"，《石鼓文》："君子员员，邋邋员斿"，用"员员"来形容秦国贵族骑马出猎时人员众多、浩浩荡荡的样子。因此，我们不必拘泥于字形，正如高明所说："'云云''芸芸''蕓蕓'、帛书乙本又作'祛祛'，皆重言形况字，所表达的意义相同，很难确定孰为正字，孰为假借。段玉裁云'古有以声不以义者'，此即其中一例。"①

从同源字角度辨析《老子》思想，在老学研究中具有独特的价值。上述《老子》众多版本在语言层面的对勘尝试，对结合出土文献，自觉运用同源字理论研究先秦典籍，亦有重要的方法论意义。

原载《吉林师范大学学报（人文社会科学版）》2020年第3期。

---

① 高明：《帛书〈老子〉校注》，中华书局，1996，第32页。

第六章　汉简《老子》"道冲而用之又弗盈"等 "弗"字相关语句的释读

在《老子》文本的传抄过程中，"弗"大多被替换为更常用的"不"。张玉金统计："郭店本《老子》中的'弗'出现 20 次，到王弼本中，只有 2 次仍作'弗'，有 14 次被改为'不'，有 3 次被改为'勿'，有一次被改为'莫'。"[①] 因此，在"弗"被"不"替换后，原先"弗"字所具有的语法意义丢失，只剩下表示否定的词汇意义，必然会导致对含有"弗"字相关语句释读的偏离。"近古必存真"，准确理解《老子》思想，不妨基于"弗"字尚未被"不"替换的古本《老子》做出重新释读。为此，首先简要梳理近来学者对"弗"和"不"在语法意义上的差异这一问题。

一　"弗"和"不"在语法意义上的差异

最早认识到"弗"和"不"存在差异的是东汉经学家何休。《春秋经·桓公十年》曰："秋，公会卫侯于桃丘，弗遇。"《公羊传》云："会者何？期辞也。其言'弗遇'何？公不见要也。"何休注云："时实桓公欲要见卫侯，卫侯不肯见公，以非礼动见拒，有耻，故讳使若会而不相遇。言'弗遇'者，起公要之也。弗者，不之深也，起公见拒深。"[②] 何休认为，"弗遇"不完全等

① 张玉金：《谈老子中被替换的虚词》，《中国语文》2013 年第 3 期。
② （汉）何休解诂，（北朝）徐彦疏《春秋公羊传注疏》，上海古籍出版社，2014，第 127 页。

同于"不遇",还隐含"邀请卫侯在桃丘相见被拒绝"这一深层次的含义。

瑞士学者高思曼认为"弗"具有使动的语法意义,是一个由否定词"不"和使动词"使"组织的融合形式,即"不(piug)+使(slieg)=弗(piwet)"。[1]高思曼认为,在语句中,否定词"不"和"弗"从词法上来说,存在相当严格的对立,并且以《孟子》中的例句为证:

> 三日不食。(三天他没吃)
> 饥者弗食。(饥饿的人没被供食)

"否定词'弗'的作用是标志它所否定的动词应被释为使动结构中的一个成分。因而'弗'可以用来辨别与一些'不'结构的区别,这些由'不'否定的结构可以释为不及物的和及物的,由'弗'否定的结构可以解释为使动的。"[2]高思曼关于"弗"具有表示使动意义这一观点,在出土文献中存在一些例证。如北大汉简《老子》:"恬(铦)镂为上,弗美;若美之,是乐之;乐之,是乐杀人。"意思是(兵器)崇尚锐利即可,而无须使之变美(比如添加华美的装饰)。对兵器加以装饰的,是乐于用兵的体现,这是以杀人为乐事。此句中"弗美"和"若美之"语意相对,可见"弗美"的意思就是"不必使之变华美"。

《王力古汉语字典》认为:"'弗'字在上古一般只修饰动词,而且动词后面不带宾语。"[3]张玉金认为,形容词或以形容词为中心语的短语之前用"不"而不用"弗",只有当形容词活用为或兼作及物动词使动用法、意动用法时,才可用"弗"否定。[4]例如:

> 铦镂为上,弗美也。美之是乐杀人。(《郭店楚简老子丙本》)
> 其在民上也,民弗厚也;其在民前也民弗害也。(《郭店楚简老子甲本》)

---

① 〔瑞士〕高思曼(Robert H.Gassmann):《否定句"弗"的句法》,《古汉语研究》1993年第4期。
② 〔瑞士〕高思曼(Robert H.Gassmann):《否定句"弗"的句法》,《古汉语研究》1993年第4期。
③ 王力:《王力古汉语字典》,中华书局,2000,第286页。
④ 张玉金:《出土战国文献中"不"和"弗"的区别》,《中国语文》2014年第3期。

2019 年在《中国语文》上发表的《从出土盟书中的有关资料看战国时代"弗"字记录"不之"合音的现象》一文中，美国学者魏克彬对这个问题进行了较为全面的考察，他认为："春秋末到战国初期，书写者开始借用'弗'字来写'不之'的合音。……公元前五世纪的侯马盟书中'弗'与'不之'通用的例子是'弗'相当于'不之'说法非常有力的证据。"①"这种合音是前一个词的音节（或截去韵尾）和后一个词的声母合音，与'何不'→'盍'同类，不违反古汉语合音通则。大部分学者所构拟的古音系统都可以解释为什么可以用'弗'来写'不之'合音，'不'的声母、介音和主要元音都与'弗'一致，且'之'的声母与'弗'的韵尾都为舌音，所以'不'与'之'声母的合音与'弗'的发音几乎一致。……总的来说，战国时代'弗'记录'不之'合音的说法从古音以及汉语合音通则的角度看都没有问题。"②

魏克彬认为，到春秋末，"弗"字被借用来记录"不之"的合音。作为公元前五世纪的语料，出土盟书正好反映了这一语言演变。③他所依据的侯马盟书材料，和《老子》正处于同一个时代。因此，魏克彬的这一结论，可以运用于对《老子》的释读。

综合上述探讨可知，在春秋战国期间，"弗"和"不"相比，在修饰谓词性成分时，并不可以任意替换。张玉金、高思曼等人认为，"弗"字后面的词语活用为使动用法或意动用法；魏克彬认为，"弗"可以视为"不之"的合音。他们分别从语法、上古音两个不同角度分析了"弗"和"不"的不同，其研究成果，可以用来考察古本《老子》"弗"字相关语句的释读。

二　基于"弗"的语法意义对古本《老子》相关句子的释读

以下对古本《老子》相关语句进行探讨，并重点分析帛书本、汉简本中的"道冲而用之有弗盈"的释读。

---

① 〔美〕魏克彬:《从出土盟书中的有关资料看战国时代"弗"字记录"不之"合音的现象》,《中国语文》2019 年第 2 期。

② 〔美〕魏克彬:《从出土盟书中的有关资料看战国时代"弗"字记录"不之"合音的现象》,《中国语文》2019 年第 2 期。

③ 〔美〕魏克彬:《从出土盟书中的有关资料看战国时代"弗"字记录"不之"合音的现象》,《中国语文》2019 年第 2 期。

对应王弼本第三十一章的郭店《老子》："故曰兵者［非君子之器，不］得已而用之，恬淡为上，弗美也。美之，是乐杀人。""弗美也"的宾语是"兵器"，意思是对兵器不进行华美的装饰。"弗美"，汉简本同，帛书本作"勿美"，王弼本、河上公本作"不美"。释德清将"不美"理解为内心的一种恬淡——"既无贪功欲利之心，虽胜而不以为美"①，王中江把"不美"释读为"不赞美，不赞扬"②，皆误。

王弼本第四十一章，郭店《老子》作"下士闻道，大笑之。弗大笑，不足以为道"。"弗大笑，不足以为道"，北大汉简《老子》作"弗笑，不足以为道"。"弗笑"，相当于"不笑之"，强调嘲笑的是"道"。王弼本作"不笑，不足以为道"，有可能使人误解为嘲笑的是人。王弼本第五十五章，郭店《老子》作"含德之厚者，比于赤子，蜂虿虺蛇弗蛰"。"弗蛰"相当于"不蛰之"，意为不蛰"赤子"。王弼本第五十六章，郭店本作"知之者弗言，言之者弗知"，相当于"知之者不言之，言之者不知之"，这和传世本"知者不言，言者不知"在语意上略有差异。传世本会使人误以为有道之人因"知者不言"而奉行沉默是金，殊不知此处是专指涉及不可言说的"道"这一话题时，不轻易谈论之。王弼本第六十章，汉简本作"非其神不伤人也，圣人亦弗伤"。意思是圣人和鬼神一样，也不伤害（"以道莅天下者"）。帛书本同。但传世本作"圣人亦不伤人"，有可能会使人误解为圣人不伤害所有的人，这种理解把"不伤"的特定对象扩大化了。

王弼本第七十二章，北大汉简《老子》作"毋柙其所居，毋厌（压）其所生。夫唯弗厌（压），是以不厌"。帛乙本作"毋伸其所居，毋猒（厌）其所生。夫唯弗猒（压），是以不猒（厌）"。而传世各本为避汉昭帝刘弗陵的名讳，已将"弗"改为"不"。如河上公本作"无狭其所居，无厌其所生。夫唯不厌，是以不厌"，"弗"和"不"混用。朱谦之对河上公本句中两个用法不同的"厌"字辨析得十分明白：

上"厌"字与下"厌"字，今字形虽同，而音义尚异。上"厌"，压也；下"厌"，恶也。盖"厌"字四声转用，最为分明（参照顾炎武《唐韵正》二十九页）。"夫唯不厌"，"厌"，益涉切，则入声也。"是以

---

① （明）释德清著，尚之煜校释《老子道德经解》，中华书局，2019，第79页。
② 王中江：《老子》，国家图书馆出版社，2017，第135页。

不厌",厌,于艳切,则去声也。……《说文》:"厌,笮也。从厂猒声。"徐曰:"笮,镇也,压也。"《左传·昭公二十六年》:"将以厌众",《后汉书·杜邺传》:"折冲厌难",又《五行志》:"地震陇西,厌四百余家",《礼记·檀弓》"畏、厌、弱",《荀子·强国》:"如墙厌之",又《解蔽》:"厌目而视者,视一以为两",《集韵》或作"猒",亦作"压"。此云"夫唯不厌",即"夫唯不压"也。下一"厌"字于艳切,当如《论语》"学而不厌"之"厌",《周礼·大司徒》注、疏"有嫌厌"之"厌",《淮南·主术篇》"是以君臣弥久而不相猒"之"厌"。"是以不厌"即"是以不恶"也。夫唯为上者无压笮之政,是以人民亦不厌恶之也。①

结合朱谦之的辨析,帛乙本的"夫唯弗猒,是以不猒",前一个"猒"读为"压","弗压"即"不压之",意思是不压迫、压制(民众)。后一个"猒"读为"厌",可理解为憎恶、厌恨。同一字"猒",在"弗"和"不"后,具有了不同的词性和意义。这个典型的例子更是表明,"弗"和"不"虽然都是否定副词,但有着不同的语法意义,不能任意相互替换。

三　简帛本"道冲而用之有弗盈"与王弼本在义理上的不同

王弼本第四章"道冲而用之或不盈",帛书《老子》作"道冲而用之有(又)弗盈也",北大汉简《老子》作"道冲而用之有(又)弗盈"。《淮南子·道应训》引文作:"道冲而用之又弗盈也。"句中"冲"字,由《老子》"大盈若冲,其用不穷"可证"冲"和"盈"意义相对,作"虚空"解。简帛本此句中的"有",王弼本、河上公本作"或",傅奕本、敦煌甲本、《老子想尔注》本(以下简称"想尔注本")作"又"。高明说:"'或''又''有'三字义本相同,俱见《经传释词》。"②王引之《经传释词》:"'或'古读若'域','又'古读若'异',二声相近,故义相通,而

---

① 朱谦之:《老子校释》,中华书局,1984,第285~286页。
② 高明:《帛书老子校注》,中华书局,1996,第240页。

字亦相通。"①"有"与"或"皆通"又"对此句释读相当重要，一些学者据"或"字为解，往往产生偏差，如元代吴澄："或，疑辞，不敢必也。"②严复说："此章专形容道体，当玩'或'字与两'似'字方为得之。盖道之为物，本无从形容也。"③

更为关键的是否定副词"弗"。一般认为，上述简帛本"弗盈"和传世本"不盈"只是普通的异文，"弗"改为"不"只是为避汉昭帝刘弗陵名讳，这一改动并不导致意义上的差异。然而据王弼注："故冲而用之又复不盈，其为无穷亦已极矣"④，王弼注用这个"复"字点明了道因冲虚而发挥功用且又能始终保持不盈满的这一类生生不息的自我调节属性。严遵《老子指归》注释此句亦说明了"道"在盈满之前就能够回复虚空，"能虚能无，至冲有余;能无能虚，常与和俱"⑤。《河上公章句》此章章题为"无源"，含有以虚空之"无"作为化生万物之源的意思，并将"或不盈"释为："或，常也。道常谦虚，不盈满。"⑥

然而当代学者在释读此句时，皆未能注意或重视"道冲而用之又弗盈"所体现出的道的这一内在调控属性，将"不盈"或"弗盈"释为"不可穷尽"。如任继愈："道不可见，而用它用不完。"⑦高明："四十五章'大盈若冲，其用不穷'，然则'不盈'犹言'不穷'矣。"⑧李存山："'用之或不盈'，谓用之不能将其穷尽。"⑨陈鼓应、尹振环在注释此句时和上述几位学者大同小异。

现有的释读是不够准确的。首先，"盈"并无"穷竭"或"无穷无尽"义。《说文》："盈，满器也，从皿夃。"查《汉语大字典》"盈"字，共12条义项，分别为"充满""丰满，饱满""满，圆满""盛，旺盛""足够，满足""长，增加""溢出，上涨""超过""极，过分""骄傲，自满""通'赢'""姓"，没有像上述学者将"盈"释读为"穷尽"义的例证。⑩

① （清）王引之著，李花蕾校点《经传释词》，上海古籍出版社，2016，第65页。
② （元）吴澄注，黄曙辉点校《道德真经吴澄注》，华东师范大学出版社，2010，第6页。
③ 严复：《老子道德经评点》，广文书局，1961，第15页。
④ （魏）王弼注，楼宇烈校释《老子道德经注校释》，中华书局，2008，第11页。
⑤ （汉）严遵注，王德有点校《老子指归》，中华书局，1994，第127页。
⑥ （汉）河上公章句，王卡点校《老子道德经河上公章句》，中华书局，1993，第14页。
⑦ 任继愈：《老子绎读》，商务印书馆，2009，第6页。
⑧ 高明：《帛书老子校注》，中华书局，1996，第240页。
⑨ 李存山注译《老子》，中州古籍出版社，2008，第53页。
⑩ 《汉语大字典》（第2版），四川辞书出版社、崇文书局，2010，第2740页。

高亨亦认识到"道冲而用之或不盈"在释读时扞格不通，所以他用了三四百字的篇幅来论证"盈"当读为"逞"来化解这一疑点："即言冲，又言不盈，文义重复，疑'盈'当读为'逞'。《左传·襄公二十五年传》：'不可亿逞。'杜注：'逞，尽也。'……'道冲而用之或不盈'者，谓道虚而用之或不尽也。"①

笔者认为，高亨明确地认识到此句存在问题，是其卓识，但他在解决这一问题时，花费大量篇幅去论证"盈"字通"逞"，虽功力深厚，其论证能否成立还需存疑。《老子》一书"盈"字共八见，其他七个"盈"字②都读如本字，为何偏偏这一个"盈"字用为通假？事实上，此句在文义释读上的困境，是由"弗"在传抄中被改为"不"所致。那么，"弗"改为"不"，丢失的是什么呢？

笔者认为，虽然"不""弗"都表示否定意义，但"弗"字修饰动词或动词短语的语法意义由于替换为"不"而丢失，并因此遗漏了该句所能反映的老子哲学思想中的重要内容。北大汉简《老子》此句"又弗盈"的意思应为"又能（使自身）保持不盈满"。这一释读体现了"道"不仅因其虚空发挥作用，而且还具有一种自调节的属性，使其始终避免盈满的状态而保持冲虚，这也是道"虚而不屈，动而愈出"（第五章）、生生不息、化生万物的原因。

现将"道冲而用之有弗盈"这个句子在三个版本中的异文及释义的差异列表加以比较（见表6-1）。

表6-1　"道冲而用之有弗盈"三版本异文释义之差异

	文本	释义	差异
王弼本	道冲而用之或（又）不盈。	道体是虚空的，然而作用却不穷竭。（陈鼓应释义）*	1. "不盈"释为"不穷竭"或"无穷无尽"。 2. 论述道的作用无穷无尽这一特点。
帛书乙本	道冲而用之有（又）弗盈也。	道空虚无形，然而它的作用却又是无穷无尽的。（尹振环释义）**	

① 高亨：《老子正诂》，清华大学出版社，2011，第10页。
② 其他七例"盈"字分别是"持而盈之，不如其已"（第九章）、"保此道者不欲盈，夫唯不盈，故能蔽不新成"（第十五章）、"洼则盈"（第二十二章）、"谷得一以盈……谷无以盈将恐竭"（第三十九章）、"大盈若冲，其用不穷"（第四十五章）。

	文本	释义	差异
北大汉简本	道冲而用之有（又）弗盈。	道因虚空而发挥作用，且又能够始终保持不满盈的状态。（笔者释义）	1."弗盈"释为"不盈之"或"使之不盈满"。 2.明确了道本体虚空和道发挥作用的关系，阐明了"道"能始终发挥作用是由于"道"能保持不盈满状态这一内在调节属性。论述的是道发挥作用的"运行机制"。

注：＊陈鼓应：《老子注释及评价》（修订增补本），中华书局，2015，第73页。

＊＊尹振环：《帛书老子再疏义》，商务印书馆，2007，第241页。

由表 6-1 可知，之所以会得出和陈鼓应、尹振环等学者释读不同的理解，关键在于"弗盈"应该释为"不盈之"或"使之不盈满"。而传世本《老子》第九章"持而盈之，不如其已"表明，"盈"亦可视为一个动词。考汉简本《老子》"弗"字共四十六见，所修饰的词全部为动词（或动词短语）。根据上述分析，北大汉简《老子》、帛书本《老子》的"弗盈"与王弼本、河上公本的"不盈"相较，显然并不仅是一处普通的异文，这一不同否定副词形式实际上包含了老子哲学思想的重要信息。"弗"被后世传抄人改写为"不"字后，表示否定的意义未受影响，但"不"字却不具备"弗"字所承载的"表使动"的语法意义。因此"道冲而用之又弗盈"的"弗盈"应释读为"使之不盈满"。

四 "道冲而用之又弗盈"反映了道的自我调节属性

"道冲而用之，又弗盈"表明，道作为世界本体，以其冲虚而发挥作用，并且又始终能保持不盈满的状态。这描述的纯粹是本体论方面的内容。宋代吕惠卿、元代吴澄以体用关系来释读此句中"冲虚"和"不盈"的关系。吕惠卿说："道之体则冲，而其用之则或不盈。"[①] 吴澄认为："道之体虚，人之用此道者亦当虚而不盈，盈则非道矣。"[②] 吴、吕二人认为此句包含两个主语——"道"和"人"。严格地讲，这是理解上的一种偏差。但若从遵道

① （宋）吕惠卿注，张钰翰点校《老子吕惠卿注》，华东师范大学出版社，2015，第5页。

② （元）吴澄注，黄曙辉点校《道德真经吴澄注》，华东师范大学出版社，2010，第6页。

而行的角度来看，避免处于"盈满"状态方才合于道，的确也是此句所要申明的。这一哲学思想在《老子》全书中多有体现，比如"持而盈之，不如其已。揣而锐之，不可长保。金玉满堂，莫之能守。富贵而骄，自遗其咎。功成身退，天之道"（第七章）。因为作为宇宙本原的道"弗盈"，而天地亦是如此，"故飘风不终朝，骤雨不终日。孰为此者？天地。天地尚不能久，而况于人乎？"（第二十三章）由天地又进一步体现为社会中的人，"企者不立，跨者不行，自见者不明，自是者不彰，自伐者无功，自矜者不长"（第二十四章）。

《老子》中还有一些意象，与"道冲而用之又弗盈"所体现的哲学思想亦有关，比如第二十八章的"溪""谷"意象。汉简本此章云："知其雄，守其雌，为天下溪。为天下溪，恒德不离，复归于婴儿。知其白，守其辱，为天下谷。常德乃足，复归于朴。"之所以要"为天下溪""为天下谷"，因为"溪、谷"都是虚空不盈满的意象，与"道冲而用之，又弗盈"相合。

此外，"是以圣人去甚，去奢，去泰"（第二十九章）、"物壮则老，是谓不道，不道早已"（第三十章）中的"甚、奢、泰、壮"等，都是"盈满"在自然社会中形形色色的具体体现。面对这一切纷繁复杂的"盈"的外在形式，老子抽绎出以下一些结论："保此道者，不欲尚盈"（第十五章，据郭店楚简本）、"知止可以不殆"（第三十二章）。严遵则认为这种悖道的现象会受到惩戒："盛壮有余，鬼神害之；盈满亢极，鬼神杀之。"①

综上可知，不可将"弗盈"和"不盈"混淆。北大汉简本、帛书本"道冲而用之，又弗盈"，是老子哲学思想体系中本体论内容中的重要组成部分，反映了"道"作为一种内在于宇宙万物的力量，具有一种自我调节属性。这一属性，对于我们基于简帛本《老子》重新探讨老子哲学思想，也具有重要参考意义。

原载王中江主编《老子学集刊》第六辑，中国社会科学出版社，2022。

---

① （汉）严遵著，王德有点校《老子指归》，中华书局，1994，第69页。

第七章 汉简《老子》的独特异文及其价值

王中江认为，将汉简《老子》同其他三种出土文本和传世本比较，其中的"异文"是一个重要现象。这些异文的一部分，有的是有关宇宙观方面的，有的是有关美德和治道方面的，它们是否带来了义旨上的变化，不可一概而论，只有从文字、义理两方面进行细致的考辨才能得出比较切实的论断。①魏宜辉对汉简《老子》五处异文从文字讹变、音近通假角度进行了新的解读。②方勇《谈北大藏汉简〈老子〉中的"或热或炊"》对北大汉简《老子》中的"或热或炊"一句进行了探讨，指出整理者将"热"读为"嘘"的说法值得商榷，其应该与"呴"等字是义近换读的关系，而不是通假的关系；"炊（吹）"字在简文中应表示"寒"义，和"热"或"呴"字义反；简文中的"大制无畔"的"畔"字可不破读，表示界限义。③此外，对汉简《老子》字词使用进行研究的相关学位论文有2015年吉林大学李红薇硕士学位论文《北京大学藏西汉竹书集释及字表》，该论文针对《北京大学藏西汉竹书（贰）》的字形进行了整理，并以集释的形式对相关研究成果进行综合梳理。2015年台湾彰化师范大学沈柏汗硕士学位论文《〈北京大学藏西汉竹书·贰〉文字编》编撰了汉简《老子》的字表。此外还有2017年河南大学张世珍的《北大汉简〈老子〉异文研究》、2017年青岛大学李桂玲的《北大简〈老子〉用字研究》、2019年聊城大学张智慧

---

① 王中江：《汉简〈老子〉中的"异文"和"义旨"示例及考辨》，《湖北大学学报（哲学社会科学版）》2014年第1期。

② 魏宜辉：《北大汉简老子异文校读五题》，《安徽大学学报（哲学社会科学版）》2013年第6期。

③ 方勇：《谈北大藏汉简〈老子〉中的"或热或炊"》，《南开语言学刊》2016年第1期。

的《汉代简帛〈老子〉异文研究》。在以上研究的基础上，我们将北大汉简《老子》与传世本以及其他古本《老子》进行比较，从字形、古今字和同源字、通假关系、义近换读四个角度整理出唯独见于汉简《老子》的独特字词用法共 17 例，并以此论证汉简《老子》异文对深入老子学研究的价值。现列举如下。

一　从字形角度看汉简《老子》的独特用字

1. 列

王弼本第三十九章①"天毋已精将恐列（裂）"的"列"，在北大汉简《老子》第二章中作"（字形）"，整理者认为此字为"死"，有误。其实这种写法正好是"列"，通"裂"。这个问题是苏建洲发现的，他通过细致的考证得出：

> 第二章简 7 "致之也，天毋已精将恐列（裂）"。整理者释文作"天毋（无）巳（已）精（清）将恐死〈列〉"，注释云："'死'，应为'列'之误，帛乙作'莲'，当如传世本读为'裂'。"谨案：所谓'死'字作（字形），其实此字就是"列"。②

北大汉简《老子》中的"死"字字形为（字形），和"列"字字形相近，但这两个字却有明确的区别特征，也就是"列"字字形上部多一点。

2. 叕

汉简本《老子》六十五章："其在道也，斜（余）食叕（赘）行，物或恶之，故有欲者弗居。"在《老子》各版本中，这个句子中的"叕"字较为独特，黄德宽在《释甲骨文"叕（茁）"字》一文中把（字形）、（字形）等甲骨文字形和西周以后的"叕"字进行纵向系联，包括西周金义、战国文字、秦文字、汉代文字。在汉代文字中，黄德宽列举的是马王堆帛书《德圣》中的"叕"字和北大汉简《老子》中的"叕"字（字形）等字形，认为这些典型字形基本反

---

① 为行文简洁，下文中只列出引文所对应的王弼《老子》章次。
② 苏建洲：《中国文字》（新四十一期），台北艺文印书馆，2015，第 95 页。

映出"叕"字形体演变的关键环节和过程。黄德宽认为，从形体演变发展的线索来看，将西周到战国秦汉时期的"叕"与上述甲骨文字形看成是同一字的发展，应该是合乎形体发展演变规律的。由此认为甲骨文这个长期未能确释的字应该释作"叕"。[1]

据上述黄德宽的考察，北大汉简《老子》"叕"字并非无据之谈。此字想尔注本作"餟"，皆可从帛书本读为"赘"。

3. 㮤

王弼本第六十二章开头"道者，万物之奥"的"奥"字，帛书甲本、乙本皆作"注"。甲本原注释云[2]：

> "注"，乙本同，通行本作"奥"。按"注"读为"主"，《礼记·礼运》："故人以为奥也"，注："奥，犹主也。"

高明亦引《礼记·礼运》文及注为说，又补充说：

> 《左传》昭公十三年"国有奥主"，即谓国之主也。帛书《老子》既然皆作"道者万物之主也"，足证今本中之"奥"字当训"主"，旧注训"藏"不确，非指室内深隐秘奥，犹若第四章云："道冲而用之或不盈，渊兮似万物之宗。"从而可见，《老子》原文当犹帛书《甲》、《乙》本作"道者万物之主也"，"奥"字乃后人所改。[3]

北大汉简本与"奥"或"注"相当之字为㮤（简68，第二十五章），此字形未见于其他版本。原释为"㮤"，以之为声符为"帚"的形声字，注释谓"'㮤'（章母幽部）、'奥'（影母觉部）音近可通，'㮤'应读为'奥'"，并引上举帛书原注释为说。[4]陈剑结合㮤（简68）、㮤（简36）、㮤（《汉印文字征》6.8赵㮤之印）等字形，将异文关系和字形结合

---

[1] 黄德宽：《释甲骨文"叕（茁）"字》，《中国语文》2018年第6期，第712~720页。

[2] 国家文物局古文献研究室编《马王堆汉墓帛书（壹）》，文物出版社，1980，第8页注〔二九〕。

[3] 高明：《帛书老子校注》，中华书局，1996，第127页。

[4] 北京大学出土文献研究所编《北京大学藏西汉竹书（贰）》，上海古籍出版社，2012，第二十五章注〔一〕，第134~135页。

起来考虑，认为█字从字形看也完全可以径释为"耑"。一方面，真正从"帚"声之"楠"字不见于字书和其他出土文献，很可能本来并无此字；另一方面，"楠"与"耑"字形显然颇为接近，或者说二者的写法有密切关系。此"耑"字可能以音近从帛书《老子》读为"注"或"主"，"耑"与"注"或"主"应为音近致异。二者声母相近，韵部则"耑"为元部（合口），"注""主"在侯部，元部合口字有部分与侯东部关系密切。他认为，此"耑"字亦有可能读为"耑/端"，训为"始"。"万物之耑（耑/端）"犹言"万物之始"。并引《韩非子·主道》"道者，万物之始，是非之纪也。是以明君守始以知万物之源，治纪以知善败之端"为例。[①]陈剑对此字形的释读和整理者不同，值得我们注意。

二 从同源字、古今字角度看汉简《老子》的独特用字

1. 敛

传世本老子三宝中第二宝为"俭"，对应的北大汉简《老子》第三十一章为"二曰敛"，"敛"的意思为"敛藏、约束"。《说文》："敛，收也。"《周礼·夏官缮人》："既射则敛之。"注："敛，藏之也。"引申为"约束，节制"，如《汉书·陈咸传》："郡中长吏，皆令闭门自敛，不得逾法。"帛书本作"检"，也作"约束，限制"义。如《书·伊训》："与人不求备，检身若不及。"孔颖达疏："检，谓自摄敛也。"传世本作"俭"，亦有"约束、节制"义，如《左传·僖公二十三年》："晋公子广而俭，文而有礼"，杜预注："志广而体俭。"其实各版本三种不同用字"敛、检、俭"属于同源字，这三个字或都由古文字"佥"分化而来，其源义素为"收藏"，《集韵·琰韵》："俭，古作佥。"《玉篇》："佥，巨险切，约也。"因为老子并非只强调物质上的节俭，还包含精神、民力等方面，这一意思和"治人事天莫若啬"的"啬"字相呼应。

---

① 陈剑：《汉简帛〈老子〉异文零札（四则）》，载《简帛〈老子〉与道家思想国际学术研讨会论文集》，北京大学中国古代史研究中心、北京大学出土文献研究所主办，2013年10月，第5~6页。

2. 勉

王弼本第四十一章"大器晚成"，汉简本作"大器勉成"，帛乙本作"大器免成"，郭店本作"大器曼成"，传世本多作"大器晚成"。语音相近的"免""勉""曼""晚"四个不同字形记录的是老子时代的同一个词，从词源角度分析，这个词具有"否定"义。参照此章"大方无隅、大音希声、大象无形"等内容看，可从帛乙本理解为"大器免成"。也就是说，"大器"一直在完善中，所以永不言"完成"。①然而习非成是，"大器晚成"一词似已成为约定俗成的用法。

3. 鑑

王弼本第十章"涤除玄览"，帛乙本作"修除玄监"，汉简本作"修除玄鑑"。对比帛书本和汉简本可以发现，两者的不同用字有时构成字形分化关系。整体来看，这种字形分化关系也可以作为一个旁证判断帛书《老子》与北大汉简《老子》在时间序列上的先后。高亨在《老子正诂》中说："玄鉴者，内心之光明，为形而上之镜，能照察事物，故谓之玄鉴。《淮南子·修务篇》：'执玄鉴于心，照物明白。'《太玄》：'修其玄鉴。''玄鉴'之名，疑皆本于《老子》。""玄鉴"帛书乙本作"玄监"，"监"即古"鉴"字。北大汉简第五十三章"修除玄鑑，能毋有疵虖"。此句中的"鑑"字，由"监"字分化而来，承担"镜子"这一义项，这一用字不但比其他版本意思更为清晰明确，也是暗合帛书本和北大汉简本在时间上的先后关系的。

三　从近义换用角度看汉简《老子》的独特用字

1. "遍"和"周"

《老子》第二十五章"寂兮寥兮，独立不改，周行而不殆，可以为天下母"，郭店本、帛书本皆无此句。北大汉简《老子》中此句为"偏（遍）行而不殆"，王弼本第二十五章作"周行而不殆"。李若晖经多番考究，认为此异文并非所谓的讹误，而应当是颇有深意：

---

① 吴文文：《从同源字角度探讨〈老子〉"大器晚成"等语句的释读》，《吉林师范大学学报（人文社会科学版）》2020年第3期。

《老子》第25章说道："寂兮寥兮，独立不改，周行而不殆，可以为天下母。"河上公注："寂者无音声，寥者空无形，独立者无匹双，不改者化有常。道通行天地，无所不入，在阳不焦，托阴不腐，无不贯穿，而不危殆也。道育养万物精气，如母之养子。"北大汉简《老子》此句作"偏（遍）行而不殆"，河上公注"道通行天地"，旧题顾欢《道德真经注疏》引作"道遍行天地"，郑成海《斠理》以为"盖形近而讹也"。由北大本观之，此异文应当颇有来历，表明早期河上公本的正文和注释都极有可能写作"遍"字。"道遍行天地"指道遍在万物。即便在严格的语言学词汇意义上，"遍"也较"通"更切合于"周"。

……

由此可见，河上公注之"道遍行天地"改为"道通行天地"，虽仅一字之异，却内蕴汉代思想史老庄升降及相应思维模式的变异。[1]

李若晖从思想史角度分析汉简《老子》这一独特异文，其观点目前虽未必能成为确论，但显然有助于我们对这一段经文形成更深刻的认识。

2."浅"和"薄"

汉简本第三十八章："夫礼，忠信之浅而乱之首也。"整理者指出："'浅'传世本多作'薄'，帛乙作'泊'，读为'薄'。'浅''薄'为同义换用。"[2]

《说文》："浅，不深也。""薄"的字义和"浅"在程度上与"少"相近，有"稀薄"义。如《庄子·胠箧》："鲁酒薄而邯郸围。"

四 从通假关系看汉简《老子》的独特用字

1.殹

汉简《老子·下经》首章"道可道殹"的"殹"，不见于其他版本。"殹"是句末语气词，相当于"也"。《古文苑·石鼓文》："汧殹沔沔。"章

---

[1] 李若晖：《"遍"与"通"：汉代老学与庄学一瞥》，《学术研究》2019年第10期。

[2] 北京大学出土文献研究所编《北京大学藏西汉竹书（贰）》，上海古籍出版社，2012，第123页注五。

樵注："殹即也字。"①北大汉简整理者："'殹'为秦系文字，帛书作'也'。汉简本中'殹'仅此一见，其余皆作'也'，推测其祖本之中或有秦抄本。"②查验古文字，发现包山楚简、郭店楚简《语丛》、王子午鼎等战国楚文字中皆有此"殹"字，汉代淮南王刘安所铸新郪虎符亦有此字，③因此，据北大汉简本有一"殹"字，尚不能判定其祖本有秦抄本。比如，和"秦抄本"观点不同，潘永锋在汉简本《老子》中检得三则当为楚文字用字方法遗迹的异文：亚—恶；颂—容；发—伐。他据此认为北大汉简《老子》存有楚国用字习惯。④

2. 命

王弼本第一章"名可名"，汉简本作"名可命"。汉简本这一独特的用字能进一步启发我们对老子文本的理解。"命"这里可以理解为"命名"，如《左传·桓公二年》："晋穆侯之夫人姜氏，以条之役生太子，命之曰仇。"和帛甲本"名可名也，非恒名也"、王弼本"名可名，非常名"比较，汉简本"名可命，非恒名也"更好地强调了人类给万物所命之名，与指代万物本质的"恒名"在内涵上的差异性。并且这种"命"和"名"的异文用法不是个例，而是成系列的，分别出现在四章经文中，共7例。另三处在汉简本第五章（王弼本第四十二章）："人之所恶，唯孤、寡、不穀，而王公以自命也。"第十章（王弼本第四十七章）："是以圣人弗行而智，弗见而命，弗为而成。"第五十七章（王弼本十四章）："视而弗见，命之曰夷；听而弗闻，命之曰希；搏而弗得，命之曰微。……台台微微，不可命，复归于无物。"这一成系列的异文有助于我们更好地理解经文义理，比如，和传世本47章"不见而名"相比，汉简本"弗见而命"之"命"亦指给事物命名，这一命名过程，也是一个概括、把握事物本质的过程。

3. 晦

王弼本第二十章"澹兮其若海"，汉简本作"没（惚）旖（兮）其如

---

① （宋）章樵校注，（清）钱熙祚校勘《古文苑》，《守山阁丛书》本，道光二十四年（1844）刊。

② 北京大学出土文献研究所编《北京大学藏西汉竹书（贰）》，上海古籍出版社，2012，第215页。

③ 汤余惠主编《战国文字编》，福建人民出版社，2001。

④ 潘永峰：《汉简本〈老子〉楚系文字用字方法遗迹三则》，复旦大学出土文献与古文字研究中心网站，2013年12月23日。

晦"。北大汉简《老子》在字词的使用方面，具有内部彼此相互联系、相互印证的一些用法和特点。比如，汉简本有三章都出现了"恍惚"这一词或其变化、分离形式：

> 第五十七章："是谓无状之状，无物之象，是谓没（惚）芒（恍）。"
> 第六十一章："没（惚）旖，其如晦；芒（恍）旖，其无所止。"
> 第六十二章："唯訫（恍）唯没（惚）。没（惚）旖訫（恍）旖，其中有象旖；訫（恍）旖没（惚）旖，其中有物旖。"

上述三章的意义因为"恍惚"这个词而建立起了彼此之间的联系，由于这个词在上述三章的存在以及《老子》思想体系的内在联系性，我们在释读其中任何一章都应该注意和其他两章相呼应，也即历代注释者所推重的"以老解老"。然而这三章的密切联系在帛书本出现之前没有引起足够的重视。历代老子研究者少有人注意到这三章的内在联系，首先在于他们大多数在王弼本第二十章"澹兮其若海；飂兮若无止"与传世各个版本的异文面前无所适从。参看表7-1。

表7-1　"澹兮其若海；飂兮若无止"各版本异文

王弼本	澹兮其若海；飂兮若无止。
河上公本	忽兮若海；漂兮若无所止。
想尔注本	忽若晦，寂无所止。
帛书乙本	沕（惚）呵，其若海；望（恍）呵，若无所止。
汉简本	没（惚）旖，其如晦；芒（恍）旖，其无所止。

此句的释读千年来聚讼纷纭，学者莫知所从，最根本的原因是这个句子在各传世本《老子》中由于传抄错讹已经相对杂乱，上表中王弼本、河上公本、想尔注本已看不出"恍惚"一词在这个句子中的核心地位。而基于错误的文句开展释读，当然得不出一个正确的理解。高明评论道："世传今本此句经文甚为杂乱，无论用字或句型，彼此都各有差异；诸家注释也各持一说，互相抵牾，读者亦难以判断是非。……而且，因今本此文多误，有学者疑其非属本章，谓为错简。如马叙伦谓其为25章文，严灵峰

先生谓其为 15 章文。"① 时至今日，许多注本仍未能厘清围绕这一文句的混乱理解。如陈鼓应《老子今注今译》第二十章的校定文，依然从王弼本作"澹兮其若海；飂兮若无止"。高明先《帛书老子校注》中，对历代对此句理解和释读的混乱情况有较为详尽的梳理和辨析，他在辨析中注意到帛书乙本"沕（惚）呵，其若海；望（恍）呵，若无所止"因包含"恍惚"一词而揭示了上述三章的相关性，使得我们对这一部分内容的理解前进了一大步。但汉简本"没（惚）旖，其如晦"和帛书乙本"沕（惚）呵，其若海"相比又更胜一筹，这是由于就描写"恍惚"而言，"如晦"比"若海"更为贴切。"恍惚"这个词有很多书写形式，亦作"恍忽""仿佛""髣髴"等，通常作"朦胧、迷离"义，如《史记·司马相如列传》："于是乎周览泛观，瞋盼轧沕，芒芒恍忽，视之无端，察之无崖。"又如曹植《洛神赋》"仿佛兮若轻云之蔽月"。因此，在表达同一章"沌沌兮，如婴儿之未孩；累累兮，若无所归"以及"我独昏昏""我独闷闷"等状态而言，汉简本"没（惚）旖，其如晦；芒（恍）旖，其无所止"相对其他版本而言是语意贴切融洽的一个本子，同时也与其他两章表达道的初始状态那种混沌不清、时时刻刻变动不居、飘忽不定的特征相呼应。从这一点来看，汉简本《老子》在用字上清晰地展示了上述三章之间内在的联系。

4."畍"

王弼本二十八章"大制无割"，汉简本作"大制无畍"。方勇在《谈北大藏汉简〈老子〉中的"或热或炊"》一文中对汉简本《老子》第七十章和各本不同的"大制无畍"进行了说明：

> 此句在今本的二十八章，其作"大制不割"，帛书本作"大制无割"，所以整理者认为"畍"同"界"，读为"割"。按，实则"大制无畍"的"畍"作本义解释，也可以读通简文。陈鼓应解释"大制不割"："不割者，不分彼此界限之意。"我们认为此意正可作"无畍"的脚注。②

① 高明：《帛书老子校注》，中华书局，1996，第 325 页。
② 方勇：《谈北大藏汉简〈老子〉中的"或热或炊"》，《南开语言学刊》2016 年第 1 期。

5. 殷

王弼本第四十一章"道隐无名"，汉简本作"道殷无名"。王弼本《老子》第四十一章"大器晚成，大音希声，大象无形，道隐无名"句中的"隐"字，帛书整理小组原注释谓：

> 道下一字通行本作隐。此作襃，微残，即襃之异构。襃义为大为盛，严遵《道德指归》释此句云："是知道盛无号，德丰无谥"，盖其经文作襃，与乙本同，经后人改作隐。隐，蔽也。"道隐"犹言道小，与"大方无隅"四句意正相反，疑是误字。[1]

帛乙本通常释读为"道襃无名"。"殷""襃"均有盛、大义。《说文》："殷，作乐之盛称殷。"《易》曰："殷荐之上帝。""襃"本义为衣服肥大，引申为广大义。王弼本、河上公本皆作"道隐无名。"王弼注："物以之成而不见其成形，故隐而无名也。"

然而，受北大汉简《老子》中的这个"殷"字启发，复旦大学出土文献与古文字研究中心陈剑依据扎实的秦汉简帛相关资料，对帛书《老子》乙本中的"襃"字字形提出了全新的看法，认为帛书《老子》乙本这个字其实应该释为"段〈殷〉"：

> 我以前一直觉得所谓"襃（襃）"字之释在字形上颇有疑问。读北大简本后，才恍然悟出该字亦应释读为"殷"，但其形实本误作"段"。……秦汉简帛文字中"殷"与"段"、"叚"几字字形皆常相乱，将以上字形情况与帛书《老子》之形比较考虑，可知帛书《老子》乙本中这个字释为"段〈殷〉"绝无问题。所谓"襃/襃"之异文，历史上应并未存在过。前引帛书整理小组据严遵《道德指归》释此句云"是知道盛无号，德丰无谥"，谓"盖其经文作襃，与乙本同，经后人改作隐"之说，如按北大简整理者的意见，将"隐"读为"殷"（二者相通多见）、"殷"亦解为"盛大"，也是完全没有问题的。论者或据所

---

[1]　国家文物局古文献研究室编《马王堆汉墓帛书（壹）》，文物出版社，1980，第93页注（八）。

谓"褒"字为说，解释为"褒奖、赞扬"或"掩藏"等，现在看来就都失去其根据了。[①]

"道殷无名"的意思是，道虽盛大，却没有名称。综合上述观点，汉简《老子》"道殷无名"之"殷"字，应是已有各版本中最接近《老子》母本的用法。

6．"荧"

王弼本"载营魄抱一"，汉简本作"载荧魄抱一"。"荧""营"古常通用。《史记·吴王濞列传》："御史大夫晁错荧惑天子"，《汉书》作"营或"；《淮南厉王传》"荧惑百姓"，《汉书》作"营惑"。"荧魄"和"营魄"亦可互通。屈原《远游》："载营魄而登霞兮。"宋代鲍云龙撰《天原发微·卷五上》："楚词屈子载'荧魄'之说，以精神言也。荧，营也，阴灵之聚而有光景者。魄不受魂则魂不载魄，而人死矣。"又，元代陈仁子《文选补遗·卷二十九》："'营'犹荧荧也。此言荧魄者，阴灵之聚，若有光景也。霞与遐通，谓远也。盖魄不受魂，魂不载魄，则魂游魄降而人死矣。"可见鲍云龙、陈仁子所见屈原《远游》作"载荧魄"。

"荧魄"（或"营魄"）即精魂与形体。河上公曰："营魄，魂魄也。"朱谦之："'魄'，形体也，与'魂'不同，故《礼运》有'体魄'，《郊特牲》有'形魄'。又'魂'为阳为气，'魄'为阴为形。高诱注《淮南·说山训》曰：'魄，人阴神也；魂，人阳神也。'王逸注《楚辞·大招》曰：'魂者，阳之精也；魄者，阴之形也。'"[②]

7．"纶"

王弼本第二十五章"有物混成"，汉简本作"有物纶成"。

笔者曾就此问题向复旦大学古文字与出土文献中心张富海先生请教，他认为，"纶"有古顽切的读音，二等字，上古声母是 kr-，跟"混"的读音相近（声母 g-），两字通假。

关于这一重要异文，结合各版本，李开进行了较为详细的考证：

①　陈剑：《汉简帛〈老子〉异文零札（四则）》，《简帛〈老子〉与道家思想国际学术研讨会论文集》，北京大学中国古代史研究中心、北京大学出土文献研究所主办，2013 年 10 月，第 5~6 页。

②　朱谦之：《老子校释》，中华书局，1984，第 36 页。

王弼本 25 章"混成"，帛本 25 章"昆成"，郭店《老子》"蟲（蚰）成"，昆、蚰（读昆）、混，上古皆文部字，可通。纶，今读 guān，《广韵》古顽切，上古元部，与文部音近旁转。《尔雅·释草》："纶（guān）似纶（lún），组似组，东海有之。"纶（lún）、组（后字）皆官员系用的青丝绶带，"纶（guān）、组（前字）"皆海藻类植物。纶（guān）布，又写作昆布，可供食用、药用。李时珍《本草纲目·草八·昆布》引吴普《本草》："纶（guān）布，一作昆布，则《尔雅》所谓'纶似纶，东海有之'者，即昆布也。"可知纶（guān）、昆二字可通用甚古老。……今谓以郭店"蟲（蚰，昆）成"、帛本"昆成"，汉简本"纶（昆）成"看，王弼本等作"混成"者于古无据，为后世窜改。①

李开对各版本此异文的分析，得出传世本"'混成'于古无据，为后世窜改"这一重要结论。这对王弼本第二十五章经文的释读、翻译，具有重要参考意义。

翻阅马王堆帛书，亦发现一处"纶"应读为"昆"的例证。帛书《战国纵横家书》："代马胡狗不东，纶（昆）山之玉不出，此三葆（宝）者，或非王之有也。"②《淮南子·诠言》："昆山之玉瑱，而尘垢弗能污也"，高诱注："昆山，昆仑也。"③马王堆帛书"纶"作"■"，和汉简《老子》中"有物纶（昆）成"中的"纶"字"■"相比较，字形与用法皆可互相印证。

8. 柙

王弼本第七十二章"无狎其所居"，汉简本作"毋柙其所居"。汉简本"柙"：关押猛兽、牲畜的笼子。如《论语·季氏》："虎兕出于柙，龟玉毁于椟中，是谁之过与?"又引申为"囚禁"，如《管子·小匡》："于是鲁君乃不杀，遂生束缚而柙以予齐。"帛甲本作"闸"，帛乙本作"伸"，王弼本作"狎"，河上本作"狭"，严本作"挟"，上古音皆属匣母叶部。

① 李开:《西汉竹书〈老子〉下经校勘考述》，华学诚主编《文献语言学》（第十辑），中华书局，2020，第 46 页。
② 湖南省博物馆编《马王堆汉墓帛书》，岳麓书社，2013，第 132 页。
③ 何宁:《淮南子集释》，中华书局，2018，第 1017 页。

9. 晐

王弼本第四十九章"圣人皆孩之",汉简本作"圣人而皆晐之"。王弼本此句中的"孩",河上公本同,严遵本作"骇",傅奕本、范应元本作"咳"。汉简本作"晐",此"晐"字,可释为周到地包容、涵容。《广韵·哈韵》:"晐,备也,兼也。"这一用法在先秦古籍中也常作"该"。《广韵·哈韵》:"该,备也,咸也,兼也,皆也。"此章圣人"善者吾善之,不善者吾亦善之;信者吾信之,不信者吾亦信之",申明了圣人涵容宽广的胸怀和大慈悲,汉简本"圣人而皆晐之"较为契合此主题,意思是"圣人把每一个个体都包容、涵容在内"。

以上把北京大学藏汉简《老子》和已有的古本《老子》以及传世本《老子》进行比较,整理出独特字词用法共17例。上述例子表明,汉简《老子》在字词使用等方面,存在一些值得注意的用例和特征。北大汉简《老子》整理者说:"汉简本的抄写者应非寻常以抄书为生的书手,甚至不排除学者亲自校订手录的可能。将汉简本称为西汉中期的一个'善本',应该是不过分的。"①汉简《老子》为研究经文义理以及《老子》文本演变提供了更为丰富的材料和更广阔的视野,对理解《老子》经文义理有其独特价值。

---

① 北京大学出土文献研究所编《北京大学藏西汉竹书(贰)》,上海古籍出版社,2012,第215页。

第八章　出土文献视域下的《老子》校释

　　《老子》是中国传统文化最重要的元典之一。从韩非子《解老》《喻老》开始，历代学者从各个角度对《老子》进行了阐释，到元代，已是"道德八十一章，注者三千余家"①。《老子》在国外的研究和传播也很突出，据美国学者邰谧侠统计，目前国外已出版的《老子》总共有72种语言1548个译本。②因此，当代《老子》研究面临的一个问题是：我们何以能在如此厚重的前人研究基础上有所创新，乃至于在某些方面有所超越？

　　首先，我们拥有比古人更多的古本《老子》材料。张岱年说："清代毕沅以来，校订《老子》者多家（如罗振玉、马叙伦、劳健、朱谦之等），但所据旧本，以唐碑、唐卷为最古，尚未见到唐代以前的写本。"③随着战国时期的郭店楚简《老子》、汉代马王堆帛书《老子》甲乙本以及北大汉简《老子》四种古本《老子》的相继面世，我们在《老子》文本的校勘和训诂方面拥有了乾嘉学者都未曾见过的新材料。随着这些新材料的发现，学界对《老子》文本和老子思想的研究有望达到一个新的高度。

　　其次，在充分挖掘各古本《老子》学术价值的同时，甲骨文、金文等古文字字形材料也应引起我们的重视。《老子》是春秋时期的著作，用的是春秋时期的汉字书写而成。用那个时期的古汉字去释读《老子》，显然有助于科学、准确、生动地阐释老子哲学思想。许慎在《说文解字》序中曾说

---

① 高明：《帛书老子校注》，中华书局，1996，张岱年《序》，第2页。
② 〔美〕邰谧侠（Misha Tadd）：《〈老子〉的全球化和新老学的成立》，《中国哲学史》2018年第2期。
③ 高明：《帛书老子校注》，中华书局，1996，张岱年《序》，第2页。

道："郡国亦往往于山川得鼎彝，其铭即前代之古文"，可知东汉许慎也曾经见过一些青铜器铭文。当代不断涌现的甲骨文、金文、楚简字形材料，是许慎、王弼、段玉裁等人未曾看过的，这无疑是我们当代学者在研究资料方面的优势。除了古文字字形外，近来新出出土文献对《老子》尤其是古本《老子》的校勘和释读，也可以提供一些很有价值的新证据。以清华简为例，由于郭店《老子》、帛书《老子》和清华简同为楚地出土文献，并且郭店简《老子》和清华简都是抄写于公元前 300 年左右，这两类战国楚简材料在用字、字词训诂、通假、音韵等传统语文学方面，属于同一个语言文字系统，具有诸多类似的特点。对这两种材料从传统语文学角度和思想内容角度进行比较，可以对彼此的准确释读提供比较有说服力的证据。

下面分别从古文字字形和清华简等出土文献两个方面，说明这些材料在《老子》校勘、释读方面的价值。

一　以古文字字形释读《老子》

《老子》第五十二章："用其光，复归其明，无遗身殃，是谓习常。"《说文解字》："光，明也，从火在人上，光明意也。""光"字甲骨文作 ，商代金文作 ，是个会意字，字形上部为火，下部为一跪坐着的人，人在熊熊燃烧的篝火附近，感受到了光和热。林义光《文源》："按古者执烛以人，从人持火。"李孝定："火在人上取光明照耀之意。"[1] "明"字甲骨文作 ，西周金文作 ，都是会意字，由"囧（象窗户形）"和"月"组成，字形描绘的是皎洁的月光透过窗户照进来，室内一片光明。董作宾："明字在武丁时作 ，右为窗。囧即窗之象形字。左为月。取义于夜间室内黑暗惟有窗前明月光射入以会明意。"[2] 从造字看，光和明的细微区别在于"光"是在黑夜中强烈的光，"明"是人在窗边看见月亮所感受到的柔和的光。"用其光，复归其明"的意思就是精气神的运用应避免始终处于强烈的状态，不要像熊熊燃烧的火焰，而要像柔和的月光，才不会给身体带来灾殃。这一理解和《老子》第五十八章"光而不耀"是相呼应的。

---

① 李圃主编《古文字诂林》（八），上海教育出版社，2004，第 710 页。

② 李圃主编《古文字诂林》（六），上海教育出版社，2004，第 511 页。

《老子》第五十九章:"治人事天莫若啬。夫唯啬,是谓早服。早服谓之重积德,重积德则无不克,无不克则莫知其极,莫知其极,可以有国。有国之母,可以长久。是谓深根固柢,长生久视之道。"这一章的理解,聚焦为"啬"字的释读。"啬"字甲骨文作𡣕,字形上方是两个"禾"字,表示众多"禾",用以指代丰收的稻粟等农作物;下方为"亩(廩)",意思是圆形的谷仓。这个字形所描绘的古代生活场景,是将成熟后的农作物收进谷仓。从这一场景出发,"啬"字有储藏、积蓄义,也包含准备义,还引申出收获、敛藏的意思。储藏、积蓄对应本章的"重积德","准备"义对应本章"是谓早服","敛藏"义对应老子三宝之"俭"。《韩非子·解老》解释此章"啬"字的内涵说:"啬之者,爱其精神,啬其智识也。故曰:'治人事天莫如啬。'众人之用神也躁,躁则多费,多费之谓侈。圣人之用神也静,静则少费,少费之谓啬。'"①因此,从甲骨文字形𡣕出发,可把握"啬"字"未雨绸缪、积蓄力量、善于敛藏、适可而止"等丰富内涵。古文字"啬"字,为理解《老子》第五十九章哲学思想提供了一个生动形象的切入点。

一些古文字字形还有助于我们对《老子》义理的理解更加准确。比如《老子》第七十七章:"天之道,犹张弓者也!高者抑之,下者举之,有余者损之,不足者补之。"很多学者将"张弓"释读为"弯弓射箭"②(任继愈)或"拉开弓弦"(陈鼓应)③。查验古文字"弓",有的字形像安上了弦的弓,如甲骨文𢎜、商代金文𢎜等,字形上部一短横为弓梢末端的饰件,用以缠绕多出的弦;有些则是不带弦的弓,如商代甲骨文𢎜、西周金文𢎜、秦代小篆𢎀等。结合传统弓的使用情况可知,弓在使用时安上弦,不使用时要将弓弦解开,以上两类字形正分别代表了这两种情况。而安上并调节弦位的高低在古代人的语言中谓之"张",松开弦谓之"弛",如《周礼》:"一张一弛,文武之道。"因此,结合上述古文字字形,此章"张弓"的正确理解应该是"给弓安上弦并且调节弦位的高低"。这一章的意思大致是:天道岂不就像给弓安上弦并且调节弓弦的人一样吗?弦位高了,就往下压,弦位低了,就往上升;弓弦过长的,就截掉一些,弓弦过短的,便补足它。老子认识到天道作为一种无形的力量而存在,使万事万物保持一种动态的优美平衡。而

① (战国)韩非子:《韩子浅解》,中华书局,1960,第77页。
② 任继愈:《老子新译》,上海古籍出版社,1978,第11页。
③ 陈鼓应:《老子注译及评介》(修订增补本),中华书局,2009,第37页。

在老子所处的春秋末期，实际情况是"损不足而奉有余"。老子认为，这显然是违背天道的一种社会状态，如同过松或过紧的弓，或是缺乏其应有的活力，或是处于崩裂危险的边缘。所以老子呼吁："孰能有余以奉天下？唯有道者。"

《老子》是春秋时期的作品，用那个时期的古汉字去释读《老子》，对于科学、准确、生动地理解老子哲学思想，具有十分重要的意义。目前，国学教材已经走进高中课堂，并将《老子》全文纳入教材内容。甲骨文、金文等古汉字以及《老子》无疑都可视为中国优秀传统文化中的瑰宝，注重两者的结合，可以使彼此的特点相得益彰，对于弘扬优秀传统文化，应该是值得重视的一项工作。

二　以清华简等出土文献校勘、释读《老子》

下面结合具体例子说明清华简等出土文献材料在《老子》校勘、释读等方面的作用。

（一）汉简《老子·下经》第一章的"玄之又玄之"。

曹峰认为汉简《老子》独特的"玄之又玄之"中的"玄"是动词，"玄之又玄之"在语法结构上和"损之又损之"类似，是"人主观上面向'道'的一种体认工夫和追寻努力"。[①]笔者原先大体赞成将前后两个"玄之"视为动宾结构，并认为"玄之又玄之"是以"无欲"和"有欲"两种不同的视角观照宇宙万物，是两种视角的切换。[②]后来笔者进一步思考这个问题，倾向于另一种更平易简单的理解，也就是把此句中的"玄"字视作常见的形容词用法，那么"之"在这里就相当于语气词"兮"。王引之《经传释词》："之，犹兮也。昭二十五年左传曰：'鸜之鹆之，公出辱之。'三'之'字并与兮字同义。"[③]《论语·雍也》孔子探望身患重疾的司马牛时感叹："亡之，命矣乎！斯人也而有斯疾也！斯人也而有斯疾也！"杨伯峻在注释时

---

① 曹峰：《"玄之又玄之"与"损之又损之"》，《中国哲学史》2013年第3期，第13~19页。
② 吴文文：《北大汉简老子译注》，中华书局，2022，第198页。
③ （清）王引之：《经传释词》，上海古籍出版社，2016，第197页。

说:"这'之'字不是代词,不是'亡'(死亡之意)的宾语,因为'亡'字在这里不应该有宾语,只是凑成一个音节罢了。古代常有这种形似宾语而实非宾语的'之'字。"[①]这种承担语气词作用的"之"字通常也不入韵,王显曾指出,在先秦《诗经》和屈原赋中,有以成对形式或两次以上出现的"之",这些"之"字都不入韵,入韵的只能是单个出现的"之"。[②]类似地,汉简《老子》"玄之又玄之,众妙之门"和"损之又损之,以至于无为"中的"之"都只是作为相当于"兮"的语气词,通过双音节"玄之"的重复,以强化感叹语气的抒发。类似的例证在战国出土文献中也有,如郭店楚简《说之道》(原题《语丛四》),位于篇尾位置的"入之又入之,至之又至之,至而亡及也已"[③]。此句中的两个短语结构和"玄之又玄之"类似,四个"之"字的用法也相当于"兮"。

(二)第十四章"此三者不可致诘"的"诘"可释为"考察"。

河上公《老子》第十四章:"视之不见名曰夷,听之不闻名曰希,搏之不得名曰微,此三者不可致诘,故混而为一。"河上公注把"诘"释读为"诘问",认为"三者,谓夷、希、微也。不可致诘者,夫无色、无声、无形,口不能言,书不能传,当受之以静,求之以神,不可诘问而得之也"[④]。陈鼓应将"致诘"释读为"究诘、追究"[⑤]。

清华简八《治邦之道》:"故求善人,必从身始。诘其行,变其政,则民改。"[⑥]这段材料中"诘其行","诘"的对象是"人的行为",释读为"诘问"不太准确,释读为"考察"或"辨析"更为贴切。"诘"释读为"考察"或"辨析"也同样适于"此三者不可致诘"的"诘"。

再从版本异文看,"此三者不可致诘"北大汉简本作"参(三)也,不可致计",帛书本作"三者不可至(致)计"。"计"也有"考察,辨析"

① 杨伯峻:《论语译注》,中华书局,2009,第58页。
② 王显:《屈赋的韵式韵例》,《语言研究》1984年第1期,第53页。
③ 荆门市博物馆编《郭店楚墓竹简》,文物出版社,1998,第218页。
④ (汉)河上公注,福建省文史馆编《宋刊老子〈道德经〉》,福建人民出版社,2011,第25页。
⑤ 陈鼓应:《老子注译及评介》(修订增补本),中华书局,2009,第113页。
⑥ 清华大学出土文献研究与保护中心,李学勤主编《清华大学藏战国竹简(捌)》,中西书局,2018,第136页。

义。《广雅》："计，校也。"《管子·八观》："行其田野，视其耕耘，计其农事，而饥饱之国可以知也。"

（三）第十五章各版本异文"颂"和"容"可释为"描摹、形容"

王弼本第十五章："夫唯不可识，故强为之容。""故强为之容"，郭店本作"是以为之颂"，汉简本作"故强为之颂"。楚简中的例子如郭店楚简《性自命出》中的"君子美其情，贵其义，善其节，好其颂（容），乐其道，悦其教，是以敬焉"，"致颂（容）宙（貌）"。①易顺鼎说："《文选·魏都赋》张载注引《老子》曰'"夫唯不可识，故强为之颂。"作'颂'者古字。作'容'者今字。强为之容，犹云强为之状。"②根据上述材料，"故强为之容"可释读为"因此勉强对其进行描摹、形容"。

《老子》中另一个"容"字是第二十一章"孔德之容"的"容"，应释读为"动"，与"静"或"止"相对。如《礼记·月令》"不戒其容止者"，郑玄注"容止，谓动静也"。

（四）关于第十九章"视素抱朴"的校释

《老子》第十九章各版本有"视素抱朴"和"见素抱朴"之歧异。郭店《老子》中相关的字是释读为"视"还是"见"，学界存在不同意见。张桂光说："均应释为'见'。简文中确切用为'视'者，是假'见'为'视'。"③郭店楚简整理者认为，简文"见"字"目"下一般为跪坐人形，"下部为立'人'的则是'视'字"④。裘锡圭也赞成这一释读。⑤清华简材料可进一步确证这一释读。《心是谓中》简二："心欲见之，目故视之。""见"和"视"在字形上差异明显，前者"目"下为跪坐人形，后者下部为立"人"形。参照《心是谓中》，郭店《老子》字形显然应释读为"视"。

① 武汉大学简帛研究中心，荆门市博物馆编著《楚地出土战国简册合集》（一）《郭店楚墓竹书》，文物出版社，2011，第100页。

② （清）易顺鼎：《读老札记》，清光绪十年（1884）刻本。

③ 张桂光：《战国楚简"见"字说》，《古文字研究》第26辑，中华书局，2006，第257~258页。

④ 荆门市博物馆编《郭店楚墓竹简》，文物出版社，1998，第114页。

⑤ 裘锡圭：《老子今研》，中西书局，2021，第4页。

明确了应释读为"视素抱朴"之后，对于"视素抱朴"的"视"怎么理解，也存在不同意见。如武汉大学简帛研究中心整理者把这个"视"解释为"靠近、接近"：

> 《广雅·释言》："视，比也。"《左传》文公十八年"是与比周"注："比，近也。""视素抱朴"意为靠近物的本色（素指丝之本色），保持物的本形（朴指未做成器之木），与下文"少私寡欲"正相对应。①

将"视"释读为"靠近"看似可通，但缺乏直接书证。笔者认为，字在字形上和"见"字相比，有站起来张望的特征，这种站起来张望、关注的造字意象可引申出"效法"（榜样）的字义。类似用法如《孟子·万章下》"君子所履，小人所视"，杨伯峻解释这个"视"字说："与'天子之卿受地视侯'之'视'字意义相近。《广雅·释诂》云：'视，效也。'"②据此，郭店《老子》"三言以为史不足，或命之有乎属：视素保朴，少私寡欲"可理解为："（智辨、伪诈、巧利）这三者是用来文饰、补救不足的，所以要使百姓（在价值观等方面）有所归属：效法本色，持守淳朴；少有私心和贪欲。"也就是说，老子倡导在心灵层面葆有本心、本色，在物质生活层面崇尚纯朴简单，崇尚节俭、质朴和率真，摒弃奢靡之风、奸巧之习，改变运用智巧伪诈谋取私利的社会风气，从根基上提高全社会的道德水平。

（五）第二十六章"虽有荣观，燕处超然"的释读

王弼本、河上公本《老子》第二十六章"虽有荣观，燕处超然"，各版本异文见下表：

王弼本	傅奕本	北大汉简本	帛书甲本	帛书乙本
虽有荣观， 燕处超然。	虽有荣观， 宴处超然。	唯有荣馆， 燕处超若。	唯有环官， 燕处□□若。	虽有环官， 燕处则昭若。

---

① 武汉大学简帛研究中心，荆门市博物馆编著《楚地出土战国简册合集》（一）《郭店楚墓竹书》，文物出版社，2011，第5页。

② 杨伯峻：《孟子译注》，中华书局，2012，第273页。

以下结合各版本异文，对北大汉简《老子》"唯有荣馆，燕处超若"进行释读。

"唯"，帛甲同，王弼本、帛书乙本作"虽"，王引之《经传释词》云："'虽'读为'唯'，古字通用。"①

北大简本、王弼本、傅奕本的"荣"可读为"营"，进而和帛书本的"环"在字义上相通。《易·否·象传》："君子以俭德辟难，不可荣以禄。"虞翻本"荣"作"营"。王引之说："营字是也。"②高亨："'营''荣'通用，'营'者，周垣也。"③据高亨，此句中"荣"通"营"，其字义可释读为环形的高墙。

"营"和帛书本"环"往往相通，如《韩非子》："自营为私。"《说文解字》引文作："自环为私。"清华简存在"还"读为"营"的例子。清华简八《治邦之道》："母（毋）咸（感）于窒（令）色以还心。"④整理者注：还心，即萦绕于心。《左传·襄公十年》："还郑而南"，杜预注"绕也"。⑤杨伯峻："还同环，围绕而行。《释文》：'还，本亦作环。'"⑥王念孙《读书杂志》："营与还古同声而通用。"⑦"环""还"古音在匣纽元部，"营"在匣纽耕部。语音相近，可通。

徐志钧对传世本和帛书本此句进行了比较："荣观犹环官。环官亦即是营卫。《史记·五帝本纪》：黄帝'迁徙往来无常处，以师兵为营卫。'张守节正义：'环绕军兵为营以自卫，若辕门即其遗象。'周星《营窟与营卫》：'帝王将相之"营卫"、环卫，均应起于史前黄帝时代之营卫，而黄帝之营卫当即史前游牧部族的圆形向心聚落，如同在北美大草原印第安人那里所见到的一样，故《史记》称其迁徙往来，居无常处。圆形的营卫聚落，因

---

① （清）王引之撰，李花蕾校《经传释词》，上海古籍出版社，2018，第45页。
② （清）王引之：《经义述闻》，杨家骆编《读书札记丛刊》第二集，台湾：世界书局，1975，第47页。
③ 高亨：《老子正诂》，清华大学出版社，2011，第32页。
④ 清华大学出土文献研究与保护中心，李学勤主编《清华大学藏战国竹简（捌）》，中西书局，2018，第136页。
⑤ 清华大学出土文献研究与保护中心，李学勤主编《清华大学藏战国竹简（捌）》，中西书局，2018，第141页。
⑥ 杨伯峻编著《春秋左传注》（修订本），中华书局，2009，第982页。
⑦ （清）王念孙撰，徐炜君、樊波成、虞思征、张靖伟等点校《读书杂志》，上海古籍出版社，2018，第12页。

其便于防守的缘故，遂又从中演出后世的圆形军阵来。'"①徐志钧对"荣"和"环"字义相通的释读无误，但综合考虑王弼本"观"、汉简本"馆"、帛书本"官"，这三个字应该都和建筑物有关。

首先，汉简本、帛书本异文"馆、官"二字是同源字。"官之初义是客舍，引申为官署，又引申为官署中执事人员，即官员。因引申义很通行，就为初义另造馆字以资区别。"②如《论语·子张》："夫子之墙数仞，不得其门而入，不见宗庙之美，百官之富。"杨伯峻注释"官"字说："'官'字的本义是房舍，其后才引申为官职之义。"③

其次，汉简本、王弼本异文"馆、观"二字古通用。《春秋左传异文释》卷二："庄公元年经：'筑王姬之馆于外。'《白虎通·嫁娶》'馆'引作'观'。《诗》：'于幽斯馆'，《白虎通·京师》亦引作'观'。二字古通。"④

根据上述材料，"荣"可作"环"解，"荣馆""荣观""环官"可释读为有环形城垣围绕的馆舍。《左传·襄公三十一年》有一则关于子产陪同郑国国君带着外交使团去出访晋国的记载：

> 公薨之月，子产相郑伯以如晋，晋侯以我丧故，未之见也。子产使尽坏其馆之垣而纳车马焉。士文伯让之，曰："敝邑以政刑之不修，寇盗充斥，无若诸侯之属辱在寡君者何，是以令吏人完客所馆，高其闬闳，厚其墙垣，以无忧客使。今吾子坏之，虽从者能戒，其若异客何？以敝邑之为盟主，缮完、葺墙，以待宾客。若皆毁之，其何以共命？寡君使匄请命。"⑤

由于晋国国君未接见郑国使团，子产认为晋国有失外交礼仪，就命令人把晋国旅舍外面的围墙拆除，方便使团的马车进出。以上内容表明，春秋时期，因为寇盗常见，在招待长途旅客的馆舍外修筑环形的围墙，是确保旅客平安的常见做法。

---

① 徐志钧：《老子帛书校注》（增订本），凤凰出版社，2016，第478页。
② 刘钧杰：《同源字典补》，商务印书馆，1999，第202页。
③ 杨伯峻：《论语译注》，中华书局，2009，第202页。
④ 转引自宗福邦编《故训汇纂》，商务印书馆，2003，第2525页。
⑤ 杨伯峻编著《春秋左传注》（修订本），中华书局，2009，第1186页。

综上，王弼本"虽有荣观，燕处超然"，汉简本"唯有荣馆，燕处超若"，都可意译为"唯有居住在环形墙垣卫护的馆舍中，才能（在其中）安然而处"。

（六）第四十二章"吾将以为学父"还是"吾将以为教父"

王弼本、河上公本、严遵本第四十二章："吾将以为教父。"汉简本、帛甲本、傅奕本作"吾将以为学父"。

郭店简《性自命出》："凡学者隶其心为难。"[①] 廖名春注："上博本作'教'，同源通用。"[②]

"教"和"学"这两个词最初是用同一个字来表示，如《书·盘庚》："敩于民"即"教于民"；《礼记》："凡学世子及学士"应读为"教世子及教士"，都是用"敩"或"学"来记录"教"这个词。正是两字分化前后在不同时期文本形成的差异。因此"学父"可从传世本读为"教父"，意思为"训教的根本"。吴澄："教父，犹言教之本。父，谓尊而无出其上者也。"[③]

（七）王弼本第二十章"澹兮其若海"与汉简本"惚兮其如晦"孰优孰劣

学界对王弼本"澹兮其若海"的释读多围绕"大海"的意象释读，如陈鼓应在《老子注译及评介》第二十章的校定文中，依然从王弼本作"澹兮其若海"，并解释为："沉静的样子，好像湛深的大海。"[④] 笔者通过对相关研究的梳理和探讨，认为汉简本"没（惚）旖（兮）其如晦"相对王弼本而言，语意更为贴切，同时也与《老子》第十四章、第二十一章表达道的初始状态那种混沌不清、时时刻刻变动不居、飘忽不定的特征相呼应。[⑤] 但关于此问题，学界一直存在不同看法，如陈徽《老子新校释译》据汉简本、帛书本和经文义理将"澹兮其若海"校改为"惚兮其若海"，认为"'忽（惚）'与'晦'皆有暗昧不明之义，本句若作'忽（惚）若晦'，不仅同义

---

① 武汉大学简帛研究中心，荆门市博物馆编《楚地出土战国简册合集》（一）《郭店楚墓竹书》，文物出版社，2011，第114页。
② 廖名春：《新出楚简试论》，台湾古籍出版有限公司，2001，第157页。
③ （元）吴澄：《道德真经注》，《道藏》第12册，文物出版社，1988，第12页。
④ 陈鼓应：《老子注译及评介》（修订增补本），中华书局，2009，第143页。
⑤ 吴文文：《北大汉简老子译注》"绪言"，中华书局，2022，第17页。

反复,而且也无需用'若'字连接"①。陈徽认为,此句是"以海的渺茫无际和幽暗窈冥之状以明'忽'义"②。

关于这一聚讼纷纭情况,马王堆帛书《周易》、张家山汉简《彻谷食气》可提供相当有说服力的例证。马王堆帛书《周易·明夷》:"尚六,不明海(晦),初登于天,后入于地。"于豪亮说:"各本作'不明,晦'。按,'海'与'晦'通。《史记·张仪传》:'利尽西海',《正义》:'海之言晦也。'帛书乙本《老子·道经》'汹呵其若海',今本作'淡兮其若海',《释文》云:'严遵作忽兮若晦。'是'海'与"晦"通,'海'可假作'晦'。卷后佚书亦作'不明,晦'。"③张家山汉简《彻谷食气》有句子作"东方明,西方海(晦)"④,也是"海"通"晦"的例证。

因此,王弼本第二十章"澹兮其若海"可据汉简本、帛书本校改为"惚兮其如晦"。

(八)第三十二章"譬道之在天下,犹川故谷之于江海"的释读

关于这一句也有众多不同的理解。如王中江认为,此句是指天下万物和道的关系:"道在天下,讲的是道与天下万物的关系,它对应的是大海与小溪流的关系,而不能将之对应为'小溪流在大海'。大海比喻的是道。"⑤但据清华简材料,此句以譬喻的方式进一步强调为政者若遵道而治理天下,民众会如百川归海一般追随、依归。

清华简八《治邦之道》:"彼善与不善,岂有恒种哉!唯上之流是从。苟王之训教,譬之若溪谷……"⑥简文后部分虽有残缺,但还是能看出来是关于为政治国者和民众关系的论述。这一比喻可能是春秋战国时期常用的一种方式。

---

① 陈徽:《老子新校释译:以新近出土诸简、帛本为基础》,上海古籍出版社,2017,第128页。
② 陈徽:《老子新校释译:以新近出土诸简、帛本为基础》,上海古籍出版社,2017,第128页。
③ 于豪亮:《马王堆帛书〈周易〉释文校注》,上海古籍出版社,2013,第81页。
④ 荆州博物馆编,彭浩主编《张家山汉墓竹简》(三三六号墓),文物出版社,2022,第136页。
⑤ 王中江解读《老子》,国家图书馆出版社,2017,第139页。
⑥ 清华大学出土文献研究与保护中心,李学勤主编《清华大学藏战国竹简(捌)》,中西书局,2018,第136页。

　　因此，在众多不同注释中，王弼注认为此段要说明的是遵道之为政者和民众的关系："川谷之与江海，非江海召之，不召不求而自归者也。行道于天下者，不令而自均，不求而自得，故曰'犹川谷之与江海'也。"①这一释读和清华简《治邦之道》是可以互证的。

（九）清华简《心是谓中》与《老子》第三十六章的释读

　　清华简《心是谓中》简二："心欲见之，目古（故）视之；心欲闻之，耳古（故）听之。心欲道之，口古（故）言之。心欲甬（用）之，纏（肢）故与（举）之。"②

　　这段话使人自然而然联系起《老子》第三十六章类似的句子：

　　　　将欲歙之，必固张之；将欲弱之，必固强之；将欲废之，必固兴之；将欲夺之，必固与之。是谓微明。柔弱胜刚强。鱼不可脱于渊，国之利器不可以示人。

对应王弼本《老子》第三十六章的帛书《老子》乙本作：

　　　　将欲擒（翕）之，必古（故）张之。将欲弱之，必古（故）强之。将欲去之，必古（故）与之。将欲夺之，必古（故）予之。是胃（谓）微明。柔弱朕（胜）强，鱼不可说（脱）于渊，国利器不可以示人。

　　先秦文献中，类似的材料还有《韩非子·说林上》篇引《周书》曰："将欲败之，必姑辅之。将欲取之，必姑予之。"《战国策·魏策》引文同。

　　《心是谓中》这段材料，对《老子》"将欲歙之"章的正确释读，显然可以提供重要的参考。两段材料前三个句子结构一致，都是：欲A……故B。它表明，A是B的目标或动机，B是A的条件或暂时的途径。

　　而此章所谓"微明"，范应元曰："张之、强之、兴之、予之之时，已有歙之、弱之、废之、取之之几，伏在其中矣。几虽幽微，而事已显明也。

─────────────

① （魏）王弼注，楼宇烈校释《老子道德经注校释》，中华书局，2012，第33页。
② 清华大学出土文献研究与保护中心，李学勤主编《清华大学藏战国竹简（捌）》，中西书局，2018，第149页。

故曰是谓微明。"① "柔弱"之所以能胜刚强，也是因为此柔弱是正向强大转化着的柔弱。面对正向弱小转化着的强大，从长久的角度看，此消彼长，胜负立判。"鱼不可脱于渊"要说明的是，鱼由渊所化育，鱼因此无法离开渊；万物由道所化育，万物也无法离开道。此句比喻万物不可脱离天道，也无法脱离其维持宇宙平衡的幽微而长久的力量。

据此，"将欲歙之"章可释读为："要想使他闭合，必先暂且让他张开；要想削弱他，必先暂且让他强大；要想使他衰败，必先暂且让他兴盛；要想夺取他，必先暂且给予他。这些规律是微妙又显而易见的。（向强大转化的）柔弱胜过（向弱小转化的）强大。鱼不能离开深渊。国家的利器不可以轻易显示于人。"此章表明，老子始终用一种动态观和全域视野去看待事物。老子智慧的高超之处在于他始终有一种全域观，关注将来。始终顺应道所限定的这种无形的力量从而掌控人生的发展趋势。

张之洞曾说："以小学入经学，其经学可信。"这表明，古代语言文字学和经学的关系十分密切。先秦经典的研究要追求其经文释读的"客观确定性"，离不开语言文字学这一较为严谨的工具。《老子》的释读如果不重视语言文字学视角，不重视这一较为客观的标尺，不同的释读者往往各执己见，令学习经典的初学者、爱好者无所适从，给目前大力弘扬优秀传统文化经典带来不利的影响。从《老子》在当代的释读和传播来看，这一现象还是十分突出的。重视古文字字形和出土文献，从语言文字学角度对不同版本《老子》开展研究，对《老子》的释读、考察《老子》文本的演变、辨析老子哲学思想是一个基础性的重要工作。

---

① （宋）范应元：《宋本老子道德经》，国家图书馆出版社，2017，第16页。

第九章　汉简《老子》互文修辞研究

刘勰在《文心雕龙》中评价说："老子疾伪，故称美言不信；而五千精妙，则非弃美矣。"[①]老子是哲学大师，也是语言大师，这首先体现在《老子》一书运用了多种修辞方式。章沧授认为《老子》一书的修辞方式丰富多样，用比喻、骈偶、排比、借代、顶针、回文等手法使得文章句式整齐，音韵和谐，言简意赅。[②]对《老子》一书进行释读时，注意这些修辞手法的运用，可以使相关文本的解读更准确、完整。现主要以汉简《老子》中的互文修辞为例，说明这一问题。

所谓互文，也称互文见义、互言、互辞等，指前后语言单位交错省略、互相补充，需要合在一起才能表达完整语义的语言现象[③]，郑远汉将其概括为"参互为文，合而见义"[④]。据学者对互文修辞源起的考证可知，东汉服虔首先注意到这一语言现象，《左传·隐公元年》："公入而赋：'大隧之中，其乐也融融。'姜出而赋：'大隧之外，其乐也洩洩。'"服虔注："'入'言公，'出'言姜，明俱出入互相见。"[⑤]清代俞樾《古书疑义举例》也特别指出这一修辞方式："古人之文有参互以见义者。"[⑥]

---

① （南朝）刘勰著，（清）黄叔琳注《黄叔琳注本文心雕龙》（第2册），国家图书馆出版社，2017，第76页。

② 章沧授：《论老子散文的艺术特色——先秦诸子散文艺术漫谈之一》，《安庆师院学报（社会科学版）》1985年第1期，第61~67页。

③ 刘斐、朱可：《互文考论》，《当代修辞学》2011年第3期，第19~29页。

④ 郑远汉：《辞格辨异》，湖北人民出版社，1982，第135页。

⑤ （周）左丘明传，（晋）杜预注，（唐）孔颖达正义，十三经整理委员会整理《春秋左传正义》，北京大学出版社，2000，第64页。

⑥ （清）俞樾：《古书疑义举例五种》，中华书局，1956，第9页。

在互文修辞的类型上，学界众说纷纭，如张集文从形式上将互文划分为连续型互文、对称型互文、多层型互文，从内容上又分为同义对举式、分省互补式、相反见义式三类。①王占武从互文词语的位置分析，将其分为本句互见、对句互见和排句互见，这一分类有本句、对句、排句这些形式上的特点，也有互见这一内容上的特点，即互相补充。②本文也将据此分类方式，对汉简《老子》等材料中采用了互文修辞的章节进行释读。

一 《论语》中互文修辞的三种用法

下面先以《论语》为例，以简要说明互文修辞的几种不同用法。

（一）本句互见

"道听而途说，德之弃也。"（《论语·阳货》）

本句中的"听"与"说"，虽然话语传播方向不一样，一个是听别人说，一个是对别人说，也是互相呼应、互相补充，构成互文。"道"与"途"，二者都指道路，其意为路上听来的、传播的话。

（二）对句互见

"死生有命，富贵在天。"（《论语·颜渊》）

此句由两个相对的句子组成，意思是人的生死和富贵往往是由天命所决定。

"子张学干禄。子曰：'多闻阙疑，慎言其余，则寡尤；多见阙殆，慎行其余，则寡悔。言寡尤，行寡悔，禄在其中矣。'"（《论语·为政》）

杨伯峻在注释"阙殆"一词时说："和'阙疑'同意。上文作'阙疑'，这里作'阙殆'，'疑'和'殆'是同义词，所谓'互文'见义。"③

（三）排句互见

"子曰：'视其所以，观其所由，察其所安。人焉廋哉？人焉廋哉？'"

---

① 张集文：《浅谈互文的判断和理解》，《山东教育学院学报》2006 年第 3 期，第 81~83 页。
② 王占武：《文言修辞"互文"分类》，《语文知识》2000 年第 10 期，第 29~31 页。
③ 杨伯峻：《论语译注》，中华书局，2009，第 19 页。

（《论语·为政》）

这个排比句中，"视""观""察"属同义词替换，"所以""所由""所安"构成互文。此句意思是考察一个人做事的方法、途径，观察他为什么那样做的缘由，了解他赖以安身立命的是什么。[①]

二 汉简《老子》中的互文修辞与相关句子的释读

从修辞角度对《老子》进行研究的论文颇多，但从互文角度进行研究的并不多见。目前《老子》相关研究涉及互文的主要有两种情况，第一种情况是对《老子》互文修辞现象进行了相关探讨，比如拙书《北大汉简老子译注》[②]对全书互文修辞现象结合注释作出了简要的说明。张达玮的论文对《老子》中的互文见义现象进行了较为细致的梳理，并特别从互文角度探讨了"道可道"章的释读。[③]该论文对此问题的探讨较为细致，但也将一些原本不属于互文修辞的用例纳入其中。如张氏认为"绝学无忧"也属于互文见义："如果我们认为第二十章首句'绝学无忧'与'见素抱朴，少私寡欲'句法相同、文意一贯且押韵，并将其置于第十九章末句，那么就可以认为'绝学无忧'一句也使用了互文修辞。"[④]我们认为这一判断是不能成立的。理由是，从语法角度看，"见素抱朴，少私寡欲"都属于并列结构，可以形成互文，而"绝学无忧"则属于主谓结构，不构成互文。第二种情况是研究《老子》的"互文性"，以追求更准确的《老子》外文译本。"互文性"并非互文修辞，这个概念是由 20 世纪 60 年代法国符号学家茱莉亚·克里斯蒂娃提出的，也称为文本间性，是指多个文本之间的交互关系。"在对《老子》进行'互文性'研究时，往往是对《老子》与《周易》《黄帝内经》等典籍的交互关系进行分析。"[⑤]不同之处在于，互文性研究的重点

---

① 杨逢彬：《论语新注新译》，北京大学出版社，2018，第 25 页。

② 吴文文：《北大汉简老子译注》，中华书局，2022。

③ 张达玮：《互文见义与道统有无——〈老子〉中的互文修辞》，《周口师范学院学报》2021 年第 6 期，第 62 页。

④ 张达玮：《互文见义与道统有无——〈老子〉中的互文修辞》，《周口师范学院学报》2021 年第 6 期，第 62 页。

⑤ 姜君、于媛：《以互文性还原〈道德经〉真面目》，《作家》2014 年第 18 期，第 159～160 页。

在于表达方式；互文修辞的重点是字、词、句，目的在于通过互文见义的辨析以还原作者本意。

以下将从互文修辞角度出发，以本句互见、对句互见、排句互见三类方式，探讨汉简《老子》等版本中互文修辞的具体例证。

（一）本句互见

1. "是谓深根固抵（柢），长生久视之道也。"（汉简本第二十二章）

此句的"深根固柢"与"长生久视"都采用了互文修辞手法。"深根固柢"中的"根"和"柢"同义且对举，二者构成互文。"根"是指树的旁根；"柢"意为树的主根，故而此处是指使根基更深，更牢固。"长生久视"中的"生"与"视"字义相近，构成互文。"视"字高诱曾注曰："视，活也。"① "长生久视"即长久的生存。

2. "绝圣弃智，民利百倍；绝仁弃义，民复孝兹（慈）；绝巧弃利，盗贼无有。此三言以为文未足，故令之有所属：见素抱朴，少私寡欲。"（汉简本第六十章）

此句中的本句互文较多，"绝圣弃智""绝仁弃义""绝巧弃利""见素抱朴""少私寡欲"都用了互文修辞手法。前三者即"三绝三弃"，可放一起进行理解。"绝"和"弃"同义对举，都有弃除、抛弃之意。"圣"与"智"、"仁"与"义"、"巧"与"利"都是并列对举关系。② "圣"与"智"，王弼注曰："圣、智，才之善也。"都是说要抛弃聪明才智。"绝圣弃智"郭店简本作"绝智弃辨"。"绝智弃辨"中的"辨"是指据智巧而有所分别。"绝仁弃义"郭店简本作"绝为弃虑"。"为"与"虑"也是并列对举，"为"指人为，"虑"指思虑。"绝巧弃利"意为抛弃智巧与私利。在此章，老子认为应弃绝推崇智巧伪诈的社会风尚，引导百姓归于素朴纯真。"见素抱朴"是典型的单句互文，"素"是未经染色的丝，"朴"是未经加工的木料，《说文解字》说："素，白致缯也。"③ "樸（朴），木素也。"④ 二者是同义词，以

---

① 许维遹撰，梁运华整理《吕氏春秋集释》，中华书局，2008，第 22 页。
② 张达玮：《互文见义与道统有无——〈老子〉中的互文修辞》，《周口师范学院学报》2021年第 6 期，第 62 页。
③（汉）许慎：《说文解字》，中华书局，1963，第 278 页。
④（汉）许慎：《说文解字》，中华书局，1963，第 119 页。

互文修辞"参互为文，合而见义"的特点来看，此处可理解为保持纯洁朴实的本色。"少私寡欲"中"少"和"寡"是同义对举。"私"即私心，私欲；"欲"即贪欲；二者构成互文，意为减少私心和贪欲。

　　3."成功遂事。"（汉简本第六十章）

　　《老子》不同版本中，因字词排列组合的不同，往往形成多种异文形式。如帛书本同于汉简本作"成功遂事"，王弼本作"功成事遂"，郭店简作"成事遂功"。从互文角度看，上述三种异文虽然不同，但整体上的意思并无差别。

（二）对句互见

　　1."致虚，极；积正，督。"（汉简本第五十九章）

　　王弼本作："致虚极，守静笃。"显然王弼本运用了互文的修辞方法，意思是达到并谨守深层次的虚静境界。"虚""静"分别和25章"寥（无形）""寂（无声）"对应。

　　"至虚，极"，帛书本作"至虚，极也"，郭店简本作"至虚，亟（极）也"，王弼本、想尔注本作"致虚，极"。"积正，督"，王弼本作"守静，笃"，帛乙本作"守静，督也"，郭店简本作"兽（守）中，管也"。

　　"至虚，极；积正，督"也运用了此修辞手法。可翻译为："臻于清虚，深度入静，以体悟宇宙万物的枢极。""积"，蓄积，蕴含。如《礼记·乐记》："和顺积中，而英华发外。"上述三个版本中不同的用字"正""静""中"，在《老子》一书中往往内涵相通，如"清静为天下正""以正治国""多闻数穷，不如守中"等，"正""中"都有清静义。由于"极"本义为大殿正中的栋梁，而"督"也有"中枢、中央"之义，如《庄子·养生主》："缘督以为经。""至虚，极；积正，督"表明"道"不仅仅是万物源头，而且因其是最原初、持续和强大的力量，实质上也是宇宙万物的枢极和中心。

　　2."不出于户，以智（知）天下；不规（窥）于牖，以智（知）天道。"（汉简本第十章）

　　此句中"户"字意为门，牖指窗户。"不出于户""不窥于牖"意为不走出门外，不往窗外望。"知天下"与"知天道"也是对举，王弼本作"知天下"与"见天道"。这两句强调的是通过内在觉知感悟的方式去认识世界万物的本质。即天下事与天道的本质都无法单纯通过眼睛等外在感官去把握，而需要反观内省去体察、感悟。

3. "故贵以身为天下，若可以橐（托）天下；爱以身为天下，若可以寄天下。"（汉简本第五十六章）

此句中，"贵"与"爱"对举，意为珍视爱护。"托天下"与"寄天下"对举，二者都含有把天下的责任托付给他之意。"此句采用了互文的修辞方法，相当于'贵、爱以身为天下，若可以托、寄天下'"①，即能够以珍视身体的恭谨和爱护身体的态度去治理天下，才可以把治国的重任托付给他；以爱护身体的态度去治理天下，才可以赋予他治国的重任。这样的解释不仅显示出了互文修辞在本句中使文章简洁有力的作用，而且也与本章论述要点相结合，表明了身心安顿对治国者的重要意义，以及老子贵民、爱民的思想。"寄"和"托"互文的类似用例如《论语·泰伯》中曾子所说的一句话："可以托六尺之孤，可以寄百里之命，临大节而不可夺也——君子人与？君子人也。"

4. "故剽（飘）风不终朝，趋（骤）雨不终日。"（汉简本第六十四章）

此句的"飘风"与"骤雨"，一个指大风，疾风；一个指大雨，暴雨。二者都是天气意象，而且程度一致，属于并列。如按照字面意思解释，意为狂风不可能刮太长久，猛烈的暴雨也下不了一整天。但这一句使用了互文修辞，所以本句意为暴风骤雨皆不能长久持续。从此句看，互文修辞除了省略部分结构使文章简洁明了，也能体现出其节奏韵律。

5. "天下神器，非可为，为之者败之，执之者失之。"（汉简本第七十章）

此句也含有对句互文，即"为之者败之，执之者失之"。其中"为"可理解为人为干涉；"执"意为把持、掌控，二者是同义对举。"败"意为破败、毁坏；"失"意为失去，也属于同义对举。所谓"参互为文，合而见义"，则不能仅仅理解成"为之者败之，执之者失之"，"为之"也可"失之"，"执之"也会"败之"。故而此句意为强力妄为和妄图掌控都会使天下这个神器被毁坏，甚至是失去天下。

6. "言有宗，事有君。"（汉简本第三十四章）

此句"言有宗，事有君"，采用的是互文的修辞方式，指"言、事皆有

---

① 吴文文：《北大汉简老子译注》，中华书局，2022，第258页。

宗、有君"。"事",人的活动,行为。如《尚书·皋陶谟》:"股肱惰哉,万事堕哉!""君",根源,依据。因此此句可翻译为:"一个人说的话、做的事都有根源和依据。"帛甲本作"言有君,事有宗",帛乙本作"夫言有宗,事有君"。各个版本只是因字词排列组合的不同,形成不同的异文形式。从互文角度看,帛甲本、帛乙本两种异文意思相同。

(三)排句互见

1. "罪莫大于可欲,祸莫大于不智(知)足,咎莫憯于欲得。"(汉简本第九章)

上述三个并列的句子中,"罪、祸、咎"三个词词义相近。如清华简(七)《赵简子》:"昔吾子之将方少,如有讹(过),则非子之辠(罪),帀(师)保之辠(罪)也。……今吾子既为龟将军已,如有讹(过),则非人之辠(罪),将子之咎。"①这一段话中,"罪"和"咎"显然词义相同,为避免重复而换用。

非常巧的是,同为战国楚简的郭店《老子》:"罪莫重乎甚欲,咎莫憯乎欲得,讹(祸)莫大乎不知足。""罪、咎"也作为一对近义词共同出现。这两个词强调的是要为某种罪过承担责任,如《尚书·西伯戡黎》:"殷始咎周。"《诗经·北山》:"或惨惨畏咎",笺云:"咎,犹罪过也。"《论语·八佾》:"既往不咎。"杨逢彬注:"咎,追究过失。"②

从互文修辞角度看,综合上述文意,此句中的"咎"可释读为"罪责"。《老子》强调的是,行为主体要为自己的贪欲、欲得、不知足承担罪责。

2. "我无为而民自化,我无事而民自富,我好静而民自正,我欲不欲而民自朴。"(汉简本第二十章)

此句"无为""好静""无事""无欲"对举,"自化""自正""自富""自朴"对举,构成互文。除此之外,这句中四个分句的次序各版本有差异,如郭店简本作"我无事而民自富;我无为而民自化;我好静而民自正;我欲不欲而民自朴",王弼本作"我无为而民自化,我好静而民自正,我无事而民自富,我无欲而民自朴"。因为此段文字排句互见修辞方式使

---

① 李学勤主编《清华大学藏战国竹简(七)》,中西书局,2017,第107页。
② 杨逢彬:《论语新译注》,北京大学出版社,2018,第52页。

用，上述三种不同版本在句子次序的变动并不会对句义造成太大影响，整个句子相当于"我无为、无事、好静、欲不欲，则民自化、自富、自正、自朴"。这段文字围绕老子无为思想进行阐述，要求为政者"无为""无事""好静""欲不欲"，减少干扰，顺应自然，让民众清静自化，人们自然生息化育、衣食富足、淳朴纯真。

本章由吴文文、易明珠共同撰写。

下 编

北大汉简《老子》思想浅析

第十章 汉简《老子》和严遵《老子指归》的分章特征及其义理依据

刘骥《〈道德经通论〉序》曰:"窃以老子之言道德,偶从关尹之请,矢口而成言,肆笔而成书,未尝分为九九章也。后人分为上下二卷,以象两仪之妙用;九九八十一章,以应太阳之极数。"[1]褚伯秀也认为《老子》"盖古本不分章"[2]。就此问题,宁镇疆说:"随着帛书本、简本的相继被发现,特别是简本上标得明明白白的分章符号,'原本不分章'说实际上已经被证伪。"[3]如何判定《老子》的分章?韩禄伯归纳出以下三种标准:"意义单位"、用韵、"结尾的特征"。关于"意义单位"这一标准,他说:"一章之所以成为一章,首要的是看它是否是一个意义单位,它的主题是否把它从其前和其后的文字区分开来,它的意思是否是它自身所含有的。"[4]宁镇疆《〈老子〉"早期传本"——结构及其流变研究》认为郭店楚简《老子》和帛书《老子》"基本上都遵循'意义单位'的原则,一章基本上都是一个独立的'意义单位',一章之内的'意义'都相对单一而纯粹。……《老子》最初只是些零散的'自然章句'的组合"[5]。丁四新则强调"应当将这些因素

---

① 见宋代彭耜《道德真经集注》所引,《道藏》第13册,文物出版社、上海书店出版社、天津古籍出版社,1988,第273页。
② (元)刘惟永:《道德真经集义》,《道藏》第14册,文物出版社、上海书店出版社、天津古籍出版社,1988,第290页。
③ 宁镇疆:《〈老子〉"早期传本"——结构及其流变研究》,学林出版社,2006,第158页。
④ 〔美〕韩禄伯:《论老子的分章》,郭沂、温少霞译,《简帛研究译丛》第2辑,湖南人民出版社,1998,第43~72页。
⑤ 宁镇疆:《〈老子〉"早期传本"——结构及其流变研究》,学林出版社,2006,第157页。

（文义、宇宙论数理、主题、思想）综合起来看待《老子》的分章问题"[1]。

本论文的主要目的是对西汉时期严遵《老子指归》和北大汉简《老子》独特的分章情况进行考察，重点从文义也即"意义单位"这一角度探讨这两个版本的分章。在开展探讨之前，有必要对《老子》西汉之前各个版本的分章情况做一个简要的梳理。

一　战国时期《老子》的分章和章序

（一）郭店楚简《老子》的分章与章节顺序

王弼本《老子》第十七、十八章在郭店楚简《老子》丙组中属于同一章，并且两部分之间有"故"字连接，表明两章之间具有内在的逻辑关系。从章节分合角度看，唯独丙组这一章在王弼本被一分为二，而郭店楚简《老子》其他每一章都要少于或等于王弼本《老子》的对应章节。王弼本《老子》很多章节可视为郭店楚简《老子》"原子章"[2]合并而来。比如王弼本《老子》第五章：

> 天地不仁，以万物为刍狗。圣人不仁，以百姓为刍狗。
> 天地之间，其犹橐籥乎？虚而不屈，动而愈出。
> 多言数穷，不如守中。[3]

这一章从"意义单位"角度看，可分为各自独立的三部分。证据有两方面。首先，这三部分内容通常各自单独为古籍所引用。如张家山汉简《引书》引用了中间一段文字阐明养生之道："治身欲与天地相求，犹橐籥也，虚而不屈，动而愈出。闭玄府，启缪门……此利身之道也。"[4]其次，郭店简本"天地之间，其犹橐籥虖？虚而不屈，动而愈出"前后都有方形墨

---

① 丁四新：《老子的分章观念及其检讨》，《学术月刊》2016 年第 9 期。

② 郭店楚简《老子》"原子章"这一概念由丁四新提出，参考丁四新《"数"的哲学观念与早期〈老子〉文本的经典化——兼论通行本〈老子〉分章的来源》，《中山大学学报（社会科学版）》2019 年第 3 期，第 108~118 页。

③ （魏）王弼注，楼宇烈校释《老子道德经注校释》，中华书局，2008，第 13~14 页。

④ 高大伦：《张家山汉简〈引书〉研究》，巴蜀书社，1995，第 171 页。

点用作分章符号，并且文句后墨点之下竹简为空白，显然是作为独立的一部分而抄写。

除分章外，还有相关的章序问题。考虑到"摘抄本"的可能，郭店楚简《老子》的排列难以充分反映本原经文的章节顺序。刘笑敢认为："这些竹简组之间的原有的顺序已经无法还原，……（郭店楚简本）虽可证明《老子》之分章是久已有之，但（郭店）竹简本的章节顺序可能是摘抄者认真的，也可能是不认真的安排，因此（郭店）竹简本不能作为古本章节顺序的依据。"①

（二）韩非子所见的《老子》分章与章节顺序

《韩非子·解老》多次提到了《老子》一书，如"书之所谓大道也者，端道也"，"根者，书之所谓柢也"，这里的"书"指的就是《老子》。李若晖认为，由《韩非子·解老》多次提到《老子》以及傅奕本底本项羽妾冢本等证据表明，韩非子所处的战国末期，《老子》一书已经基本成型，且传播较广。②那么，韩非子所看到的《老子》在分章和各章的排列顺序上呈现为一种怎样的状态呢？

《解老》依次对通行本《老子》第三十八章、第五十八章、第五十九章、第六十章、第四十六章、第十四章、第一章（提到第二十五章的内容："圣人观其玄虚，用其周行，强字之曰道"）、第五十章、第六十七章、第五十三章、第五十四章共十一章经文进行了释读。值得注意的有三个问题。一是以第三十八章为开头，这和帛书《老子》、汉简《老子》相同；二是这十一章当中，唯有第一章、第十四章属于《老子》道篇；三是章节顺序和王弼本有同有异。顺序相同的有两处，共五章，占这十一章的将近二分之一，即第五十八、五十九、六十章和第五十三、五十四章。其他六章的顺序比较杂乱，看不出什么规律。

《喻老》依次对王弼本《老子》第四十六、五十四、二十六、三十六、六十三、六十四（上）、五十二、七十一、六十四（下）、四十七、四十一、三十三、二十七章共十二章的经文进行了述评。其章节顺序和王弼本没有相同之处。由《喻老》可得出以下推论。

---

①　刘笑敢：《老子古今》（修订版），中国社会科学出版社，2006，第135~136页。

②　李若晖：《郭店竹书老子论考》，齐鲁书社，2004，第98页。

　　首先，《喻老》对王弼本第六十四章内容是在隔开的两处分别进行述评，这进一步表明，王弼本《老子》的一些章节（比如第六十四章）是合并"原子章"而来。

　　其次，根据《喻老》体例，"故曰"之后为韩非子引用的《老子》经文。由此得出，《喻老》中有一些《老子》经文不见于其他各本，如"故曰：'道，理之者也。'"① 又如："故（曰：）得之以死，得之以生；得之以败，得之以成。"王先慎注："'故'下当有'曰'字。'得之以死'四句，《老子》各本无，盖佚文也。"② 韩非所见的这部分《老子》经文，在后世传抄中为何亡佚，其原因尚不明确。

　　此外，王弼本第四十六章，韩非在《解老》和《喻老》中都结合一些史实进行了较为详细的说解，但所引经文存在差异。《解老》引文为："祸莫大于可欲；祸莫大于不知足；咎莫惨于欲利。"③《喻老》引文为："罪莫大于可欲；祸莫大于不知足；咎莫惨于欲得。知足之为足矣。"④ 除此之外，王弼本第五十四章在《解老》《喻老》中也存在类似的情况。这种同一章经文在一部文献中出现两次，且存在字词异文的现象，是否可以推测，韩非在写《解老》《喻老》时，参照的是两个不同版本的《老子》？这种现象，郭店楚简《老子》中也存在一例。陈锡勇认为，"（郭店楚简《老子》）甲本和丙本中相当于王弼本第六十四章后半段的部分内容是完全重复的，但个别字句又有明显的不同，可见二者的母本不同"⑤。由郭店楚简《老子》以及《解老》《喻老》所反映出的多版本共存现象可判定，战国时期，《老子》一书尚未形成稳固的定型本。

　　《解老》在阐释"道之可道，非常道也"时，援引了对应王弼本《老子》第二十五章的内容："圣人观其玄虚，用其周行，强字之曰道。"⑥ 可知，韩非并没有对其所看到的《老子》全部经文进行阐释，《解老》《喻老》对《老子》经文的阐释可能是根据韩非的旨趣和理解有选择性地展开，其阐释的大部分内容都和为政治国有关。

---

①　（清）王先慎：《韩非子集解》，中华书局，1998，第156页。
②　（清）王先慎：《韩非子集解》，中华书局，1998，第157页。
③　（清）王先慎：《韩非子集解》，中华书局，1998，第155~156页。
④　（清）王先慎：《韩非子集解》，中华书局，1998，第168页。
⑤　陈锡勇：《老子校正》，里仁书局，1999，第291页。
⑥　（清）王先慎：《韩非子集解》，中华书局，1998，第158页。

二 帛书《老子》和严遵《老子指归》的分章情况

书写在帛书上的《老子》，如果没有分章符号，章与章之间的界限就只能通过其他版本来划定。相反，由于竹书由一支支竹简连接而成，竹简与竹简本身就存在分离的特征，因此传抄者容易产生对文本进行章节划分的倾向。可见，书写材料对分章情况也存在一定的影响。相对于郭店《老子》清晰的分章，帛书《老子》的分章并不明显。刘殿爵注意到了帛书甲本 19 个墨丁符号的分章意涵，并由此将老子文本划分为 196 个单元。[①] 尹振环据帛书《老子》分章符号将其划分成 112 章。[②] 帛书《老子》乙本不分章，与帛书《老子》甲本的章节顺序基本一致，但有几处不同。宁镇疆对帛书《老子》甲本中的分章符号分析后认为："与（郭店楚）简本相似，帛书本之章的内部'意义'还比较单纯，很大程度上还保留着'自然章句'的特征。……《老子》的分章到帛书本或者说汉初时，仍基本上遵循着'意义单位'的原则：一章基本上都是一个'意义单位'。"[③]

和帛书《老子》不同，汉简《老子》和西汉武帝时期的严遵《老子指归》，全篇都具有明确的分章，这两个版本的分章情况和王弼本相较也存在一些显著的不同。就 72 章的严遵本而言，其德篇在前，共 40 章；道篇在后，共 32 章。丁四新认为，严遵本分章是以"天地—阴阳"的宇宙论为基本原理。[④]《老子指归·君平说二经目》："昔者老子之作也，变化所由，道德为母，效经列首，天地为象。上经配天，下经配地。阴道八，阳道九，以阴行阳，故七十有二首。以阳行阴，故分为上下。以五行八，故上经四十而更始。以四行八，故下经三十有二而终矣。"[⑤]今本《老子指归》道篇不存，但由《君平说二经目》可知其共 32 章，比今通行本道篇 37 章少了 5 章。而《老子指归》德篇有 4 章对应王弼本中的 2 章。

① 见〔美〕韩禄伯《论〈老子〉的分章》，郭沂、温少霞译，《简帛研究译丛》第 2 辑，湖南人民出版社，1998，第 52 页。
② 尹振环：《帛书老子与老子术》，贵州人民出版社，2000，第 35 页。
③ 宁镇疆：《〈老子〉"早期传本"——结构及其流变研究》，学林出版社，2006，第 141~142 页。
④ 丁四新：《论刘向本（通行本）〈老子〉篇章数的裁划依据》，《哲学研究》2014 年第 12 期。
⑤ （汉）严遵著，王德有点校《老子指归》，中华书局，1994，第 1 页。

1. 王弼本《老子》第三十九、四十章在严遵本中属于同一章

此章严遵本称为"得一篇"：

> 昔之得一者，天得一以清，地得一以宁，神得一以灵，谷得一以
> 盈，侯王得一以为天下正。其致之，天无以清将恐裂，地无以宁将恐
> 发，神无以灵将恐歇，谷无以盈将恐竭，侯王无以为正而贵高将恐蹶。
> 故贵以贱为本，高以下为基。侯王自谓孤、寡、不榖，唯斯以贱为本
> 与！非耶？故造舆于无舆。不欲碌碌如玉，落落如石。反者，道之动；
> 弱者，道之用。天地之物生于有，有生于无。①

"落落如石"之"石"是"贱"之物象；"碌碌如玉"之"玉"为"贵"
之物象。那么，为何"不欲碌碌如玉"，却要选择让自己处于"落落如石"
这种平凡卑下的状态呢？这句看似不合常理的选择，其实在第三十九章已
经有了说明，那就是"故贵以贱为本，高以下为基。侯王自谓孤、寡、不
榖，唯斯以贱为本与！"第四十章的"反者，道之动；弱者，道之用"则更
是从形而上的层面做出了进一步的概括。

严遵在此章的注释中进一步说："是故，天人之道，物类化变，为寡者
众，为贱者贵，为高者卑，为成者败。益之者损，利之者害。处其反者得
其覆，为所求者失所欲。是以贤君圣主，……不为贵，故擅民之命；不为
高，故常在民上。"②这段话，严遵阐述了有和无、贵和贱、尊和卑、损和
益、利与害等对立概念之间"反者道之动"的辩证转化关系。这表明，在
严遵看来，这部分内容围绕着同一个主题，王弼本《老子》第三十九章与
第四十章在义理上是可以互相阐发的。

2. 王弼本《老子》第五十七、五十八章在严遵本中属于同一章

此章严遵本称为"以正治国篇"：

> 以正治国，以奇用兵，以无事取天下。吾何以知其然哉？……
> 我无为而民自化，我无事而民自富，我好静而民自正，我无欲而民

---

① （汉）严遵著，王德有点校《老子指归》，中华书局，1994，第9页。
② （汉）严遵著，王德有点校《老子指归》，中华书局，1994，第9页。

自朴。其政闷闷，其民谆谆。其政察察，其民缺缺。……人之迷，其日固久矣。①

第五十七章"多忌讳""多利器""多智""法物"之所以引起老子警惕和批评，缘于上述事物都围绕着人心中的贪欲而产生，并由此产生无尽的纷争，导致整个社会陷入"狂狂汲汲"。"利器""伎巧""法物"的滋生，只是为了满足人心不断增长和花样翻新的欲求；"忌讳"、律令、赏罚等手段，只是为了维护社会各阶层利益分配的秩序。那些妄图以满足人们的所有欲望而实现国家治理的为政理念，类似于抱薪救火，是注定要失败的；只有让百姓清静自化，注重内心的安宁和物质上的素朴、知足，才能从根本上找准国家治理和人类前行的正确方向。而第五十八章"其政闷闷，其民谆谆。其政察察，其民缺缺"，显然是承接以政治国理念的探讨，强调让百姓清静自化的重要性，反对政令严苛烦琐。这两章在严遵本属于同一章，在主题上的承接也十分自然，王弼本切分为两章，反而显出支离。魏源在其《老子本义》中仍然坚持了严遵的这一分章，并且阐释了他这样做的理由。②金安平（Annping Chin）分析了魏源《老子本义》将五十七、五十八章合并的内在考量。③

3. 王弼本《老子》第六十七、六十八章在严遵本中属于同一章

严遵本称为"天下谓我篇"：

天下谓我大，似不肖。夫唯大，故似不肖；若肖，久其小矣。吾有三宝，持而保：一曰慈，二曰俭，三曰不敢为天下先。……夫慈，以战则胜，以守则固。天将救之，以慈卫之。善为士者不武，善战者不怒，善胜敌者不与，善用人者为之下。是谓不争之德，用人之力，是谓配天古之极。④

---

① （汉）严遵著，王德有点校《老子指归》，中华书局，1994，第60页。

② （清）魏源：《老子本义》，《诸子集成》第三集，上海书店，1986，第47页。

③ 〔美〕金安平（Annping Chin）：《衡量改编者的角色：老子三章的解读》，载北京大学出土文献研究所编《古简新知——西汉竹书〈老子〉与道家思想研究》，上海古籍出版社，2017，第360页。

④ （汉）严遵著，王德有点校《老子指归》，中华书局，1994，第87~88页。

承接上文"夫慈，以战则胜，以守则固。天将救之，以慈卫之"所引出的"用兵"这一主题，老子进一步论述了用兵之道。一是不唯武力论，即"善为士者不武"；二是注意不被情绪、情感蒙蔽了理性，即"善战者不怒"；三是推崇"不战而屈人之兵"，即"善胜敌者不与"；四是重视人才因素，即"善用人者为之下"。所以，上述内容有着相同的主题，并且，下一章的"用兵有言，吾不敢为主而为客，不敢进寸而退尺……"同样是涉及用兵的内容。

4. 王弼本《老子》第七十八、七十九章在严遵本中属于同一章

此章严遵本称为"柔弱于水篇"：

> 天下莫柔弱于水，而攻坚强者，莫只能先。其无以易之矣。夫水之胜强，柔之胜刚，天下莫不知，莫之能行。圣人言云：受国之垢，是谓社稷之主；受国不祥，是谓天下之王。正言若反。和大怨必有余怨，安可以为善？是以圣人执左契不以责于人。有德司契，无德司辙。天道无亲，常与善人。①

严遵本这一分章和汉简《老子》相同。在此章的释读中，严遵强调的是为政者应具备高度的责任心，要有为国家和民众的奉献意识甚至是牺牲自我的精神。他阐释"受国之垢"时说："何谓受国之垢？曰：'食民所吐，服民所丑，居民所使，乐民所苦，务在顺民，不遑适己。故民托之如父，爱之如母，愿为臣妾，与之俱死。'"②他解释"有德司契"也是强调对责任的承担："是以圣人，执道之符，操德之信，合之于我，不以责人。故有德之主，将欲有为，必稽之天，将欲有行，必验符信。求过于我，不尤于民。归祸于己，不怨于人。"③

由此可知，上述这部分内容在严遵看来具有相同的主题，属于同一个"意义单位"。

---

① （汉）严遵著，王德有点校《老子指归》，中华书局，1994，第114页。
② （汉）严遵著，王德有点校《老子指归》，中华书局，1994，第115页。
③ （汉）严遵著，王德有点校《老子指归》，中华书局，1994，第116页。

三 汉简《老子》的分章和章序

北大汉简《老子》和各版本相比，有一个鲜明的特征，那就是每一章在竹简起始处书写圆形墨点"●"作为分章符号，一章结束了，在简尾留空白，在另一支简的开头书写下一章。这种书写方式的优点是章与章之间界限十分清晰。由于竹简编绳已断，各章的顺序不易还原，但承担北大汉简《老子》整理和释读的北京大学韩巍和本科生孙沛阳发现了竹简背面的"划痕"，由此成功复原了竹简的排列顺序。[①]日本学者井上亘注意到，平壤汉简《论语》也是每章在简首有分章符"●"，写到章末改简写下一章。这与北大汉简《老子》的形制相同。[②]丁四新认为北大汉简《老子》是景帝立经本的传抄本，而景帝立经后的西汉《老子》文本之篇章数均具有天道观的含义，这表明其时《老子》的分章是人为有意裁划的结果。[③]他认为汉简本的章数设定是根据盖天说的数理设定的，其总章数七十七和上下经章数四十四、三十三是根据盖天说"圆出于方"的天三地四的数理设定的。[④]

现对照王弼本《老子》的章节顺序，对汉简《老子》不同于其他版本的分章情况以及相应的义理依据进行探讨。

（一）汉简《老子·下经》分章情况及其义理依据

汉简《老子》共七十七章，其中《上经》四十四章，《下经》三十三章。汉简《老子·下经》和王弼本《老子》"道篇"相对，第五十章对应王弼本第六、七章；第六十章对应王本第十七、十八、十九章；第七十三章对应王本第三十二、三十三章。另外，王本位于第二十八章末尾的"大制不割"，汉简本作"大制无畛"，且位于汉简本第七十章（王本第二十九章）开头。

---

① 北京大学出土文献研究所编《北京大学藏西汉竹书（贰）》，上海古籍出版社，2012，第227页。

② 〔日〕井上亘:《占毕考——北大简〈老子〉与古代讲学》，载北京大学出土文献研究所编《古简新知——西汉竹书〈老子〉与道家思想研究》，上海古籍出版社，2017，第360页。

③ 丁四新:《出土简帛四古本〈老子〉研究及其展望》，《国学学刊》2021年第1期。

④ 丁四新:《"数"的哲学观念与早期〈老子〉文本的经典化——兼论通行本〈老子〉分章的来源》，《中山大学学报》2019年第3期。

1. 汉简《老子》第五十章对应王弼本第六章、第七章

汉简《老子》第五十章的经文为：

> ●谷神不死，是谓玄牝。玄牝之门，是谓天地之根。绵摩若存，用之不堇。天长地久。天地之所以能长且久者，以其不自生也，故能长生。是以圣人后其身而身先，外其身而身存。不以其无私摩？故能成其私。[1]

王弼本第六章和第七章在汉简《老子》中属于同一章有其内在逻辑。第六章"谷神"作为浑沌虚空之道永恒，至高无上；第七章的天地次之，虽未能如道一般永恒不死，亦可长久；第六章讲圣人效法被形容为"谷神"和"玄牝"的"道"；第七章讲圣人效法天地。圣人效法浑沌之道，"绵乎若存"地化生万物，圣人效法天地，无私且利益万物，从而实现圣人之德。王弼本这两章在章序排列上符合老子思想体系中"人法地、地法天、天法道"的逻辑顺序，且两章主题一致，北大汉简本中属于一个整体，在逻辑和义理上能够成立，同时对理解老子思想可提供一个新的视角。

2. 汉简《老子》第六十章对应王弼本第十七、十八、十九章

汉简《老子》第六十章经文为：

> ●大上，下智有之；其次，亲誉之；其次，畏之；其下，母（侮）之。信不足，安有不信。犹摩其贵言。成功遂事，百姓曰我自然。故大道废，安有仁义。智惠出，安有大伪；六亲不和，安有孝兹；国家播乱，安有贞臣。绝圣弃智，民利百倍；绝民弃义，民复孝兹；绝巧弃利，盗贼无有。此参言以为文未足，故令之有所属：见素抱朴，少私寡欲。[2]

王弼本第十七、十八、十九章这三章和上述经文相对应。值得注意的

---

[1] 北京大学出土文献研究所编《北京大学藏西汉竹书（贰）》，上海古籍出版社，2012，第146页。

[2] 北京大学出土文献研究所编《北京大学藏西汉竹书（贰）》，上海古籍出版社，2012，第146页。

是，王弼本第十七、十八章在郭店楚简《老子》丙组中也同属于一章，且两部分之间有"故"字连接，表明这两章之间的逻辑关系。第十九章，在郭店《老子》中与第十七、十八章分开，单独位于甲组。帛书《老子》甲、乙本则是将第十九章与第十七、十八章抄写在一起。

从内容和义理看，这三章有着共同的主题。王弼本第十七章提出为政治国的四种不同境界，在"太上、其次、其次、其下"的对比中最为推崇"无为"治国。第十八章分别以家、国层面的现象事实为例，以验证第十七章的政治哲学观点：往往在六亲不和的情形下，才见出孝慈的可贵；国家动荡不安的状态下，贞正的忠臣才得以彰显。当拼命提倡忠臣孝子时，已经是世风日下、人心败坏的社会状态了。那么如何避免滑入这种社会状态呢？第十九章则提出建设性的政治哲学理念："见素抱朴，少私寡欲"，强调一方面要引导百姓（在价值观等方面）有所归属：崇尚率真本色，持守淳朴恬淡；另一方面为政者应克抑自己的私心和贪欲。如此，可以实现或接近"太上，下知有之"的境界。宋刻本河上公《老子》章题分别把这三章命名为"淳风""俗薄""还淳"，很好地体现了这三章之间共同的主题以及"一波三折"的内在联系。

3. 汉简《老子》第七十三章对应王弼本第三十二、三十三章

汉简本第七十三章经文为：

> ●道恒无名，朴唯（虽）小，天下弗敢臣。侯王若能守之，万物将自宾。天地相合，以俞（降）甘露，民莫之令而自均安（焉）。始正有名，名亦既有，夫亦将智（知）止，智（知）止所以不殆。避（譬）道之在天下，犹小谷之与江海。故智（知）人者智，自智（知）者明。胜人者有力，自胜者强。智（知）足者富，强行者有志，不失其所者久，死而不亡者寿。[①]

这两章均见于郭店楚简本和帛书甲、乙本，并且都是连抄在一起的。"帛书两本虽无'故'字，但是否如传世本分为两章则尚难确定。"[②]

---

① 北京大学出土文献研究所编《北京大学藏西汉竹书（贰）》，上海古籍出版社，2012，第160页。

② 北京大学出土文献研究所编《北京大学藏西汉竹书（贰）》，上海古籍出版社，2012，第161页。

和其他版本相比，此部分内容唯独汉简本明确地属于同一章，且多一"故"字连接，此"故"字表明王弼本第三十二、三十三章两章之间存在义理上的逻辑关系。这一内在联系应该是对"道"幽微久远之伟大力量的宾服，也即"道常无名，朴虽小，天下莫能臣"这一主题。基于这一主题，可以产生对王弼本第三十三章新的诠释——人应了解自己，哪些行为是符合道的，哪些是不符合道的；人应战胜自己，在实践中祛除不合道的行为。有道之人感受到恬淡素朴物质生活以及内心沉静的精神世界所带来的知足和愉悦，因此是富有的、幸福的；人应立下志向，勤勉体验大道、尊道贵德，如此可享长久；最后实现生命的道化之永恒。

（二）汉简《老子·上经》在分章上和王弼本《道德经》的比较及其分章依据探讨

汉简《老子·上经》和王弼本"德篇"在数量上都是由44章组成，但在具体的经文分合归属上略有出入：

1. 关于汉简本"方而不割，廉而不刿（刿），直而不肆，光而不耀"四句所属位置的探讨

汉简《老子》第二十二章经文为：

> ●方而不割，廉而不刿（刿），直而不肆，光而不耀。治人事天，莫如啬。夫唯啬，是以蚤（早）服。蚤（早）服是谓重积德，重积德则无不克，无不克则莫智（知）其极，莫智（知）其极则可以有国，有国之母可以长久。是谓深根固抵〈柢〉，长生久视之道也。[①]

"方而不割，廉而不刿（刿），直而不肆，光而不耀"这四句在王弼本《老子》中，位于第五十八章章尾；而在汉简《老子》中，则位于紧随王弼本第五十八章之后的"治人事天，莫如啬"章，并且位于全章开头。

"方而不割"四句，说的是在保有自己率真天性的同时，不对外在的人和环境造成伤害（主题是个体和外界的关系）；"治人事天，莫如啬"的主题，是在使用民财、精神时，其程度不至于过极，也即"光而不耀"。光，

---

① 北京大学出土文献研究所编《北京大学藏西汉竹书（贰）》，上海古籍出版社，2012，第133页。

作为一个符号，指代精气神能量的外放，也可指代民财国力的耗费。"耀"则是这种外放和耗费在程度上已经达到了危险的境地。这正是第五十九章"治人事天，莫如啬"所要申明的主张。"治人事天，莫如啬"所主张的内敛、节制等内涵也正是对"方而不割"四句的一个总结说明。两者之间存在义理上的一致性。

"方而不割"四句是遵道之人的一种品质。"方、廉、直、光"代表每个个体独一无二的天性和禀赋，老子主张我们应跟随自己的内在德性，倾听自己内心的声音，充分实现自己的禀赋。每个人都可以并且应该是一颗璀璨的星，释放出自己独特的光芒。但在释放自己天性、彰显自己个性的同时，应该与外界自然、与周围的人、环境协调融洽。

"方而不割……光而不耀"四句以及"治人事天，莫如啬"表明，对上天赐予我们的生命以及"精气神"等要素须加以珍惜，善于敛藏，不可让贪欲泛滥，从而戕害到生命赖以存在和自我实现的根基。宋代邵雍说："人之精神贵藏而用之，苟炫于外，则鲜有不败者，如利刃，物来则劐之，若恃刃之利而求割乎物，则刃与物俱伤矣。"[1] 这一表述虽然不是邵雍对《老子》的注释，却也能证明"方而不割"四句和"治人事天，莫如啬"等内容在义理上是融洽的。汉简本将这部分内容归为一章甚为合理。

2. 汉简《老子》第二十七、二十八章对应王弼本第六十四章

汉简《老子》第二十七章经文：

> ●其安易持也，其未兆易谋也，其脆（脆）易判也，其微易散也。为之其无有也，治之其未乱也。合抱之木，作于豪（毫）末；九成之台，作于絫（蔂）土；百仞之高，始于足下。[2]

汉简《老子》第二十八章经文：

> ●为者败之，执者失之。是以圣人无为，故无败也；无执，故无失也。民之从事也，恒于其成事而败之。故慎终如始，则无败事矣。是

---

[1] （宋）邵雍：《邵雍集》，中华书局，2010，第169页。

[2] 北京大学出土文献研究所编《北京大学藏西汉竹书（贰）》，上海古籍出版社，2012，第135页。

以圣人欲不欲，不贵难得之货；学不学，而复众人之所过；以辅万物之自然，而弗敢为。①

北大汉简《老子》各自独立的第二十七、二十八章，这两章对应的是王弼本第六十四章。帛书本这部分内容之间无分章符号，严遵本亦属于同一章。从汉简本这两章的主题看，虽然都是关于如何做事的智慧，但第二十七章主要内容是强调未雨绸缪、注重量的累积，第二十八章以"无为无执"为主旨，分为两章使各自主题更为清晰。

从战国时期材料看，《韩非子·喻老》篇，韩非关于第六十四章上下两部分的说解各自独立且不相续，这表明韩非所见之《老子》，这两部分内容原本就不属于同一章。郭店楚简本这两部分同样各自独立并且不相连续。从韩非所见《老子》和郭店《老子》各自分散且独立的两章，到汉简本这两章聚在前后连续的位置，再到王弼本合为一章，亦可管窥《老子》分章在不同阶段的演变过程。

3. 汉简《老子》第四十二章对应王弼本第七十八、七十九章

汉简《老子》第四十二章经文为：

> ●天下莫柔弱于水，而功（攻）坚强者莫之能失〈先〉也，以其无以易之也。故水之胜刚，弱之胜强，天下莫弗智（知），而莫能居，莫能行。故圣人之言云："受国之訽（诟），是谓社祼（稷）之主；受国之恙（祥），是谓天下之王。"正言若反。和大怨，必有余怨，安可以为善？是以圣人执左契，而不以责于人。故有德司契，无德司肆（彻）。天道无亲，恒与善人。②

王弼本第七十八章"受国之垢""受国之不祥"是强调为政治国者的忍辱负重；第七十九章"执左契而不责于人"是强调为政治国者应具有宽容、慈悲的品德。两部分内容在义理上有着相近的主题。汉简本、帛甲本以及

---

① 北京大学出土文献研究所编《北京大学藏西汉竹书（贰）》，上海古籍出版社，2012，第136页。

② 北京大学出土文献研究所编《北京大学藏西汉竹书（贰）》，上海古籍出版社2012，第142页。

严遵本这几个较早的版本都是属于整体的一章，存在后来被刘向等人在文献整理中拆分为两章的可能。

（三）关于汉简《老子》章节的排列顺序和字数

在各章的排列顺序上，汉简《老子》和王弼本《老子》基本一致。比如，汉简本《上经》第四十三章相当于王弼本第八十章；第四十四章相当于王弼本第八十一章。

《史记》记载的"言道德之意五千余言"，是传世文献中《老子》一书字数的最早记载。帛书乙本《德经》记载的是 3041 字，《道经》是 2426 字，共计 5467 字。北大汉简《老子·上经》卷末写有"●凡二千九百卅二"，《下经》卷末写有"●凡二千三百三"。全书共计 5245 字。汉简本比帛书乙本字数少 222 字，两相比较，是由于汉简本少了一些虚字。[①] 如第三十三章，帛书乙本是八个由"者……也"构成的排比判断句式：

> 知人者，智也；自知者，明也；
>
> 胜人者，有力也；自胜者，强也；
>
> 知足者，富也；强行者，有志也；
>
> 不失其所者，久也；死而不亡者，寿也。[②]

傅奕本与帛乙本同，而汉简本和王弼本等都没有"也"字。也就是说，这一章就比帛乙本少了 8 个字。

四　结语

刘笑敢认为："从现有文献来看，八十一章本起于河上本，唐代或更早的时候先有事实上的八十一章本，再有以第一句为题目的八十一章本（唐玄宗御注本），到了宋代才有现在看到的二字标题的八十一章本。王弼本分

---

①　王中江：《北大藏汉简〈老子〉的某些特征》，《哲学研究》2013 年第 5 期。

②　高明校注《帛书老子校注》，中华书局，1996，第 403 页。

为八十一章当在明代后期或清代。"① 当前对《老子》经文进行释读，通常是基于八十一章这一前提下展开，而八十一章并非《老子》的本原形态，考虑到每一章通常就是一个"意义单位"，这种释读或许难以完整、准确地理解老子经文。

韩巍认为，一种版本流行时间越长、范围越广、复制和注释越多，其文本形态的变化就越大，一般来说也越接近现代人的阅读习惯，河上公注本和王弼注本《老子》就是典型例证。不那么受重视的版本由于传抄、复制较少，后人的改动也少，反而能保存更多的古本特征，严遵本与汉简本的相似之处就充分说明了这一点。②《老子》章节的分合，贯穿这一经典文本演变的全过程。《老子》经文义理的理解，也不能不参考历代版本尤其是古本分章的因素。比如，由以上探讨可知，一些相邻的章节在逻辑上存在先后顺序，如王弼本第六、七两章；有些在内容上存在类似于"一波三折"的结构，如河上公本第十七、十八、十九章，其题名"淳风""俗薄""还淳"反映了这三章内在的联系；有些是围绕着一致的主题，如严遵本属于同一章的王弼本第三十九、四十章，两部分内容相互呼应、相互阐发，各自分开来理解会造成章旨的偏离，等等。

这些例证也表明，结合历代各版本《老子》的分章和章序情况，有助于我们更为准确地理解经文义理；另外，由王弼本第十七、十八、十九章在各版本的分合等例证来看，分章和章序也是深入辨析老子文本演变的一个不可或缺的角度。

原载詹石窗主编《老子学刊》第十八辑，巴蜀书社，2021。

---

① 刘笑敢：《老子古今》（修订版），中国社会科学出版社，2006，第 138 页。
② 韩巍：《西汉竹书〈老子〉的文本特征和学术价值》，载北京大学出土文献研究所编《北京大学藏西汉竹书（贰）》，上海古籍出版社，2012，第 225 页。

第十一章　汉简《老子·上经》首章校释与老子政治思想的考察

民国时期蒋锡昌在《老子校诂》中强调了从校勘、训诂角度对《老子》文本开展研究的重要性："治《老子》者有二难：一曰，本多舛异，不先校勘，无以知古本之真；苟不知古本之真，而率读焉，是读伪书也。二曰，字多殊谊，不先训诂，则不辨古谊之真；苟不辨古谊之真，而为解焉，是解己意也。"[1] 随着近来战国时期的郭店楚简《老子》、汉代马王堆帛书《老子》以及最新的北京大学藏汉简《老子》的相继面世，我们在《老子》文本的校勘和训诂方面拥有了古代学者所未曾见过的新材料。比如，《老子》首章的判定，随着北大汉简《老子》的面世得到了进一步的确认和印证。如韩巍所云："《老子》一书的书题，在郭店本和帛书本中都未见到，北大汉简《上经》《下经》分别对应今本《德经》《道经》，说明北大简本两篇的顺序与帛书本一样，都是以《德经》在前，《道经》在后。不同之处在于，帛书乙本是拈篇首字'德''道'名篇，北大简本则是以'上''下'名篇。"[2]

因此，作为汉简《老子》全书开宗明义的《上经》第一章，对判定《老子》一书的主旨、篇章的演变等问题具有重要的参考意义。未见过古本《老子》的林语堂亦敏锐地指出："本章乃是《老子》最著名的一章。"[3] 综观

---

[1]　蒋锡昌：《老子校诂》，成都古籍书店，1988，"自序"第1页。
[2]　韩巍：《北大汉简〈老子〉简介》，《文物》2011年第6期。
[3]　林语堂：《老子的智慧》，湖南文艺出版社，2011，第179页。

《老子》全书，有不少章节是本章思想的进一步引申或演绎。由于《老子》郭店楚简本没有这一章，而马王堆帛书甲、乙本脱字较多，均不如北大汉简本完整，因此，我们先从训诂、校勘等角度对北大汉简《老子》此章文本中与主旨密切相关的关键字词进行分析，在对关键字词进行训诂工作时，注意以老子所处时代的古文字字形、古汉语词义为依据。在上述工作基础上，梳理整章大意，明确该章主题，之后结合《老子》全书，对此章所反映的老子思想进行探讨。

一　汉简《老子·上经》第一章字词训诂及校勘

北大汉简《老子·上经》第一章（对应王本第三十八章）[①]为：

> 上德不德，是以有德。下德不失德，是以无德。上德无为而无以为，下德为之而无以为。上仁为之而无以为，上义为之而有以为。上礼为之而莫之应，则攘臂而乃（扔）之。故失道而后德，失德而后仁，失仁而后义，失义而后礼。
>
> 夫礼，忠信之浅而乱之首也。前识者，道之华而愚之首也。是以大丈夫居其厚，不居其薄，居其实，不居其华。故去被（彼）取此。[②]

以下从训诂、校勘角度对这一章中的关键字词、句进行探讨。

1. 德

"德"是《老子》一书的重要范畴。"德"字早期的字义可以从两方面展开探讨。一方面，从古文字字形角度看，"德"这个词记录的概念和"直"字关系密切。"德"最初就是用"直"字记录的，如甲骨文字形"𢓊"。后来由"直"字加注"心"分化而成"悳"。如郭店楚简《老子》"含德之厚"中的"德"字就作"𢛳"，马王堆帛书《老子》甲本卷后佚书有字形作"𢛳"，东汉碑刻《北海相景君铭》作"惪"。《玉篇·心部》："惪，今通用德。"《广

---

① 本章对《老子》的引用以王弼本（楼宇烈校释《老子道德经注校释》，中华书局，2008）为底本。行文过程中如据简帛本和其他传世本，笔者将随文说明，并注明通行本所在章次。

② 北京大学出土文献研究所编《北京大学藏西汉竹书（贰）》，上海古籍出版社，2012，第121页。

韵·德韵》："德，德行。悳，古文。""典籍以悳为德，直、悳、德古本一字。"[1]《说文解字·心部》："悳，外得于人，内得于己也。从直从心。"可知"悳（德）"的造字本义和"直""心"有关，"德"这一概念所指代的品质最初应该包括为人正直、坦荡，内心率直、纯朴等。后来"德"字进一步扩展出"德行""德性""恩德""道德"等内涵。

另一方面，从文献角度看，时间稍早于老子所处时期的西周青铜器铭文"德"字通常和周王名号同时出现，多指周王的品质、德行。如西周青铜器铭文《天亡簋》"文王德在上"，《大盂鼎》"型廩于文王政德"，《毛公鼎》"丕显文武，皇天引厌厥德，配我有周"，等等。总览《殷周金文集成》，"德"字并不常用，多用于指称逝去的贤明君王才具备的品质。战国晚期青铜器铭文《好盗壶》："呜呼，先王之德，弗可复得，潜潜流涕，不敢宁处。""弗可复得"表明，"德"是带有神性的意味，仿佛是上天赋予贤明先王的一种与生俱来的德性。一些较早的传世文献中，"德"字的使用也多和上述铭文类似。如《尚书·酒诰》："在昔殷先哲王迪畏天显小民，经德秉哲。"上述"德"的内涵，显然可以对我们理解《老子》中的"德"提供启发。

汉简《老子》首章除去衍文中一个"德"字外，共有 8 个"德"字。因修饰语的不同或语境的不同，这些"德"字字义略有差异，但都包含两层内涵。首先，就"德"和"道"的关系而言，"德"是万物根源于道的天性、特质。《庄子·天地》："物得以生谓之德。"《韩非子·解老》："德者，道之功。"陆德明《经典释文》："德者，道之用也。"范文澜《中国通史简编》："'德'是宇宙间一切具体事物所含有的特性，它不能脱离具体的事物而独立存在，它所寓的事物称为'德'"。其次，为政治国者的"德"多指他们具备的德行、能力或者因这种德行、能力而建立的功业。由此我们也得出，《上经》首章作为汉简《老子》开宗明义第一篇，以"上德""下德"引出全书，其主旨应该是探讨为政治国模式这一政治哲学方面的内容。

2. 礼

本章"礼（禮）"字出现了 3 次。"礼（禮）"字甲骨文作🦴，西周金文作🦴，字形上部分是"玨（jué）"，描绘的是两串玉的形状；字形下方是

---

① 黄德宽主编《古文字谱系疏证》，商务印书馆，2007，第 153 页。

"壴"，是"鼓"字的初文。字形中玉料以及作为乐器的"鼓"，都是祭祀活动中的重要组成部分。后来"豊"字加注意符"示"，强调与祭祀有关，比如秦小篆字形禮。《说文》："禮，履也，所以事神致福也。"由此可知，"豊（禮）"的造字本义是指祭祀活动中奉献给神或祖先的玉料一类的祭品，以及祭祀过程中鼓乐所营造出的庄严神圣气氛，并进一步引申为祭祀过程中应该遵循的仪轨。礼的目的是达成神与人的沟通、融洽。之后"礼"这个字的内涵由人神沟通的仪轨，进一步拓展为人与人之间交往应遵循的礼仪，其目的是达成和维护社会的良好秩序和各阶层的融洽和谐。

需要注意的是，"礼"本是为祭祀时对那些不懂仪轨或对神、祖先缺乏敬畏的人制定的，但这些仪式不能取代人内心对神的虔诚。这些仪式是形式，是表层的，只有虔敬的内心（也即该章"忠信"所指），才是实在（也即该章下文中的"厚""实"），才是礼的本质。宋代理学家陈淳说："就心上论，礼只是个恭敬底意。"[①]"礼意"，才是德的体现。如《论语·阳货》中孔子对"礼意"的强调："礼云礼云，玉帛云乎哉！乐云乐云。钟鼓云乎哉！"又如《尚书》所说："黍稷非馨，明德惟馨。"北京大学吴飞对礼的本质进行了说明：

> 《左传·昭公四年》里有一个著名的故事：鲁昭公到了晋国，处处做得恰到好处，晋侯就问女叔齐："鲁侯不亦善于礼乎?"女叔齐回答说："鲁侯焉知礼！"晋侯就很奇怪，鲁侯在每个细节上都很讲究，还不算知礼吗？女叔齐就说："是仪也，不可谓礼。"并不是所有的仪式做得恰到好处，为人处世有礼貌，就算懂礼了。孔子更是在这个意义上说："礼云礼云，玉帛云乎哉?"这种礼的精神，历代礼家称为"礼意"。[②]

《史记·老子韩非列传》记载："老子者，楚苦县厉乡曲仁里人也，姓李氏，名耳，字聃，周守藏室之史也。孔子适周，将问礼于老子。"可见，一方面，在老子所处的时代，周王室具备了一套相对各诸侯国较为详备的"礼"；另一方面，正因为其完备、成熟，且王室衰微日益明显，这一套礼

---

① （宋）陈淳：《北溪字义》，中华书局，1983，第49页。
② 吴飞：《探索礼乐文明的精神》，《文汇报》副刊《文汇学人》，2015年1月30日第11~12版。

制也易于产生教条化的趋势和弊端。因此，老子在这一章对教条化的"礼"进行了批判："夫礼者，忠信之薄而乱之首也。"《史记·老子韩非列传》中老子在回答孔子问礼时亦云："子所言者，其人与骨皆已朽矣，独其言在耳"，似乎也暗示了"礼"的精髓已经与当初礼的创制者一样湮灭了。

3. 乃

汉简《老子·上经》第一章载："上礼为之而莫之应，则攘臂而乃之。"此句为理解这一章的钥匙，因此结合"乃"字的考释对这一句进行特别说明。和汉简《老子》一样，帛书甲本、乙本亦作"乃"，王弼本作"扔"，河上公本、严遵本、傅奕本皆作"仍"。关于此句中的"乃"字，北大汉简整理者说：

> "乃"，帛书同，王本作"扔"，河本、严本等作"仍""扔""仍"音义皆同，"乃"为借字。①

奚侗主要据《说文解字》释读此句：

> 《说文》："攘，推也""扔，因也"，"因"有"就"谊。《释文》引《字林》亦云："扔，就也。""攘臂"推袖出臂也。攘臂而往就之，忿争之象。②

奚侗对"攘"字的解释贴切，但对"扔"字的释读义有未洽。

王力《同源字典》认为"扔"和"仍"是同源字。③陆德明《经典释文》曰："扔，引也。"《广雅·释诂》："扔，引也。"林义光《文源》则认为"乃"的本义为"曳"或"引"，"乃本义为曳，假借为词之难，象曳引之形"④。结合林义光的解释和上述材料，我们认为，从语言层面和同源角度去分析，各版本中的"乃"、"仍"、"扔"这三个字可释为"引"。"引"字

---

① 北京大学出土文献研究所编《北京大学藏西汉竹书（贰）》，上海古籍出版社，2012，第123页。
② 奚侗：《老子集解》，《老子古注三种》，黄山书社，2014，第107页。
③ 王力：《同源字典》，中华书局，2014，第315页。
④ 林义光：《文源》，中西书局，2012，第221页。

甲骨文作🏹，西周金文🏹和甲骨文相似。弓上的这一笔逐渐和"弓"分离，如秦简字形🏹，小篆🏹。"弓"形上一小撇用以指示拉弓的意思。手勾拉弦，使弓张满，叫作"引"；松开手，使箭射出，叫作"发"。成语"引而不发"就是指拉弓持满而箭未射出的状态。引的本义是拉弓，由拉弓逐渐引申出"拉拽"义，汉简《老子》"攘臂而乃（扔）之"用的正是这一引申义，"上礼为之而莫之应，则攘臂而乃之"可译为崇尚"礼"的人因为无人响应，于是就挽起袖子拉拽别人，强迫人家遵守。

4. 忠信

此章"忠信"一词甚少引起注释者注意，王弼、奚侗、陈鼓应、朱谦之、林语堂等都没有进行解释，一些人甚至以现代汉语"忠信"的概念去理解。"忠信"一词好比一块关键的"拼图"，关乎整章主题的释读。《说文解字》："忠，敬也，尽心曰忠，从心中声。"《广韵》："忠，无私也，敬也，直也，厚也。"[①]《广韵》对"忠"的释义较为宽泛，但都不离开内在良好的秉性和本心。贾谊《新书·道术》："子爱利亲谓之孝，爱利出中谓之忠。"强调孝道在于内心的真情，孝顺父母是否具有内在的诚敬之心。正如《礼记·祭统》所说："自中出生于心也。心怵而奉之以礼。"因此，我们认为"中"并不仅是个声符，从字源角度看，"忠"字应该是由"中"字分化而来。《说文解字》："中，内也。"从造字角度看，"忠"可理解为从中从心，本义是心中本有的内在良知、本心。

时间和《老子》相近的《左传》有"忠信"一词，《左传·隐公三年》在周郑双方互相以人质为抵押这一事件的背景下，强调了双方内在的"忠信"要胜于以人质为抵押的这一外在约束的做法：

> 君子曰："信不由中，质无益也。明恕而行，要之以礼，虽无有质，谁能间之？苟有明信，涧、溪、沼、沚之毛，蘋、蘩、蕰藻之菜，筐、筥、锜、釜之器，潢、污、行潦之水，可荐于鬼神，可羞于王公，而况君子结二国之信。行之以礼，又焉用质？《风》有《采蘩》《采蘋》，《雅》有《行苇》《泂酌》，昭忠信也。"[②]

① （宋）陈彭年等：《广韵》，江苏教育出版社，2002，第3页。
② 杨伯峻注《春秋左传注》（修订本），中华书局，2009，第29~30页。

《韩非子·解老》在释读此章时也强调"德"的本质属性是内在的，是否具备"上德"也应该基于其内在来判定。这一点和"忠"的内涵一致且前后呼应。韩非子说："德者，内也；得者，外也。"①《解老》将"上德不德"中第二个"德"释为"得"，它代表外在的形式，而"上德"之"德"则是内在的。袁青认为这个注解非常恰当，并且结合《老子》文本论述此章强调的是人的内在：

> 如此，"上德不德，是以有德；下德不失德，是以无德"当解释为："上德"所以"有德"，是因为它不去外部寻求"德"，而"下德"所以"无德"，是因为它是依靠外部手段而寻求"德"。这种解释与《老子》整体思想也是十分吻合的。《老子》说："为学日益，为道日损。"寻求"德"的过程也就是"为道"的过程，它需要用减法的功夫，一步步减少人的欲望和知识的束缚，转向主体自身而求"德"，这样才能无限接近于"道"。……同样《老子》还说："不出户，知天下，不窥牖，见天道。其出弥远，其知弥少，是以圣人不行而知，不见而名，不为而成。"通过出户、窥牖等方式来求德或说得道只能南辕北辙，仍然是因为"德"只能在内部寻求，从外部来寻求"德"只能获得"下德"，这样的"德"是无德的，所以说"下德不失德，是以无德"，又说"其出弥远，其知弥少"。②

综合上述材料可知，此章"夫礼，忠信之浅而乱之首也"，可解释为"（为政）崇尚外在的礼，会导致内在的良知泯灭、诚信缺失，是祸乱产生的初始"。

5. 前识

奚侗曰："'前识'犹云先知，即'智'也。"③和奚侗类似，大多数注释者把"前识"理解为人为规定的、事先设置的"认识""知识"。这种所谓的"规定性的认识"（比如礼）在老子看来是道之实体浮华的装饰，这种"规定性的认识"往往具有蒙蔽作用，不利于内心"忠信"的显现，不利于

---

① 高华平译注《韩非子》，中华书局，2015，第231页。
② 袁青：《老子"德经"首章新解》，《学术探索》2014年第5期。
③ 奚侗：《老子集解》，《老子古注三种》，黄山书社，2014，第156页。

认识的自由和革新，导致思想僵化，所以是"愚之首也"，需要加以超越。张轩对"前识"与"上德"关系的阐释颇值得借鉴：

> 从根本上讲，老子的上德有着强烈自然色彩的指向，其本身就和基于概念分别心的私心、私智不相容。无为才可以成就上德，而无为的核心在于去除人为的后天干涉。所以，老子在最后指出"前识者，道之华，而愚之始"，前识就是人主观地妄为，用小我的智巧思虑代替大我（道）的自然和合。①

6. "下德〈为〉之而无以为"为衍文

北大汉简《老子》此章"下德〈为〉之而无以为"为衍文，或为后世传抄人所加。高明说："帛书甲、乙本无'下德'一句，世传本皆有之。此是帛书与今本重要分歧之一。《老子》原本当如何？从经文分析，此章主要讲论老子以道观察德、仁、义、礼四者之不同层次，而以德为上，其次为仁，再次为义，最次为礼。德仁礼义不仅递相差次，每况愈下，而且相继而生。如下文云：'失道而后德，失德而后仁，失仁而后义，失义而后礼。夫礼者，忠信之薄而乱之首也。'……据帛书甲、乙本分析，德仁义礼四者的差别非常整齐，逻辑意义也很清楚。今本衍'下德'一句，不仅词义重叠，造成内容混乱，而且各本衍文不一，众议纷纭。——由此可见，'下德'一句在此纯属多余，绝非《老子》原文所有，当为后人妄增。验之《韩非子·解老篇》，亦只言'上德''上仁''上义''上礼'，而无'下德'，与帛书甲、乙本相同，足证《老子》原本即应如此，今本多有衍误。"②

陈鼓应亦赞成高明的看法，并认为此章与第十七章的内容前后相应。他说："当从《韩非》及帛本作四分法，即'上德……上仁……上义……上礼……'，'下德无为而无以为'为汉时（帛本之后）所衍入。"③ "道家对世风的序次皆为四层，即'太上'、'其次'、'其次'（或'其下'）、

---

① 张轩：《老子的仁礼观及其与儒家的比较——以〈道德经〉第38章为例》，《中国道教》2013年第2期。

② 高明：《帛书老子校注》，中华书局，1994，第4页。

③ 陈鼓应注译《老子今注今译》，商务印书馆，2012，第217页。

'其下（或太下）'，秦汉前无此'五分法'。""与十七章参读：'上德无为而无以为'即'太上不知有之'。'上仁为之而无以为'即'其次亲而誉之'。'上义为之而有以为'即'其次畏之'。'上礼为之而莫之应'即'其下侮之'。"①

判定此句为衍文之后，综合上文所述，北大汉简《老子》此章校定后应为：

> 上德不德，是以有德。下德不失德，是以无德。上德无为而无以为，上仁为之而无以为，上义为之而有以为。上礼为之而莫之应，则攘臂而乃（扔）之。
>
> 故失道而后德，失德而后仁，失仁而后义，失义而后礼。
>
> 夫礼，忠信之浅而乱之首也。前识者，道之华而愚之首也。是以大丈夫居其厚，不居其薄，居其实，不居其华。故去彼取此。

二　北大汉简《老子·上经》第一章的释读

1. 此章"无以为"和"有以为"的理解

此章"上德无为而无以为"，成玄英疏："以，用也。上德无为，至本凝寂，而无以为，迹用虚妙。""以"可以理解为"用"或"凭借"，如清华简《子犯子馀》中，重耳问塞叔说："天下之君子，欲起邦奚以？欲亡邦奚以？""以"之后常省略宾语，"无以为"即"无以（之）为"。如《论语·尧曰》："不知命，无以为君子也。"补充宾语后，此章的"无以为"可理解为"没有凭依（任何外在的礼乐法度等规则）去为"。"上德无为而无以为"这种为政状态《史记·秦本纪》曾有描述："上含淳德以遇其下，下怀忠信以事其上，一国之政犹一身之治，不知所以治，此真圣人之治也。"

"上仁为之而无以为"中的"无以为"意思相近，都是强调源于内在的本性，无心而为。宋徽宗注："尧舜性之，仁覆天下而非利之也，故无以为。"《韩非子·解老》："仁者，谓其中心欣然爱人也。其喜人之有福而恶人之有祸也，生心之所不能已也，非求其报也。"

---

① 陈鼓应注译《老子今注今译》，商务印书馆，2012，第218页。

"有以为"，补充省略的宾语即"有以（之）为"，可理解为"有凭借（某些外在法则）而为"。

根据上文中的校定文，这一章可以译为：

上德之人（遵循内在本有德行），不拘泥于"德"这个名称，因此能拥有德；下德之人唯恐违背形式上的德，却因此丧失了德。崇尚德的人无为而治，不倚重外在礼乐法度，崇尚仁的人有所作为，也是发自内在仁爱本性，崇尚义的人有所作为，是倚重外在的法度而实行。崇尚礼的人希望有所作为，却没有人响应，于是推袖出臂，强迫民众遵守。

所以失道之后才实行德，失德之后才实行仁，失去了仁之后才实行义，失去了义之后才实行礼。

强调"礼"来维护社会秩序、治国理政，是由于人内在的良知泯灭，信用缺失，这是祸乱产生的开端。那些与当下实际脱节的"认识"和规定，是远离道之根本的浮华文饰，是导致愚蠢的端由。因此大丈夫谨守敦厚的德性，而不盲从浮泛的形式；依凭内在品性的笃实，而不居于外在繁文缛节的虚华。所以舍弃浮华而躬行厚实。

2. 此章主题：理想的为政模式

由此可见，此章老子讲的是他心目中理想的为政模式。这种政治模式的主轴即为政者与百姓的关系。老子将尊道贵德、清静无为的哲学思想引入政治设计，认为这一关系最好的状态是"太上，下知有之（王弼本第十七章）"，也即"上德无为而无以为"。在这种状态下，为政者和百姓相忘于江湖，"功成事遂，百姓皆曰我自然"；《河上公章句》将涉及这一主题的王本第十七章章旨命名为"淳风"，①"淳风"二字用来概括老子所倡导的这种政治模式非常贴切。"其次亲而誉之"，也即"上仁为之而无以为"。这一状态下，为政者施加仁爱而百姓清静自化；"上义为之而有以为"即"其次畏之"，这一状态下，当政者依靠强权威迫百姓遵循其意志；"上礼为之而莫之应"即"其下侮之"，当政者依靠强权推行其意志，然而民众奋起反抗，势同水火。

老子对当时的"礼"进行了反思，对当时那种将表面礼仪形式和繁文缛节的讲究等同于"礼"之本质的现象进行了批评。"夫礼者，忠信之薄，

---

① （汉）河上公章句，王卡点校《老子道德经河上公章句》，中华书局，1993，第76页。

而乱之首也"，这句话是提醒当政者在治理百姓的过程中不应将"礼"教条化、异化为谋取私利的工具，借"礼"之名侵犯个体的自由，他把民众的权利、自由放在相当重要的位置，并且认为只有充分尊重民众的意志和权利，才是最完善的治理方式。《汉书·艺文志》称道家为"君人南面之术"，这大致涵盖了《老子》一书的主题，然而，由此章的分析可知，《老子》常常是站在民众的立场展开"君人南面之术"的政治哲学体系建构的，明确地体现了以民为本的政治思想。

三　老子政治思想体系架构

张舜徽说："自汉以上学者悉知'道德'二字为主术，为君道，是以凡习帝王之术者，则谓之修道德，或谓之习道论。"他甚至认为："周秦诸子以帝王术为中心。"①《汉书·艺文志》称道家主旨为"君人南面之术"亦点明了这一观点。现分别从七个方面对老子政治哲学体系的架构进行探讨。

1. 从传统语文学角度考察西周春秋时期的"忠信"

汉简《老子·上经》第一章（对应王弼本第三十八章）在全书中具有开宗明义的作用，对判定《老子》一书的主旨具有重要参考意义。汤浅邦弘说："为何上经第一章（即通行本第三十八章）在当时被作为《老子》的首章？可以认为有以下两种可能性。第一，作为古代文献的特征，可能并无特别深刻的含义。例如，《论语》的学而篇的首章确有明言，但即使不位于首章对以后各章的理解也无大碍，可以说编辑不太严密。而《老子》也有可能是这样的编辑物。另一种可能性，是该章确实具有象征《老子》全体的深刻含义，还是有放在开头的必要性。"②笔者认为《上经》首章的位置并非一种随机的编排。《老子》首章"上德无为而无以为"表明，在老子看来，"上德"作为第一等的"德"是遵循清静无为之道的。这一主旨的理论源头来自王弼本第二十五章"人法地，地法天，天法道，道法自然"，其

---

① 张舜徽：《周秦道论发微》，人民出版社，1982，第32页。
② 〔日〕汤浅邦弘：《北大简〈老子〉的性质——结构、文章及词汇》，《简帛〈老子〉与道家思想国际学术研讨会论文集》，北京大学中国古代史研究中心、北京大学出土文献研究所主办，2013年10月，第51页。

相对具体的榜样则是天道之"玄德",也就是第五十一章所描述的"生而不有,为而不恃,长而不宰,是谓玄德"。天道虽然对万物的发生、发展、成熟、繁衍、衰弱、消亡都具有一种限定性,然而生长万物却不据为己有,成就万物却不据为己功,如长辈般爱护万物却不私自主宰。圣人效法天道,因此也应遵循此清静无为之"玄德"而为政治国。

对"清静无为"政治思想较为浅显的理解就是顺其自然、不横加干扰。从第六十章"治大国若烹小鲜"等表述看,这一理解当然也是清静无为的应有之义。

然而,如果清静无为的内涵仅仅局限于此,则稍显机械且浅显。这种"简易"的治国方法应该基于某种前提。这一前提关乎老子政治哲学体系中的另一主体——百姓。作为治理的对象,教化、感化之前的百姓是什么样的一个状况,这就涉及普遍人性的问题。上文提到,老子在"上德不德"章既然强调内在的"忠信"胜于外在的"礼",这也就隐含了百姓之"忠信"是可以依靠的这一观点。

这种在政治哲学视角下可以依靠的百姓之"忠信",王弼称之为"敦朴之德"。王弼《老子指略》中使用了相当多的篇幅论述百姓之淳朴之本性可以依赖这样一个观点。比如:"夫镇之以素朴,则无为而自正;攻之以圣智,则民穷而巧殷。故素朴可抱,而圣智可弃。""夫敦朴之德不著,而名行之美显尚,则修其所尚而望其誉,修其所道而冀其利。望誉冀利以勤其行,名弥美而诚愈外,利弥重而心愈竞。"①另外,从文字学角度看,王弼本第十九章"见素抱朴"中的"素"字,字义是尚未染色的丝;"朴"的字义是未经雕琢加工的原木。"见素抱朴"主张效法并谨守这种"原生态"或本色状态,这从另一个角度表明了老子对"忠信"的推崇。

在老子思想中,根植于人性的"忠信"或"敦朴之德"是可倚赖的。马一浮对"忠信"一词的理解和老子此意相契合,并认识到"忠信"在老子哲学体系中的重要性,他在《老子注》说:"实则忠只是对己负责,己有所不尽便是不忠,今人谓良心上谴责是也。欺人者必自欺,才有一毫不实便是自欺,便是不信。不信于人便是不信于己,因为自己决不能自瞒。人

---

① （魏）王弼:《老子指略》,据楼宇烈《老子道德经注校释》所附辑佚本。楼宇烈:"何劭《王弼传》言:'弼注《老子》,为之指略,致有理统',因以定名。"

无忠信，万事瓦解，任何事物都建立不起来，故忠信实为万事之根本。"①

2. 清静无为的双重内涵：回归敦朴与因势利导

在百姓"忠信"可依、"敦朴之德"可用这一前提下，老子"清静无为"的政治哲学主旨显然不等于高枕无忧式的垂拱而治，它还建立在对"百姓心"乃至每一个个体特性、特点具备清晰了解的基础之上。基于此，清静无为是一个对民众信息量的掌握度、因应措施的灵活度都要求极高的概念。作为一个政治哲学概念，以"辅万物之自然"为目标的"清静"具有动态的意蕴，"无为"也产生了"可为"的方向。"清静无为"由此具有两方面内涵：一方面在于引领百姓归于敦朴；另一方面则是因应民众内在质朴率真的本性以及针对每个个体不同特质的因势利导。

老子清静无为政治思想的第一重内涵在于引领百姓归于敦朴。"敦朴"又包含两方面内容：物质层面的俭约，心性层面的纯真。王弼本第五十七章："我无为而民自化，我好静而民自正，我无事而民自富，我无欲而民自朴。"严复阐释说："上之所欲，民从之速也。我之所欲唯无欲，而民亦无欲自朴也。此四者崇本以息末也。"②老子所崇尚的这个"本"，即是百姓敦朴之德，所要绝弃的，就是智巧伪诈之"末"。郭店楚简《老子》"绝智弃辩，民利百倍；绝巧弃利，盗贼无有；绝伪弃诈，民复季子。此三者以为史，不足，或命之有乎属：视素抱朴，少私寡欲"③（对应王弼本第十九章），正是鲜明地提出这一主张，认为一个社会应崇尚质朴和率真，摒弃奢靡之风、奸巧之习，方能从根本上形成良好的社会生态，提高全社会的道德水平。王本第五十八章"其政闷闷，其民淳淳；其政察察，其民缺缺"进一步提出，政令宽厚简易，人民自然淳朴纯真；政令严苛烦琐，人民就变得狡诈。王本第六十五章"古之善为道者，非以明民，将以愚之。民之难治，以其智多"，认为让民众保持淳朴状态，才能长治久安。虽然，上述复归于

---

① 马一浮：《老子注》，崇义书局，2016，第96页。

② 严复：《老子道德经评点》，成都书局壬申校刊。

③ 根据本书关于"忠信"概念的探讨，从义理的层面看，围绕郭店本"绝伪弃诈，民复季子"是否应该从传世本读为"绝伪弃诈，民复孝慈"的争论，似乎更应该如裘锡圭、李零、刘信芳、廖名春、刘钊等所主张的，"季子"即"稚子"义，不必改读为"孝慈"。（可参考彭裕商、吴毅强《郭店楚简老子集释》，巴蜀书社，2011，第19~24页。）"绝伪弃诈，民复季子"不但和老子推崇的"赤子、婴儿"意义相符合，同时也有使百姓回复"忠信"的意蕴。

敦朴的主张和人类文明发展的方向似乎是相背离的，也即第六十五章所说的"与物反矣"，但老子认为，从整体视野、长远角度看，遵循这一政治哲学是实现国家和谐、人民幸福的较好模式。

老子清静无为政治思想的第二重内涵，在于针对每个个体不同特质的因势利导。《老子》第二十九章说："故物或行或随，或歔或吹，或强或羸，或挫或隳。"王弼注："圣人达自然之性，畅万物之情，故因而不为，顺而不施。"① 这种顺应、因势利导的无为策略，亦通过《老子》一书中的"牝（雌性）"、"水"等意象而得以体现。《易·说卦》："坤者，顺也。"自然界雌性哺乳动物通常都是对雄性的顺应；水也是在方为方，在圆为圆，随物赋形。第八章"上善若水，水善，利万物而不争"所反映的被动和静应，亦并非消极意义，是建立在针对治理对象特点和动态的个性化因应。

《史记·老子韩非列传》太史公曰："老子所贵道，虚无，因应变化于无为。"② 就在位者而言，虽然未必能实现对每一位子民个性和特质的了解，然而这一政治哲学思想的现实意义在于提醒为政治国者应普遍形成一种围绕民众的因势利导意识。顾实说："大抵老子本领，尽于首章观妙、观徼二事，妙者虚无也，徼者因循也。故司马谈曰：'道家以虚无为本，因循为用也。'自王弼阴用佛说'群有以至虚为宗，万品以终灭为验'……不知虚无为本，则老佛同也。而因循为用，则老佛一积极，一消极，迥殊也。"③ 顾实对"妙、徼"的理解有待商榷，但他点明"因循"在老子之学中的重要地位和积极意义，却是十分中肯的。

3. 内圣外王

"具有史官身份的老子不是生活在历史里的人，而是直接生活在当下的政治和权力世界之中。老子说话的对象从来就不是普通的庶民，而是拥有权力的天子或者侯王。"④《老子》一书认为，身处天子、侯王之位意味着重大的责任，因为国家的兴亡成败，民众的幸福安康，首先取决于治理者的德行。"民之饥，以其上食税之多，是以饥。民之难治，以其上之有为，是

---

① （魏）王弼注，楼宇烈校释《老子道德经注校释》，中华书局，2010，第77页。

② 《史记》，中华书局，1982，第2156页。

③ （汉）班固编撰，顾实讲疏《汉书艺文志讲疏》，上海古籍出版社，2009，第116页。

④ 王博：《权力的自我节制——对老子哲学的一种解读》，《哲学研究》2010年第6期，第46页。

以难治。民之轻死，以其求生之厚，是以轻死。夫唯无以生为者，是贤于贵生。"（王弼本第七十五章）清末思想家严复注释此章说："言民之所以僻，治之所以乱，皆由上不由其下也。民从上也。"①严复"民从上也"这一注释点明了君民关系中君王的表率和引领作用。老子政治哲学虽然以"清静无为"为主旨，但这一政治思想并非等同于无所作为，为政者还肩负着"视素抱朴、少私寡欲"（王本第十九章）等价值观的塑造、"不尚贤、不贵难得之货、不见可欲"（第王本第三章）社会风尚的引领、"朴散则为器，圣人用之则为官长"（王本第二十八章）所体现的人才选拔等诸多职责。《老子》"天下难事，必作于易；天下大事，必作于细"（王本第六十三章），"九层之台""千里之行"（王本第六十四章）等表述亦说明，老子的意图是着眼于建立大功业，显然并非一种使人消极或无所事事的哲学。又如，关于王本第四十九章"圣人皆孩之"，钱穆阐释道："盖彼意想之圣人，实欲玩弄天下人皆如小孩，使天下人心皆浑沌，而彼圣者自己，则微妙玄通，深不可识，一些也不浑沌。此实一愚民之圣也。"②钱穆将老子哲学定性为权谋之术和愚民思想，这一观点已有很多学者批驳，此不赘述。但老子把圣人比喻为大人，把百姓比喻为小孩，却也表明，为政者承载着"作民父母"的重任。这也暗含了对为政者的一种要求：承担治国重任，必须在学习和修行中使自己人格强大、内心宽厚慈悲，具备教化、感化百姓的智慧、胸怀和能力。

《老子》一书多处指明，为政治国者唯有先累积、拓展德行，唯有把自己的身心安顿好了，世界观清晰了，精神信仰坚定了，内心世界丰富了，才能进一步承担起为政治国的重任，才具有治理天下的资质。这表明，老子对为政治国者的资格具有近乎严苛的要求，这种要求集中体现为一个"德"字：具备多厚重的德，才能承载多大的责任。这自然而然使人想到"内圣外王"这一概念。"内圣外王"这个词，最早见于《庄子·天下》："是故内圣外王之道，暗而不明，郁而不发，天下之人，各为其所欲焉，以自为方。"钱穆围绕这一概念将老子和庄子进行了对比："在庄周，仅谓此辈内怀圣人之德之智者，才始应帝王。然圣人内心，则并不想当帝王之位，

---

① 严复：《老子道德经评点》，成都书局壬申校刊，第23页。
② 钱穆：《庄老通辨》，生活·读书·新知三联书店，2002，第14页。

而帝王高位，亦每不及于此辈，则在庄周书中之内圣外王，乃徒然成一种慨然想望而止。至老子书则不然。似乎能为帝王者，必属于圣人，苟非其人内抱圣人之德之智，将不足以成帝王之业。"①钱穆明确地指出，老子政治哲学体系下，执掌帝王权力的人，应具备圣人之德这一必要条件。

在涉及用兵这一类国之大事时，老子对执政者更是提出了心性、智慧等多方面的要求。如王弼本第六十八章："善为士者不武，善战者不怒，善胜敌者不与，善用人者为之下。是谓不争之德，是谓用人之力，是谓配天，古之极。"在此章，老子概括了其用兵之道：一是不唯武力论，不有恃无恐，所以他强调"善为士者，不武"；二是强调不被情绪、情感蒙蔽了理性，所以"善战者不怒"；三是推崇"不战而屈人之兵"，因而"善胜敌者不与"；四是重视人才因素，得到人才的方法就是"善用人者，为之下"。

由此可见，无论是从国家百姓每一个个体幸福这一"小"的角度，还是从战争这类"国之大事"的角度，都要求为政者的德行与责任必须严格匹配。也就是说，身处天子、侯王之位，必具厚重之德。那么，为政者以何种修行路径超凡入圣，以什么样的方式"脱胎换骨"，从而使自己具备执掌权力和治国的资格？老子政治哲学又引出工夫论的内容。

4. 超凡入圣："得一"和"重积德"

《上经》首章"忠信"二字的内涵，其实隐含了圣人修德的第一条原则："上德"基于人的本性和真诚，不可过于强调外在形式。苏辙在给此章"上德不德，是以有德；下德不失德，是以无德"注释时引用《论语》之言云："圣人纵心所欲，不逾矩，非有意于德而德自足；其下知德之贵，勉强以求不失，盖仅自完耳，而何德之有？"②苏辙认为，圣人所从之心，乃是"忠信"之本心，因此能从心所欲，不逾矩。王弼本第五十五章"含德之厚，比于赤子"主张个体修德的至高境界还是如婴儿般内心纯朴，思虑纯净。举赤子"未知牝牡之合而朘怒"（帛书乙本）的例子，则是推崇本有的元气和天性，葆有蓬勃的生机和崭新的创造力。

据《老子》，圣人之德以及君王为政治国的资格，似乎都是源自"道生

---

① 钱穆：《庄老通辨》，生活·读书·新知三联书店，2002，第14页。
② （宋）苏辙：《道德真经注》卷三，《道藏》第12册，文物出版社、上海书店出版社、天津古籍出版社，1988，第307页。

一"的"一"，是一种与生俱来的禀赋。王本第三十九章："侯王得一以为天下贞（正）。"意思是侯王是因为得到这个"一"才得以成为天下的君长。[①]正如"天得一以清，地得一以宁"一样，这个"一"，是"天""地""侯王"不同于其他事物的内在原因，有独一无二的意蕴，是道赋予侯王德性的萌芽。《庄子·天下》："圣有所生，王有所成，皆原于一。"这显然也是说，圣人的德性和君王能建立功业，归根结底都源自天道禀赋和初始的德性。但这个源自天道的"一"只是提供了一种可能性，"一"还需要在为政治国的实践中落实为"德"并且加以累积。第三十九章论述说："是故必贵以贱为本，必高以下为基。是以侯王自谓孤、寡、不穀，此其贱之本邪？非也？故致数誉无誉。不欲琭琭如玉，珞珞如石。"（据北大汉简本）处在尊贵、高超的地位，容易偏离道之淳朴状态，因而在称呼上将自己放置在低贱的位置，保持谦卑的姿态，始终像石块一般质朴，时时不偏离其初始本原状态，方能永葆长久。这表明，一个人只要能发现自身根源于道的独特力量，且善于培育、累积自身本有的"德"，必定可以成就属于自己的"高贵"和卓越。功成之后，须不忘初心、"恒德不离"，才能保持基业恒久。身居高位的侯王用"孤、寡、不穀"这些貌似低贱鄙陋的名称来称呼自己，就是提醒自己不应该忘记其先祖当年之所以能成功执掌权位的初始之"德"。由此可以得出，在成为"圣人"并由此获得为政治国资质的过程中，"德"是一个核心的概念，修"德"方可超凡入圣。

"侯王得一为天下正"，这个"一"就像一颗种子：由道赋予，在个体中落实为"德"，这一"德"在生长、积累和拓展中变成参天大树。因而，葆有蓬勃生机，并在此基础之上"德"的累积，是个体修行的第二条原则。这一原则在王弼本第五十九章有具体的论述："治人事天莫若啬。夫唯啬，是谓早服。早服谓之重积德，重积德则无不克，无不克则莫知其极，莫知其极，可以有国。有国之母，可以长久。是谓深根固柢，长生久视之道。"

[①]　王弼本"贞"应读为"正"，意思是"君长"。王念孙曰："河上本'贞'作'正'，注云：'为天下平正。'念孙按：《尔雅》曰：'正，长也。'《吕氏春秋·君守篇》：'可以为天下正'，高注曰：'正，主也。''为天下正'，犹《洪范》言'为天下主'耳。下文'天无以清'，'地无以宁'，即承上文'天得一以清，地得一以宁'言之。又云'侯王无以贵高'，'贵高'二字正承'为天下正'言之，是'正'为君长之义，非平正之义也。王弼本'正'作'贞'，借字耳。"参看（清）王念孙《读书杂志》，江苏古籍出版社，1985，第1018页。

此章两个"可以"都省略了宾语，补足后即"可以（之）"。这个省略了的宾语就是"有国"且能"长久"所凭借的条件，这一条件在这段话中聚焦为一个"啬"字。"啬"字甲骨文作𣂉，字形上方是两个"禾"字，下方为"靣（廩）"，意思是圆形的谷仓。这个字形所描绘的意象，是将成熟后的农作物收进谷仓。这一汉字意象，有未雨绸缪、积蓄力量、善于敛藏、适可而止等内涵。在论及老子"三宝"时，北大汉简《老子》第三十一章的表述为"二曰敛"；帛书本作"检"；传世本作"二曰俭"。"敛、检、俭"从语源学的角度看是同源字，它们共同的"语源义"是"约束、节制、收敛"。因为老子并非只强调物质上的节俭，还包含德性、德行、民力的累积等内容，这一意思和"治人事天莫若啬"的上述"啬"字的内涵相呼应。由此可见，德性、德行的敛藏和累积，是老子超凡入圣路径的关键内容之一。

5. 注重返观内省，强调在虚静中感悟的认识论

而我们考察《老子》其他章节和《老子·上经》首章的内在的联系便可以发现，首章确立了《老子》一书以政治哲学为其主旨的性质，同时也蕴含了强调注重本心和德性累积的工夫论、倾向于内在感悟和返观内省的认识论两方面内容。也就是说，老子的政治哲学体系，含摄了认识论的内容，并且这部分认识论的内容就其体系而言是不可或缺的，因为，很难想象，一个对道的存在没有任何感知的人，如何能够建立起对道的遵循和敬畏？如何能尊道贵德并进而践行清静无为的政治哲学思想？所以，政治哲学体系的探讨又不得不涉及以何种方式感悟道的存在这一问题。

王弼本第十七章"不出户，知天下；不窥牖，见天道。其出弥远，其知弥少。是以圣人不行而知，不见而明，不为而成"，老子强调了注重内在感悟的认识论：一味地向外追逐，可以获取广博的知识，但同时却也可能因此蒙蔽本心、桎梏性情；有道之人善于反观自省而不追逐外物，不局限于口眼耳鼻舌等感官层面去感受世界，还应深入到内在的感悟自省层面，开启直觉路径，并以此感知宇宙天道。

又，《老子》第十六章说："致虚极，守静笃。万物并作，吾以观复。"万物追溯至其根源，都源于"寂兮寥兮"（第二十五章）的虚静之道。此"虚静"即是"无"，而此"无"是对一切属性、一切规定的消解和否定。万物若上溯至这一本原的"虚静"或"无"，都是可以求同、可以相互感

知、融合的。老子主张在认识外在世界时，一个重要途径是通过"观复"进入"虚极静笃"状态，在虚静中达成对先天本性的静观，从而观照自我和宇宙万物的本真。这种借助于内在直觉和天人感应等略具神秘色彩的认识论，也是老子哲学的重要特征之一。

6. 一体两面，性命兼修

宋代李霖认为《老子》一书"内则修心养命，外则治国安民"[1]，其概括甚为精炼。其中"修心养命"一语，很明确地指出了老子哲学思想工夫论中性命兼修的特点。身和心乃是一体两面，并非两个各自分离的维度，具有交织融合的互摄属性。那种认为《老子》是修炼气功之书，或是认为老子根本没有涉及生命炼养实践的观点，都是失之片面的。《老子》在涉及工夫论或价值观的内容时，也总是将这两方面放在一起论述。比如王弼本第十二章一方面指出沉湎于"五色、五音、五味"等感官享受，往往导致身体的损害，另一方面又论述了"驰骋畋猎令人心发狂"，也即对外在物欲的追逐亦容易导致心性的迷失。又如王本第十三章："宠辱若惊，贵大患若身……贵以身为天下，若可托天下；爱以身为天下，若可寄天下。"强调得宠和受辱都能保持内心的恭谨敬畏，在"宠"或"辱"的外界干扰下仍然能保持内心的从容和宁静。这表明，心性是需要经过磨砺的，"不遇盘根错节，无以别利器"，不轻易为外在的得失、成败所左右，破坏内心的澄静自在。这是"心"的层面。与此同时，重视身体好像重视大的祸患一样，能够以珍视身体的恭谨去治理天下，才可以把天下托付给他；以爱护身体的态度去治理天下，才可以赋予他治国的重任。这是"身"的层面。生命炼养与心性修行对治国者而言是缺一不可的。第十三章论述的另一个要点是身国同构思想，身体小国家，国家大身体，保持身与心的康健与宁静，是为政治国者的基本素养。

又如，宋代学者林希逸曾经说"老子之学，主于尚柔"[2]。认为崇尚柔弱是老子学说最主要的一个特点。《老子》中的这一重要概念"柔"字亦蕴含生命层面和心性层面的双重意蕴。

---

[1] 李霖：《道德真经取善集》十二卷，任继愈主编《道藏提要》，中国社会科学出版社，1991，第513页。

[2] （宋）林希逸：《道德真经口义》，《道藏》第十二册，文物出版社、上海书店出版社、天津古籍出版社，1988，第723页。

　　为了阐述"柔弱胜刚强"这一道理，老子借助了一些生动的意象加以说明。比如老子由"水"的意象出发，得出对"以柔胜刚，以弱胜强"之道的推崇。在为政治国问题上，王本第七十八章"天下莫柔弱于水，而攻坚强者莫之能胜。……受国之诟，是谓社稷主；受国不祥，是为天下王"表明，成就功业，要遭受种种苦难和屈辱的磨炼，在经历阻碍、倒退、曲折、卑贱、悲苦之后，如同柔弱之水，内心仍能保持其坚韧不折。这侧重于心性层面。然而亦不能忽略"柔"字生命层面的意蕴。第七十六章说："人之生也柔弱，其死也坚强。草木之生也柔脆，其死也枯槁。故坚强者死之徒，柔弱者生之徒。"人出生的时候身体是柔软的，死了之后就僵硬了。草木萌生时的嫩芽是柔脆的，死了之后枝叶就干枯了。可见坚硬的事物属于趋于死亡的一类，柔弱的事物属于富有生机的一类。此处老子所列举的人的身体、草木，都是侧重于生命力的意象。

　　《老子》中的婴儿意象则包含了生命层面和心性层面双重的意蕴。第十章说："抟气致柔，能婴儿乎？""抟气致柔"，大致上是指通过导引、调息等方式，达到类似于婴儿那种气血通畅、身体柔软的状态，老子注意到，看似弱小的婴儿，是充满了生机和活力的。王本第五十五章又说："含德之厚，比于赤子。……骨弱筋柔而握固。不知牝牡之合而朘作，精之至也，终日号而不哑，和之至也。"经历生命层面的炼养之后，德性厚重的人，就好比初生的婴儿。婴儿骨弱筋柔，小拳头却握得很是牢固；不知男女之事，没有欲念，然而气血充足，小生殖器无欲而刚，这是生命力极其旺盛的体现；即使整天啼哭，声音却不会嘶哑，这也是由于他元气充沛到了极致。因此，婴儿的这种生命状态，是修德之人应该追求的境界。

　　老子推崇的婴儿意象，亦包含心性修行的内容。第二十八章："知其雄，守其雌，为天下溪。为天下溪，常德不离，复归于婴儿。"这个"复归于婴儿"可以理解为在每次发展、壮大之后，又回复到重新生长、积蓄力量的"婴儿"状态，为新的再一次的提升保持蓬勃的生机和动力。这显然侧重于敛藏、隐忍等心性层面的意蕴。

　　可见，老子的"尚柔"思想不仅仅是一种心性层面的权谋之术，它更强调的是生命力量的凝聚和敛藏；同时还包含内心的一种谦卑、审慎姿态，面对艰难困苦的隐忍，以及总揽全局、放眼未来的战略眼光。老子崇尚的"柔"，具有生命力和心性、智慧等多重的内涵。

　　肩吾问于孙叔敖曰："子三为令尹而不荣华，三去之而无忧色。吾始也疑子，今视子之鼻间栩栩然，子之用心独奈何？"

　　孙叔敖曰："吾何以过人哉！吾以其来不可却也，其去不可止也，吾以为得失之非我也，而无忧色而已矣。"

　　上述《庄子·田子方》中描写楚国孙叔敖三为令尹又三去之，始终能宠辱不惊，体现了其在心性层面深厚的修为。肩吾最初对孙叔敖的淡定是否是"装"出来的还心存疑虑，当他观察到孙叔敖鼻间的气息从容悠闲时（"鼻间栩栩然"），方才佩服不已。可见，外在的呼吸这一生命层面的特征和内在心性是彼此联系、互为表里的。这则寓言也从一个角度表明生命层面和心性层面的修习如车之两轮、鸟之两翼，不可偏废。而一体两面、性命兼修的工夫论，正是老子哲学思想体系的重要特征之一。

　　7. 老子哲学思想体系结构

　　老子政治哲学体系以阐述"君人南面之术"为主，这一政治哲学体系的君主和百姓类似于阴阳相冲相搏的关系，老子期待两者能达成"冲气以为和"的状态。王博先生说："这个世界建立在君主和百姓双主体结构之上的和谐与平衡。"[①]在此双主体结构下，老子一方面对为政者的德行提出特定要求，这一要求即"掌权位者，必具圣德"，并指明了超凡入圣的修德路径，这一路径以性命兼修为其重要特征；另一方面，这一结构之所以能达成和谐与平衡，作为双主体结构另外一方的百姓似乎也应具备某些方面的条件。这一条件即是百姓本有的"忠信"或"敦朴之德"。

　　由于这一政治哲学体系是建立在以道为宇宙本原和万物主宰这一世界观基础之上，因此，尊道贵德、道法自然是其必然选择。这一体系除了可以从上述君、民两个不同角度去分析，亦可以从"尊道"和"贵德"两个方面去理解。就"尊道"而言，体现为有为、有执之"我"的隐去，形成清静无为、因循为用的道家为政特色；就"贵德"而言，体现为强调执政者的德行必须和其所肩负的责任相匹配，主张以德厚之圣人（比如，秉持"慈、俭、不敢为天下先"三宝）为核心，教化（"不言之教"）、感化（"执左契而不责于人"）为主要方式，在家、乡、邦、天下的不同空间层级呈辐

　　① 王博：《权力的自我节制——对老子哲学的一种解读》，《哲学研究》2010 年第 6 期。

射状往外拓展，注重为政治国者德行和人格力量的巨大感化作用。这种教化和感化呈同心圆扩散，由最初的"修之于身，其德乃真"直至"修之于天下，其德乃溥"。

彭耜谓："'此经以自然为体，无为用，治世出世之法皆在焉。''以之治世，则还朴而还淳；以之出世，则超凡而入圣。'"①李霖推崇《老子》具内圣外王之道，认为《老子》一书"'性命兼全，道德一致。''言不逾于五千，义实贯于三教。内则修心养命，外则治国安民，为群言之首，万物之宗。'"②

宋代彭耜、李霖对老子哲学的概括都很准确、全面，然而对"治世"和"出世"、"治国安民"与"修心养命"两部分内容只是作为老子哲学思想的组成部分而罗列，没有指出两者之间存在着的内在联系。《老子》一书中，治国为政的政治哲学，与超凡入圣的工夫论不是两个独立的版块，老子政治哲学思想包蕴了"掌权位者，必具圣德"、内圣方可外王这一内在要求，同时老子又指明了超凡入圣的路径。这一路径包括注重内在本心、在认识世界时侧重在虚静中返观内省等丰富内容。由上述老子政治思想体系架构 6 个方面可以得出，老子"君人南面之术"呈现出层层包蕴的结构，这一结构也体现了《老子》思想体系内在严密的逻辑性，如图 11-1 所示。

图 11-1　老子政治哲学思想体系结构

原载《广西师范大学学报（哲学社会科学版）》2018 年第 6 期，
人大复印资料《哲学文摘》2019 年第 2 期转载了部分内容。

---

① （宋）彭耜：《道德真经集注》"自序"，转引自任继愈主编《道藏提要》，中国社会科学出版社，1991，第 506 页。

② （宋）李霖：《道德真经取善集》"自序"，转引自任继愈主编《道藏提要》，中国社会科学出版社，1991，第 513 页。

第十二章　汉简《老子·下经》首尾两章的校释以及贯穿老子思想的主线：从无名到无为

韩巍认为："以往所见的三种简帛《老子》古本虽然年代早于汉简本，但都不够完整。郭店本仅有传世本内容的五分之二。帛书本虽是相当成熟的全本，但残破较甚；虽然甲、乙两本可互相补充，但仍有不少残缺的文句无法补出。因此，汉简本是目前保存最为完整的简帛《老子》古本，对于《老子》文本的整理校勘具有重大意义。"[①] 北大汉简《老子·下经》首章，对应的是王弼本第一章，这一章在《老子》全篇中占有举足轻重的地位，关系到整个老子哲学思想体系的释读。因此，我们以汉简本《老子·下经》首章为底本，参照帛书《老子》和几种主要的传世本《老子》进行校勘释读，并对此章以及与之相关的老子哲学思想进行分析和探讨。

一　北大汉简《老子·下经》首章逐句校释

在各古本《老子》中，北大汉简本首次将《老子》分为《上经》和《下经》。[②] 这印证了《史记·老子韩非列传》中"于是老子乃著书上下篇"

---

① 韩巍：《西汉竹书〈老子〉的文本特征和学术价值》，载北京大学出土文献研究所编《北京大学藏西汉竹书（贰）》，上海古籍出版社，2012，第208页。

② 北大汉简《老子·下经》首章书写于第124、125、126三支简上，其中第124简简背书写有"老子下经"四字。

的说法。此外，被尊称为"经"，是《老子》文本演变过程中具有标志性的事件，这在形式上印证了其经典地位的确立。北大汉简《老子·下经》首章作：

> ●道可道，非恒道殹；名可命，非恒名也。无名，万物之始也；有名，万物之母也。故恒无欲，以观其眇（妙）；恒有欲，以观其所㣆（徼）。此两者同出，异名同谓。玄之有（又）玄之，众眇（妙）之门。

现按照句子顺序对其进行校勘和释读。

（一）●道可道，非恒道殹。

北大汉简《老子》每一章章首都有符号"●"。据此，汉简本《老子》共77章。此章第一个"道"字是指老子哲学思想体系中核心概念。第二个"道"字，是言说、讲述的意思，类似用法如清华藏战国竹简《心是谓中》："心欲道之，口故言之。"[1]又如《诗经·墙有茨》："中冓之言，不可道也。""恒道"强调"道"是一种恒常的实有，是一种亘古以来时时刻刻运转着的宇宙根源和推动力。"恒道"之"恒"，为"恒常，永久"之意。《易·恒卦》虞翻注："恒，久也。"《庄子》谓："无古无今，无终无始也。"帛甲本《老子》也作"恒"，而传世本为避汉文帝刘恒的讳多改为"常"。

"殹"，读作 yì，句末语气词，相当于"也"。《古文苑·石鼓文》："汧殹沔沔。"章樵注："殹即也字，见诅楚及秦斤。"[2]杨树达《〈诅楚文〉跋》："殹与'也'同。"北大简整理者："'殹'为秦系文字，帛书作'也'。汉简本中'殹'仅此一见，其余皆作'也'，推测其祖本之中或有秦抄本，西汉传抄过程中将'殹'改为'也'，仅遗留此一处。"[3]据《战国文字编》，包山楚简、郭店楚简《语丛》、王子午鼎等战国楚文字中皆有此"殹"字，汉代淮南王刘安所铸新郪虎符亦有此字，[4]因此，据北大简本有一"殹"

---

①　李学勤主编《清华大学藏战国竹简（捌）》，中西书局，2018，第149页。

②　（宋）章樵注《古文苑》卷一，《景印文渊阁四库全书》第1332册，台湾商务印书馆，1986，第576页。

③　北京大学出土文献研究所编《北京大学藏西汉竹书（贰）》，上海古籍出版社，2012，第144页。

④　汤余惠主编《战国文字编》，福建人民出版社，2001，第191页。

字，尚不能判定其祖本有秦抄本。但为何北大汉简《老子》全本仅此《下经》开头一处有"殹"字？一种可能是，传抄人所依据的底本是秦代"书同文"之前的本子，传抄人抄写完第一个"殹"字之后，意识到"殹"字是一种早已过时的保守写法，当世已不通用，遂将后面"殹"字全部转写为"也"。

（二）名可命，非恒名也。

万物可以被命名，然而这一名称并非恒常不变，名称只是一个外在的、暂时的符号，不等同于事物的内在本质。

"名"，名号，名称。《礼记·祭法》："黄帝正名百物"，疏云："上古虽有百物而未有名，黄帝为物作名。"①

"命"，西周金文作🔖，本义是"发号施令"，是在"令"字的基础上增加意符"口"分化而产生。"令"字甲骨文作🔖，象一个人跪立以听从命令。"命"这里可以理解为"命名"，如《左传·桓公二年》："晋穆侯之夫人姜氏，以条之役生太子，命之曰仇。"

此句汉简本和其他版本皆不同。帛甲本作"名可名也，非恒名也"；王弼本作"名可名，非常名"。

（三）无名，万物之始也；有名，万物之母也。

帛书本同，传世本多作"无名，天地之始"。这是一个重要的版本差异。

马叙伦虽然没有见过帛书本、汉简本《老子》，但却准确地判断此句应作"无名，万物之始也"。他分析说："《史记·日者传》引作'无名，万物之始也'。王弼注曰：'凡有皆始于无，故未形无名之时，则为万物之始；及其有名有形之时，则长之育之，亭之毒之，为其母也。'是王本两句皆作'万物'，与《史记》所引合，当是古本如此。"②笔者查验《史记·日者列传》引文作："无名者，万物之始也。"③"者"字的存在表明，"无名万物之始也"断句应该作"无名，万物之始也"，而非"无，名万物之始也"。

高明说："今据帛书甲、乙本验证，原本两句均作'万物'，今本前句作

---

① （清）孙希旦：《礼记集解》，中华书局，1989，第237页。
② 马叙伦：《老子校诂》，中华书局，1974，第88页。
③ 《史记》，中华书局，1982，第3220页。

'天地'者，乃后人所改，当订正。"①

蒋锡昌对此句进行了较为详细的阐释：

> 天地未辟以前，一无所有，不可思议，亦不可名，故强名之曰
> "无名"。二十一章王注所谓："至真之极，不可得名；无名，则是其名
> 也。"迨天地既辟，万物滋生，人类遂创种种名号以为分别，故曰"有
> 名"。质言之，人类未生，名号未起，谓之"无名"；人类已生，名
> 号已起，谓之"有名"。故"无名""有名"，纯以宇宙演进之时期言。
> 《庄子·天地》："泰初有无，无有无名。"此庄子以"无名"为泰初之
> 时期也。"无名"为泰初之时期，则"有名"为泰初以后之时期也明
> 矣。十四章："视之不见，名曰夷；听之不闻，名曰希；搏之不得，名
> 曰微。此三者，不可致诘，故混而为一。其上不皦，其下不昧，绳绳
> 兮不可名，复归于无物。是谓无状之状，无象之象，是谓恍惚。迎之
> 不见其首，随之不见其后。"此老子自冥想其所谓"无名"时期一种空
> 无所有、窈冥恍惚、不可思议之状态也。②

"有名"是站在人类的角度而非"道"的角度，根据人类的标准去给万
物命名。从这一意义看，有了人类这一观照主体以及给万物命名这一活动，
才真正产生了万物彼此之间分别，所以"有名"是"万物之母"。

（四）故恒无欲，以观其眇（妙）；恒有欲，以观其所徼（徼）。

王弼注："妙者，微之极也。万物始于微而后成，始于无而后生。故常
无欲空虚，可以观其始物之妙。"③楼宇烈说："'常无欲'即'空虚'或'空
虚其怀'之意，亦即虚静而无思无欲之意。十六章王弼注：'以虚静观其反
复。凡有起于虚，动起于静，故万物虽并动作，卒复归于虚静，是物之极
笃也。'又说：'穷极虚无，得道之常。'王弼以'无'为天地万物之'本'、
'体'，天地万物的生成是自然无为的，所以说，只有从'常无欲'去观察

---

① 高明：《帛书老子校注》，中华书局，1996，第200页。
② 蒋锡昌：《老子校诂》，成都古籍书店，1988，第4~5页。
③ （魏）王弼注，楼宇烈校释《老子道德经注校释》，中华书局，2008，第17页。

天地万物的生成，才能了解'始物之妙'。"[1]

按："其妙"和下文"其所徼"的"其"应该是指同一事物。有两种可能。第一种可能是"其"近指上句的"万物"，笔者采用这一观点。第二种可能是"其"远指首句的"道"。

万物皆源于道，在它们千差万别的表象背后，有着共同的本质。能于有中见其无，能于千差万别中见其同，不以预设私心私欲衡量万物，不生爱憎于万象，是"恒无欲，以观其妙"的境界。

汉简本"侥"通"徼"。两字常互通，如"侥幸"古籍中也多作"徼幸"。帛书本作"噭"，亦通"徼"[2]。徼，本义为边界、边塞，如睡虎地秦墓竹简《法律答问》："人臣甲谋遣人妾乙盗主牛，买，把钱偕邦亡，出徼，得。"[3]《史记·司马相如列传》："西至沫、若水，南至牂柯为徼。"司马贞《索隐》引张揖曰："徼，塞也。以木栅水为蛮夷界。"[4]这里指万物用以区分彼此的界限。

（五）此两者同出，异名同谓。

"两者"指"万物之妙"和"万物之所徼"。分别是"无欲"视角下和"有欲"视角下万物所呈现的状态。

关于"两者"指代的是什么，历来分歧较大。河上公注："两者，谓有欲、无欲也。"[5]王弼注："两者，'始'与'母'也。"[6]范应元注："两者，'常无'与'常有'也。"[7]高亨："两者，谓'有'与'无'也。"[8]

"异名同谓"，是指无论在无名视域下还是在有名视域下，世界是同一个世界，其所指是同一事物。即使"观其妙"和"观其徼"使这个世界呈现不同的天人关系，但都是出自主体的观照，即"此两者同出，异名同谓"。

---

① （魏）王弼注，楼宇烈校释《老子道德经注校释》，中华书局，2008，第 17 页。
② 高明：《帛书老子校注》，中华书局，1996，第 200 页。
③ 《睡虎地秦墓竹简》，文物出版社，2001，第 342 页。
④ 《史记》，中华书局，1982，第 3048 页。
⑤ （汉）河上公章句，王卡点校《老子道德经河上公章句》，中华书局，1993，第 9 页。
⑥ （魏）王弼注，楼宇烈校释《老子道德经注校释》，中华书局，2008，第 18 页。
⑦ （宋）范应元：《老子道德经古本集注》，华东师范大学出版社，2010，第 6 页。
⑧ 高亨：《老子正诂》，清华大学出版社，2011，第 10 页。

（六）玄之有（又）玄之，众眇（妙）之门。

曹峰认为"玄之又玄之"的"玄"是动词，"玄之又玄之"相当于"损之又损之"的意思，是"人主观上面向'道'的一种体认工夫和追寻努力"。其主要根据有三：一是北大汉简《老子》第十一章（王弼本第四十八章）有"〔损〕之有（又）损之"，且传世的严遵本、傅奕本、范应元本等均作"损之又损之"。他认为与"玄之又玄之"正好形成对照，"'玄'也应该读为动词，'玄'同样应该理解为减损或否定，'之'是'玄'所减损或否定的对象"。二是王弼曰"若定乎一玄，是名则失之远矣"，因此，"在王弼这里'玄之又玄'可以理解为对'道'的追求过程，同时就是不断摆脱名号称谓束缚的过程，以不断否定的方式，最后返归于'道'，这和'损之又损'显然是同一原理，王弼对'为道日损'的解释就是'务欲反虚无也'"。三是北大汉简本与帛书本一样，没有"同谓之玄"，"既然没有了'同谓之玄'的牵制，那么，'玄'就不需要作形容词或名词解，不需要理解为道体的特征"。①笔者原先大体赞成将前后两个"玄之"视为动宾结构，后来进一步思考这个问题，更倾向另一种更平易简单的理解，也就是把此句中的"玄"字视作常见的形容词用法，那么"之"在这里就相当于语气词"兮"。王引之《经传释词》："之，犹兮也。昭二十五年左传曰：'鸜之鹆之，公出辱之。'三'之'字并与兮字同义。"②《论语·雍也》孔子探望身患重疾的司马牛时感叹："亡之，命矣乎！斯人也而有斯疾也！斯人也而有斯疾也！"杨伯峻在注释时说："这'之'字不是代词，不是'亡'（死亡之意）的宾语，因为'亡'字在这里不应该有宾语，只是凑成一个音节罢了。古代常有这种形似宾语而实非宾语的'之'字。"③这种承担语气词作用的"之"字通常也不入韵，王显曾指出，在先秦《诗经》和屈原赋中，有以成对形式或两次以上出现的"之"，这些"之"字都不入韵，入韵的只能是单个出现的"之"。④类似的，汉简《老子》"玄之又玄之，众妙之门"和"损

---

① 参考曹峰《〈老子〉首章与"名"相关问题的重新审视——以北大汉简〈老子〉的问世为契机》，《哲学研究》2011 年第 4 期；《"玄之又玄之"与"损之又损之"》，《中国哲学史》2013 年第 3 期。

② （清）王引之：《经传释词》，上海古籍出版社，2016，第 197 页。

③ 杨伯峻：《论语译注》，中华书局，2009，第 58 页。

④ 王显：《屈赋的韵式韵例》，《语言研究》1984 年第 1 期，第 53 页。

之又损之，以至于无为"中的"之"都只是作为相当于"兮"的语气词，通过双音节"玄之"的重复，以强化感叹语气的抒发。

"玄之又玄之"应该是顺承上文"此两者同出，异名同谓"的进一步展开。"此两者同出，异名同谓"的强调异中之"同"，"玄之又玄之"则是以两种不同的视角观照宇宙万物，是两种视角的切换，强调的是同中之"变"。相应地，此句"门"的意象指代的是"无名"和"有名"两种视角及其相应人生状态切换的门径。

二　汉简《老子·下经》首章句读与章旨辨析

此章主要阐述了认识、观照宇宙万物的两种不同路径。一种路径是个体通过"致虚极、守静笃"等方式，"澹然独与神明居"（《庄子·天下》），登临道的高度往下观照，看世间万物各自活泼泼地展现生生之性。此状态下个体得以与宇宙交互融合，达成"与天为一"境界，这是"宇宙我"；另一种路径是作为顺遂天性、与宇宙万物剥离并且凸显其个性存在的主体之"我"，这个"我"带着一定的价值判断去感知、辨析万物之间最为细微的差异，并借此实现其生命独特性，这是"个体我"。老子所阐述的这两种境界，分别涉及人与宇宙本原的融合和个体生命本真的觉醒，故不可简单以"客观"和"主观"形容之。并且，孤立地处在单一视角或单一境界，都尚未把握老子眼中宇宙万物的全体实相。

此章"恒无欲，以观其妙"包括但不限于《论语》"己所不欲，勿施于人"这种个体与他人换位观照的方式，还包含人作为一个个体与动物、植物乃至非生命体之间观照角度的游移。庄周梦蝶的寓言就体现了这种特点。《庄子·齐物论》："昔者庄周梦为蝴蝶，栩栩然蝴蝶也，自喻适志与！不知有周。"在这个著名的寓言中，是庄子在梦中变成一只蝴蝶呢，还是蝴蝶在梦中变成庄子呢？这个是不确定的，观照世界的角度和出发点并不一定就是人类，不一定就是庄子或者某一个特定的个体。庄子《逍遥游》说："至人无己。"这个宇宙并不是以个体的人为中心，这个宇宙中所有生命体都构成一个观照世界的"极"，无数个"极"，也就等同于"无极"。在不同生命体眼里，这个世界呈现不同的形态。正因为观照角度的不同，才使得这个世界如此多姿多彩，奇妙纷呈。因此，蝴蝶只有忘了庄周的身份，才能"栩栩然自适"。同样，人要深入且真切地感知这个色彩斑斓的宇宙，就必须跳出以自我为中心的单一的视角，做到"恒无欲"，才能"以观其妙"。这也是打开"众妙之门"的玄关。在"恒无欲"状态下，人的躯体与宇宙万物的藩篱被撤去，"外部"宇宙由此进入人的生命疆域，人与宇宙交互融合了。

为论证上述观点，首先对下面几个问题进行辨析。

（一）关于此章句读

此章不同的断句方式，会造成对整章理解的不同，其重要性好比理解《老子·下经》的"第一颗纽扣"。基于北大汉简本和基于通行本的两种不同句读差异见表12-1：

表12-1 《老子·下经》首章两种不同的句读

基于汉简本的句读方式	基于通行本的句读方式
道可道，非恒道殹；名可命，非恒名也。	道可道，非常道；名可名，非常名。
无名，万物之始也；有名，万物之母也。 （无名 - 有名） （《史记·日者列传》引文："无名者，万物之始也。"）	无，名天地之始；有，名万物之母。 （无—有）
故恒无欲，以观其妙，恒有欲，以观其所徼。 （无欲—有欲） （帛甲本作：恒无欲也，以观其眇；恒有欲也，以观其所噭。"无欲""有欲"之后都有"也"，应该在"也"后句读。）	故常无，欲以观其妙；常有，欲以观其徼。 （无—有）
此两者同出，异名同谓。玄之又玄之，众妙之门。 （帛书甲本在'异名同谓'之下标有句号，故帛书组断句四字一组，可从。）	此两者同出而异名，同谓之玄，玄之又玄，众妙之门。 （句型有显著不同）

陈广忠《帛书〈老子〉的用韵问题》对帛书《老子》和王弼本《老子》的不同句读，从用韵的角度进行了分析。他引用帛书《道经》第一章中的"无名（耕部），天地之始（之部）也；有名（耕部），万物之母（之部）也。故恒无欲（屋部）也，以观其眇（妙）（宵部）；恒有欲（屋部）也，以观其所噭（宵部）"，认为宋代学者王安石、司马光、苏轼、范应元，清

代学者俞樾，以及后代不少学者，出于哲学观点的考虑，将此句断作"无，名天地之始；有，名万物之母。故恒无，欲以观其妙；恒有，欲以观其徼"是错误的。陈广忠认为这样的断法破坏了韵律的整齐性，两个"名"字，两个"欲也"，是奇句的韵脚，应从这两处断开为宜。①

陈广忠的句读方式，和上面表 12-1 中"关于汉简本的句读方式"是一致的。从用韵角度去辨析此章句读，具有一定的客观性，可以作为我们关于此章句读的重要参考。由此我们认为，虽然王安石、司马光等的句读方式从义理上也能自圆其说，但综合上述语言文字学、文献学证据看，并不符合《老子》此章的原意。

（二）"道可道，非恒道殹；名可命，非恒名也"的理解

首先，"道可道，非恒道殹"是对道而言；"名可命，非恒名也"，是对道所化生出的万物而言。无论是对作为宇宙根源和万物所从出的道，还是对具体的万事万物，老子都强调我们要把握其"实有"和"本质"。然而，道和万物的"实有"和本质不可言说，把握道和万物的本质不能以语言作为主要方式。所以老子"行不言之教"，认为"知者不言，言者不知""辩者不善，善者不辩"。

在一方面强调不要停留或沉浸在语言外壳的同时，另一方面，老子也重视在虚静中直接感应道，侧重通过内在的感受去把握道和万物的本质。"致虚极，守静笃。万物并作，吾以观其复。"（王弼本第十六章）"不出户，知天下；不窥牖，见天道。"（王弼本第四十七章）从这一角度看，"向内求"亦是老子哲学的特点之一。

（三）"无名"的内涵以及"无名"视域下人类在老子宇宙观中的位置

此章内容涉及道、人类、万物三者之间的关系。要对这三者之间的关系有一个明确的认识，应该刘"无名"的内涵形成进行准确的理解。

"无名"所指称的事物不外乎两种：（1）道；（2）人类尚未赋予其名号的"万物"。

楼宇烈说：

---

① 陈广忠：《帛书〈老子〉的用韵问题》，《复旦学报（社会科学版）》1985 年第 6 期。

王弼将"无名"解释为"未形无名之时，则为万物之始"，也即将"无名"等同于三十二章"道常无名"之"道"、二十五章"有物混成，先天地生，……吾不知其名"之"道"。①

但据汉简本和帛书本，这两句是围绕"万物"而论述，"无名""有名"的语义都是指向、聚焦于"万物"，描述的是"道"已经演化出万物的阶段，因此，该处的"无名"，不应是"道"玄妙的、哑谜式的别称，而应是指尚未施加价值评判于万物、尚未给万物命名的阶段，是一种站在道的高度而非人类或某一个体的角度去观照万物，也即"以道观之，物无贵贱"的视角之下万物浑然一体，彼此无别的状态。

在"无名"视域下，万物名号未起，都是道产生（道生一，一生二，二生三，三生万物……）的差异性实有。人类作为一个生物种群和其他生物种群处于同等地位。第五章"天地不仁以万物为刍狗"也表明，宇宙按照它自身的规律运作，"不以尧存，不以纣亡"，对人类或某一个个体，并不会给予独特的关照。在春秋时期，老子之"无名"，为当时提供了一个观照宇宙和万物的新鲜视角。

日本学者汤浅邦弘说：

> 北大简与马王堆本为"无名—万物之始""有名—万物之母"，而通行本却为"无名—天地之始""有名—万物之母"，存在很大的差异。基于通行本的向来的解释认为，其论述了道→天地→万物这样一个宇宙生成的过程，但因为马王堆本不同，所以就有一个疑问：是否无法按照这种流溢说性质的宇宙论来单纯考虑问题？而北大简，则正好为这种观点提供了旁证。这样就可以理解为，宇宙本原为"道"，"无名"（人类对对象世界无知无识）才是万物之始，加上"有名"（认识行为）后，生成万物。也即是说，有可能论述了更为认识论性质的宇宙生成论。
>
> 如果这一假设妥当的话，则《老子》本来也曾论述过认识论性质的宇宙论，但后来统一变更为流溢说性质的宇宙论。而其最重要的原

---

① （魏）王弼注，楼宇烈校释《老子道德经注校释》，中华书局，2008，第3页。

因应该是，为了与现行本第四十二章的"道生一，一生二，二生三，三生万物"等明显论述流溢说性质的宇宙论的章节进行统一。[1]

汤浅邦弘的上述论述，较好地阐明了帛书本、汉简本"无名，万物之始"演变为通行本"无名，天地之始"之后，整章主题由认识论性质的宇宙论偏离为流溢说性质的宇宙论，而前者或许是更接近老子原意的。

三　北大汉简《老子·下经》尾章逐句校释

北大汉简《老子·下经》最后一章作：

> ●道恒无为。侯王若能守之，万物将自化。化而欲作，吾将寘（镇）之以无名之朴。无名之朴，夫亦将不辱。不辱以静，天地将自正。

现按照句子顺序对其进行校勘和释读。

（一）道恒无为

郭店简本作"道恒无为也"，帛书甲、乙本皆作"道恒无名"，王弼本作"道常无为而无不为"。

高明说："王本经文原同帛书甲、乙本作'道恒无名'无疑。今本所见'道常无为而无不为'者，必在王注而后所改。"[2]但王弼本第三十二章开头就是"道常无名"，第三十七章没有理由再一次重复"道常无名"，因此，高明的观点是需要商榷的。我们认为，综合考虑版本、上下文等证据，加之从"无名"到"无为"这一世界观到方法论的逻辑理路等因素，当以汉简本、郭店本"道恒无为"为准。

河上公注："道以无为为常也。言侯王若能守道，万物将自化，效于己也。"[3]河上公并没有对"而无不为"做出注释。高明说，"这在河上公注文中

---

① 〔日〕汤浅邦弘：《北京大学藏西汉竹书〈老子〉的特征》，载氏著《竹简学——中国古代思想的探究》，白雨田译，东方出版中心，2017，第247~248页。

② 高明：《帛书老子校注》，中华书局，1996，第424页。

③ （汉）河上公章句，王卡点校《老子道德经河上公章句》，中华书局，1993，第144页。

是极少有的现象"①。这也表明，河上公本注释者所看到的《老子》经文正作"道常无为"。综合上述证据可知，此章王弼本"而无不为"四字当为衍文，这一衍文可能是受到王弼本第四十八章"无为而无不为"的影响而产生。

"道恒无为"表明，无为是道恒常的属性。王弼把"道常无为"解释为"顺自然也，万物无不由之以始以成也"②。王弼注把"无为"和"道法自然"进行了融通。这两个词的区别在于，"无为"一词侧重否定的一面，"道法自然"侧重肯定的一面。"无为"要否定的是主观私欲和外在束缚的干扰，"道法自然"倚重自身本有的内驱力去推动事物的发展变化。

（二）侯王若能守之，万物将自化。

"化"，甲骨文作𠤎，左边是一个面向左侧站立的"亻（人）"，右边是一个头朝下脚朝上倒过来的"人"，描绘的是"翻跟斗"样子。引申出"变化"的意思。郭店简本、帛甲本作"𢡺"。所谓"自化"，即依靠自身内在的力量发展变化。

（三）化而欲作，吾将寘（镇）之以无名之朴。

"欲作"，心念躁动，贪欲滋生。北大汉简本作"寘"，帛书本作"闐"，郭店简本作"贞"，皆从王弼本读为"镇"。丁原植说："'镇'字的含意恐非指约束性的'压制'。《广雅·释诂一》：'镇，安也。'"③"镇之"的意思是镇抚那心念躁动、贪欲滋生的人，使之回复到自然无为状态。联系第十五章"孰能浊以静之徐清？孰能安以动之徐生？""镇之"可以进一步分解为"静之"和"动之"，是一个双向调节的动态过程。

无名之朴就是万物顺应天道自然时呈现的淳朴本真状态。梁启超说："所谓无名之朴，就是把名相都破除了，复归于本体了。"④

（四）无名之朴，夫亦将不辱。

汉简本"不辱"，帛书本同，王弼本作"无欲"，河上公本、想尔注

---

① 高明：《帛书老子校注》，中华书局，1996，第424页。
② （魏）王弼注，楼宇烈校释《老子道德经注校释》，中华书局，2008，第91页。
③ 丁原植：《郭店楚简老子释析与研究》，万卷楼图书有限公司，1998，第12页。
④ 梁启超：《老子、孔子、墨子及其学派》，北京出版社，2016，第29页。

本、傅奕本皆作"不欲"，郭店简本作"知足"。考虑到老子超越"宠辱"等外在评价，崇尚"寡欲"而非"禁欲"或"不欲"。相对而言，"知足"与"静"存在更强的内在逻辑因果关系，"知足以静"比各版本"不辱以静""无欲以静""不欲以静"更具说服力。综合考量，以郭店简本"知足"较优。下一句"不辱"亦从郭店简本校为"知足"。

（五）不辱以静，天地将自正。

汉简本"天地"，帛书本同，郭店简本作"万物"，王弼本、河上公本作"天下"。结合此章上文"万物将自化"，今据郭店简本"万物"校改。

汉简本"正"，帛书本、傅奕本同，郭店简本、王弼本、河上公本作"定"。《管子·法法》："政者，正也。正也者，所以正定万物之命也。是故圣人精德立中以生正，明正以治国，故正者所以止过而逮不及也。过与不及，皆非正也。"[1]可知"正"可理解为恰到好处、安定。

汉简本《下经》最后一章可校定为：

> 道恒无为。侯王若能守之，万物将自化。
>
> 化而欲作，吾将镇之以无名之朴。
>
> 无名之朴，夫亦将知足。
>
> 知足以静，万物将自正。

其大意可翻译如下：道的力量恒常呈现为无为。侯王遵循这无为，万物将按照本有的秉性自行化育。化育进程中若贪欲兴起，将以名号未起时的本真状态使其回复贞正，并由此臻于知足。知足而归于清静，万物将自然安宁。

四　从无名到无为：老子思想体系中的一条轴线

（一）以"人"为中心的宇宙论演变为以"道"为中心的宇宙论

西周晚期497个字的《毛公鼎》铭文中，出现了"天"共六次，"皇

---

① 黎翔凤撰，梁运华整理《管子校注》，中华书局，2018，第341页。

天"共三次，"先王"也出现了六次。这表明，西周时期，天命崇拜和祖
先崇拜仍然在人们的精神世界中占有重要位置。西周祭祀仪式的主要目的
就是对高高在上皇天的遥想、追慕，并达成人与神之间的交流，祭祀参与
者内心面对的是另一个世界充满神性和威严的先王和天帝。然而从毛公鼎
时代到老子所在的春秋晚期，不到三百年，或许是为"道"这一最高哲学
范畴的确立腾挪空间，商代和西周以来对祖先和天命的敬畏、崇拜在《老
子》文本中似乎消失了。取而代之的是"尊道贵德"。在老子之前，一些
对武王灭商等历史经验和时代经验进行深刻反思的思想先驱已经更加重视
理性和人文精神。徐复观认为，西周初期，周公已经从宗教意义上的神鬼
崇拜转换为更加重视为政者的德行。他说："周初从'殷人尚鬼'的文化中
转出人文精神的，周公当然比史佚及其他史官更为重要。周公不是史，他
的才艺，可以从时代经验而得，不必倚赖历史经验。但他肯定人的祸福是
决定于人自己的行为，而不是决定于神，因而强调了'敬德''明德'的
观念。更明确表示决定政治兴亡的是人民，天的视听，系由人民的视听而
见，因而决定政治的基本任务在于爱民。并将他的父亲文王的伟大宗教精
神，作彻底的道德人文的解释。"①到老子所在的春秋时期，虽然神鬼信仰在
国家政治活动和个人日常生活中仍具有巨大的影响力，但一些先知先觉开
始对宇宙万物的运行和兴亡成败的规律寻找新的依据。"观于《左传·昭公
七年》晋赵景子问子产作'伯有犹能为鬼乎'之问，足证当时对鬼神世界
的信念，已甚为稀薄。"②《老子》中"孔德之容，惟道是从""行于大道，唯
施是畏""勇于敢则杀，勇于不敢则活"等表明，商代、西周以来普遍存在
的以天帝、天命、神鬼为敬畏对象，在老子思想体系中，已转换为对"道"
的遵从。王弼本《老子》第六十章"以道莅天下，其鬼不神"则明确宣示，
为政者如果遵循"道"这一精神信仰而安身立命、治理国家，则可以正道
直行，无所畏惧，并达成与古人意识中超自然界（比如鬼、神灵）的互不
侵犯与和谐。老子虽没有否认鬼神的存在，但清晰地表明，人若遵道而行，
则鬼神之力于我何加焉。这一表述所蕴含的思想，实际上可以给遵道而行、
清静无为的人以极大的信心和力量。

---

① 徐复观：《两汉思想史》（三），九州出版社，2014，第219~220页。
② 徐复观：《两汉思想史》（三），九州出版社，2014，第213页。

"无名，万物之始"是一种以"道"为核心的宇宙观，和之前观照宇宙万物的角度全然不同。因为无论商代的鬼神，还是西周时期的天命，都是具有人格或人性色彩的超自然力量，在一定程度上，都是"人"形象的放大、变形或投射，他们心目中的天帝、神灵或多或少是依据人的样式而树立。因此，商代和西周的宇宙观，始终没有跳出以"人"为中心这一认识世界的视角。而老子的"道"不再是一个人格意义上的神祇，并且由于所有的万物之"名"都是由人根据自己的价值观制定的，而随着"无名，万物之始"中"名"的剥离，实质上完成了对"人"独特地位的消解，是对人类作为"天地之灵明"的否定。这一世界观一旦落实在作为个体的人的生活中，也是对一切"唯我"、凡事以我为优先和中心的否定。

（二）"无名，万物之始"：对以人类和"我"为中心的否定和超越

唯有实现对"人类"为中心的否定，实现对"我"的超越，才能真正树立起以"道"为中心的世界观，才可以做到"唯道是从""法自然"，并且在为政治国层面实现"无为"和"清静自化"。《老子》一书中，有不少章节体现了这一逻辑。比如：

> 企者不立，跨者不行，自见者不明，自是者不彰，自伐者无功，自矜者不长。其在道也，曰余食赘行。物或恶之，故有道者不处。（第二十四章）

又如，第三十三章"知人者智，自知者明；胜人者有力，自胜者强"，是对个体有限性的认识和反思，并且把对"我"自身的战胜和超越，视作是比战胜其他个体更难以达到的境界。

老子"为腹不为目""视素抱朴，少私寡欲"的价值观，"治人事天莫若啬"等主张，也是对"我"的过度张扬和放纵的收束和节制，是用向内敛藏、收摄的方式，实现对贪欲泛滥之"我"的超越。

第四十八章"为学日益，为道日损，损之又损，以至于无为"，实质上也是对空洞膨胀之"我"或异化之"我"的修复。老子强调减损个人的杂念、私心、贪欲、我执，减损后天习染形成的成见和教条化思维方式，回到素朴纯真的赤子状态，涵养内心的从容、简单和宁静，培育天性的率真

和奔放。正如《史记·老子韩非列传》中老子告诫孔子所说的，"去子之骄气与多欲，态色与淫志，是皆无益于子之身"。

《老子》中一些意象也可以作为佐证。比如第十九章"见素抱朴"中"素"是没有经过人染色的纯丝，"朴"是未经雕琢的原木，这两个意象主张个体应保持本色、遮蔽外在干扰。这种对人性本真的珍视，必然要求为政者"治大国若烹小鲜"，在最大限度上谨守"无为""少私寡欲"，而践行这一思想，觉悟了的为政者要完成对"我"的超越才能实现，如第四十九章所说："圣人恒无心，以百姓之心为心。"①

《庄子·齐物论》描写的一个场景也和"无名，万物之始"这一视角所指向的境界相通：

> 南郭子綦隐机而坐，仰天而嘘，荅焉似丧其耦。颜成子游立侍乎前，曰："何居乎？形固可使如槁木，而心固可使如死灰乎？今之隐机者，非昔之隐机者也？"子綦曰："偃，不亦善乎，而问之也！今者吾丧我，汝知之乎？"②

"似丧其耦""吾丧我"都是"我"被"消解"和超越之后境界的描写，"形固可使如槁木，而心固可使如死灰乎"则反映了这一过程在身心层面的次第展开——颜成子游之问表明，相对于"身"的层面，"心"层面的超越和消解是更难以实现的。并且这一场景所描述的个体修证实践中，"吾丧我"对"我"的消解，并不是对个体的绝对否定，相反，这一消解也伴随着"道"的升腾、确立，以及扬弃"我"之后"吾"与"道"融合，从而在虚极静笃中实现天人合一，作为渺小、单薄个体的南郭子綦，得以附着于"道"，达到近似于永恒的妙境和高峰体验。

《庄子·齐物论》还有一段话：

> 民湿寝则腰疾偏死，鳅然乎哉？木处则惴栗恂惧，猿猴然乎哉？

---

① 王弼本此句作"圣人无常心"，"无常心"，汉简本、帛乙本作"恒无心"，景龙碑、敦煌己本、顾欢本作"无心"，当以"恒无心"为优。传世本则在历代传抄中将字的顺序抄错且避汉文帝刘恒的名讳，写成"无常心"。

② 陈鼓应：《庄子今注今译》（修订版），商务印书馆，2016，第43页。

三者孰知正处？民食刍豢，麋鹿食荐，蚿蛆甘带，鸱鸦耆鼠，四者孰知
正味？猨猵狙以为雌，麋与鹿交，鳅与鱼游。毛嫱丽姬，人之所美也；
鱼见之深入，鸟见之高飞，麋鹿见之决骤，四者孰知天下之正色哉？①

这段话中，基于"无名，万物之始"这一视角，庄子罗列了三组生动
形象的事例，明确否定了以人类为中心的宇宙观，同时也消解以人类为
中心的价值观。站在道的角度看，人类和其他生物在宇宙处于平等地位。

倪梁康说：

> 据说在古希腊戴勒菲［Delphi］（古希腊的宗教中心）的阿波罗神
> 庙（公元前九百年建）的前殿的墙上刻有"认识你自己"的神谕。其
> 所以将它称作神谕，乃是因为当时和以后的大多数解释者认为，它的
> 原初涵义在于借神祇之口教诲凡人："认识你自己，噢，人哪，你不是
> 神。"在这里被强调的是人的必死性、不完善性和有限性。与此箴言相
> 呼应的正好是阿波罗神庙中的另外两条箴言："凡事不可过分"和"自
> 恃者必毁"。②

阿波罗神庙这三句神谕，和老子"无名"视角下对人在宇宙中所处位
置的反思是何等的相似！

（三）从"无名"之宇宙论到"无为"之政治哲学

基于"无名，万物之始"而构建起来的宇宙论一旦在政治生活中落地，
必然得出"无为"的政治哲学思想。因此，《老子》一书中，"无名"和
"无为"是两个经常成对出现且相互作用的概念。比如第三十二章：

> 道常无名，朴，虽小，天下莫能臣也。侯王若能守之，万物将自
> 宾。天地相合以降甘露，民莫之令而自均。始制有名，名亦既有，夫

---

① 陈鼓应：《庄子今注今译》（修订版），商务印书馆，2016，第97页。
② 倪梁康：《我所理解的哲学——从苏格拉底、笛卡尔、尼采、胡塞尔说开去》，演讲稿，
转引自学术网站"爱思想"http://www.aisixiang.com/data/32386.html，2010年3月17日
访问。

亦将知止。

这一章始于"道常无名",而"侯王若能守之"即是遵循道、持守"无为"的为政思想,"万物将自宾""民莫之令而自均"则是"无为"所达成的效果。

又如北大汉简《老子·下经》最后一章(对应王弼本第三十七章),作为《老子》全书总结性的末章,或许和老子所宣导境界有关。"无名之朴"状态下,是一种"万物静观皆自得"(程颐诗)的境界,也是《下经》首章"恒无欲以观其妙"的境界,在内容上完成《老子·下经》的首尾呼应。此境界下,万物是自足的,亦是自然的,因此,"万物将自正"。

鉴于世界上的人大部分是以"我"为中心的,以"我"的私欲和贪婪为核心关切的,是"有为"的,这也是这个世界纷争、人类痛苦的一个重要根源。沿着这个方向走下去,人类没有出路,甚至有可能会堕入相互残杀和自我毁灭的险境。老子期望引导人们跳出认识上的藩篱,认清自身的狂妄、局限和偏执,帮助人们站在道的高度"会当凌绝顶,一览众山小",以"无名,万物之始"的视角重新审视个体和人类在这个世界上的位置。老子洞察到了人性中蕴含的危机和人类可能走上的迷途,所以他说:

> 古之为道者,非以明民,将以愚之。民之难治,以其智多。故以智治国,国之贼;不以智治国,国之福。(第六十五章)

老子主张,为政者(侯王)要做的是营造一个"无为""万物自化"的外部大环境,并且在"小国寡民"章论述了其理想的政治蓝图,宣导一种类似于太古时代的生活:"使民复结绳而用之。甘其食,美其服,安其居,乐其俗。""甘""美""安""乐",描述了在不同生活领域的知足感,都是切切实实的幸福感受的获得,也都是"知足之足,此恒足矣"的体现。在这一政治构想中,成员都尊奉"视素抱朴、少私寡欲"的价值观,过着常人看来略显简朴的物质生活,却拥有实实在在的幸福人生。

最后,"无名"虽是对"人类"为中心或以"我"为中心的否定,但这一否定并不意味着对人的价值和人生意义的否定。首先,人不但可以"常无欲以观其妙",甘于知足、善于敛啬,游心于"复归其根""与天地精神独往来"之妙境；亦可以"常有欲以观其侥"，通过"众妙之门"舒展为一个独特的、自由的、赤子般纯真的个体。如强昱所说："运用'常有欲'的知情意勇敢探索未知的世界，不断实现生命的创造力量的升华。"[1]其次，唯有在认清自己在宇宙中的正确位置之后，我们才能"自知而不自见，自爱而不自贵"（《老子》第七十二章），每一个个体的人生意义和价值可以在尊道贵德中得到确立和实现。同样，也许只有老子"无名""无为"的智慧，才能对治人性中的贪婪和狂妄，人类作为命运共同体才能找到"深根固柢、长生久视"的出路，实现长久永续的繁荣和幸福。

原载方勇主编《诸子学刊》第二十辑，上海古籍出版社，2020 年。

---

[1]　强昱：《老子的和谐思想论》，《诸子学刊》（第十五辑），上海古籍出版社，2017，第71 页。

附录一　王弼本《老子》经文[①]

第1章

道可道，非常道；名可名，非常名。无名天地之始，有名万物之母。故常无欲，以观其妙；常有欲，以观其徼。此两者同出而异名，同谓之玄，玄之又玄，众妙之门。

第2章

天下皆知美之为美，斯恶已；皆知善之为善，斯不善已。故有无相生，难易相成，长短相较，高下相倾，音声相和，前后相随。是以圣人处无为之事，行不言之教，万物作焉而不辞，生而不有，为而不恃，功成而弗居。夫唯弗居，是以不去。

第3章

不尚贤，使民不争；不贵难得之货，使民不为盗；不见可欲，使民心不乱。是以圣人之治，虚其心，实其腹；弱其志，强其骨。常使民无知无欲，使夫智者不敢为也。为无为，则无不治。

第4章

道冲而用之或不盈，渊兮似万物之宗。挫其锐，解其纷，和其光，同其尘。湛兮似或存，吾不知谁之子，象帝之先。

---

① 据（魏）王弼注，楼宇烈校释《老子道德经注校释》（中华书局，2008）整理。

第5章

天地不仁，以万物为刍狗；圣人不仁，以百姓为刍狗。天地之间，其犹橐籥乎？虚而不屈，动而愈出。多言数穷，不如守中。

第6章

谷神不死，是谓玄牝，玄牝之门，是谓天地根。绵绵若存，用之不勤。

第7章

天长地久。天地所以能长且久者，以其不自生，故能长生。是以圣人后其身而身先，外其身而身存。非以其无私邪？故能成其私。

第8章

上善若水。水善利万物而不争，处众人之所恶，故几于道。居善地，心善渊，与善仁，言善信，正善治，事善能，动善时。夫唯不争，故无尤。

第9章

持而盈之，不如其已。揣而棁之，不可长保。金玉满堂，莫之能守。富贵而骄，自遗其咎。功遂身退，天之道。

第10章

载营魄抱一，能无离乎？专气致柔，能婴儿乎？涤除玄览，能无疵乎？爱民治国，能无知乎？天门开阖，能无雌乎？明白四达，能无为乎？生之、畜之，生而不有，为而不恃，长而不宰，是谓玄德。

第11章

三十辐共一毂，当其无，有车之用。埏埴以为器，当其无，有器之用。凿户牖以为室，当其无，有室之用。故有之以为利，无之以为用。

第12章

五色令人目盲，五音令人耳聋，五味令人口爽，驰骋畋猎令人心发狂，难得之货令人行妨。是以圣人为腹不为目，故去彼取此。

第 13 章

宠辱若惊，贵大患若身。何谓宠辱若惊？宠，为下得之若惊，失之若惊，是谓宠辱若惊。何谓贵大患若身？吾所以有大患者，为吾有身，及吾无身，吾有何患！故贵以身为天下，若可寄天下；爱以身为天下，若可托天下。

第 14 章

视之不见名曰夷，听之不闻名曰希，搏之不得名曰微。此三者不可致诘，故混而为一。其上不曒，其下不昧，绳绳不可名，复归于无物，是谓无状之状，无物之象。是谓惚恍。迎之不见其首，随之不见其后。执古之道，以御今之有，能知古始，是谓道纪。

第 15 章

古之善为士者，微妙玄通，深不可识。夫唯不可识，故强为之容。豫焉若冬涉川，犹兮若畏四邻，俨兮其若容，涣兮若冰之将释，敦兮其若朴，旷兮其若谷，混兮其若浊。孰能浊以静之徐清？孰能安以久动之徐生？保此道者不欲盈，夫唯不盈，故能蔽不新成。

第 16 章

致虚极，守静笃，万物并作，吾以观复。夫物芸芸，各复归其根。归根曰静，是谓复命。复命曰常，知常曰明，不知常，妄作，凶。知常容，容乃公，公乃王，王乃天，天乃道，道乃久。没身不殆。

第 17 章

太上，下知有之。其次，亲而誉之。其次，畏之。其次，侮之。信不足，焉有不信焉。悠兮其贵言。功成事遂，百姓皆谓我自然。

第 18 章

大道废，有仁义；慧智出，有大伪；六亲不和，有孝慈；国家昏乱，有忠臣。

第19章

绝圣弃智，民利百倍；绝仁弃义，民复孝慈；绝巧弃利，盗贼无有。此三者，以为文不足，故令有所属，见素抱朴，少私寡欲。

第20章

绝学无忧。唯之与阿，相去几何？善之与恶，相去若何？人之所畏，不可不畏。荒兮其未央哉！众人熙熙，如享太牢，如春登台。我独泊兮其未兆，如婴儿之未孩。儽儽兮若无所归。众人皆有余，而我独若遗。我愚人之心也哉！沌沌兮！俗人昭昭，我独昏昏；俗人察察，我独闷闷。澹兮其若海，飂兮若无止。众人皆有以，而我独顽似鄙。我独异于人，而贵食母。

第21章

孔德之容，惟道是从。道之为物，惟恍惟惚。惚兮恍兮，其中有象；恍兮惚兮，其中有物。窈兮冥兮，其中有精；其精甚真，其中有信。自古及今，其名不去，以阅众甫。吾何以知众甫之状哉？以此。

第22章

曲则全，枉则直，洼则盈，敝则新，少则得，多则惑。是以圣人抱一，为天下式。不自见故明，不自是故彰，不自伐故有功，不自矜故长。夫唯不争，故天下莫能与之争。古之所谓曲则全者，岂虚言哉！诚全而归之。

第23章

希言自然。故飘风不终朝，骤雨不终日。孰为此者？天地。天地尚不能久，而况于人乎？故从事于道者，道者同于道，德者同于德，失者同于失。同于道者，道亦乐得之；同于德者，德亦乐得之；同于失者，失亦乐得之。信不足，焉有不信焉。

第24章

企者不立，跨者不行，自见者不明，自是者不彰，自伐者无功，自矜者不长。其在道也，曰余食赘行。物或恶之，故有道者不处。

第25章

有物混成，先天地生，寂兮寥兮，独立不改，周行而不殆，可以为天下母。吾不知其名，字之曰道，强为之名曰大。大曰逝，逝曰远，远曰反。故道大，天大，地大，王亦大。域中有四大，而王居其一焉。人法地，地法天，天法道，道法自然。

第26章

重为轻根，静为躁君。是以圣人终日行不离辎重。虽有荣观，燕处超然，奈何万乘之主，而以身轻天下？轻则失本，躁则失君。

第27章

善行无辙迹，善言无瑕谪，善数不用筹策，善闭无关楗而不可开，善结无绳约而不可解。是以圣人常善救人，故无弃人；常善救物，故无弃物，是谓袭明。故善人者，不善人之师；不善人者，善人之资。不贵其师，不爱其资，虽智大迷，是谓要妙。

第28章

知其雄，守其雌，为天下溪。为天下溪，常德不离，复归于婴儿。知其白，守其黑，为天下式。为天下式，常德不忒，复归于无极。知其荣，守其辱，为天下谷。为天下谷，常德乃足，复归于朴。朴散则为器，圣人用之则为官长。故大制不割。

第29章

将欲取天下而为之，吾见其不得已。天下神器，不可为也。为者败之，执者失之。故物或行或随，或歔或吹，或强或羸，或挫或隳。是以圣人去甚，去奢，去泰。

第30章

以道佐人主者，不以兵强天下，其事好还。师之所处，荆棘生焉。大军之后，必有凶年。善有果而已，不敢以取强。果而勿矜，果而勿伐，果而勿骄。果而不得已，果而勿强。物壮则老，是谓不道，不道早已。

第31章

夫佳兵者，不祥之器。物或恶之，故有道者不处。君子居则贵左，用兵则贵右。兵者，不祥之器，非君子之器。不得已而用之，恬淡为上，胜而不美。而美之者，是乐杀人。夫乐杀人者，则不可以得志于天下矣。吉事尚左，凶事尚右。偏将军居左，上将军居右，言以丧礼处之。杀人之众，以哀悲泣之。战胜，以丧礼处之。

第32章

道常无名，朴虽小，天下莫能臣也。侯王若能守之，万物将自宾。天地相合以降甘露，民莫之令而自均。始制有名，名亦既有，夫亦将知止。知止可以不殆。譬道之在天下，犹川谷之于江海。

第33章

知人者智，自知者明。胜人者有力，自胜者强。知足者富，强行者有志，不失其所者久，死而不亡者寿。

第34章

大道泛兮，其可左右。万物恃之而生而不辞，功成不名有，衣养万物而不为主。常无欲，可名于小；万物归焉而不为主，可名为大。以其终不自为大，故能成其大。

第35章

执大象，天下往；往而不害，安平太。乐与饵，过客止。道之出口，淡乎其无味，视之不足见，听之不足闻，用之不足既。

第36章

将欲歙之，必固张之；将欲弱之，必固强之；将欲废之，必固兴之；将欲夺之，必固与之。是谓微明。柔弱胜刚强。鱼不可脱于渊，国之利器不可以示人。

第 37 章

道常无为而无不为，侯王若能守之，万物将自化。化而欲作，吾将镇之以无名之朴。无名之朴，夫亦将无欲。不欲以静，天下将自定。

第 38 章

上德不德，是以有德；下德不失德，是以无德。上德无为而无以为；下德为之而有以为。上仁为之而无以为，上义为之而有以为，上礼为之而莫之应，则攘臂而扔之。故失道而后德，失德而后仁，失仁而后义，失义而后礼。夫礼者，忠信之薄而乱之首。前识者，道之华而愚之始。是以大丈夫处其厚，不居其薄。处其实，不居其华。故去彼取此。

第 39 章

昔之得一者，天得一以清，地得一以宁，神得一以灵，谷得一以盈，万物得一以生，侯王得一以为天下贞。其致之。天无以清将恐裂，地无以宁将恐发，神无以灵将恐歇，谷无以盈将恐竭，万物无以生将恐灭，侯王无以贵高将恐蹶。故贵以贱为本，高以下为基。是以侯王自谓孤寡不穀。此非以贱为本邪？非乎？故致数舆无舆，不欲球球如玉，珞珞如石。

第 40 章

反者，道之动；弱者，道之用。天下万物生于有，有生于无。

第 41 章

上士闻道，勤而行之；中士闻道，若存若亡；下士闻道，大笑之，不笑不足以为道。故建言有之：明道若昧，进道若退，夷道若纇。上德若谷，大白若辱，广德若不足，建德若偷，质真若渝，大方无隅，大器晚成，大音希声，大象无形。道隐无名，夫唯道善贷且成。

第 42 章

道生一，一生二，二生三，三生万物。万物负阴而抱阳，冲气以为和。人之所恶，唯孤寡不穀，而王公以为称。故物，或损之而益，或益之而损。人之所教，我亦教之。强梁者不得其死，吾将以为教父。

第 43 章

天下之至柔，驰骋天下之至坚，无有入无间，吾是以知无为之有益。不言之教，无为之益。天下希及之。

第 44 章

名与身孰亲？身与货孰多？得与亡孰病？是故甚爱必大费，多藏必厚亡。知足不辱，知止不殆，可以长久。

第 45 章

大成若缺，其用不弊；大盈若冲，其用不穷。大直若屈，大巧若拙，大辩若讷。躁胜寒，静胜热。清静为天下正。

第 46 章

天下有道，却走马以粪。天下无道，戎马生于郊。祸莫大于不知足，咎莫大于欲得。故知足之足，常足矣。

第 47 章

不出户，知天下；不窥牖，见天道。其出弥远，其知弥少。是以圣人不行而知，不见而名，不为而成。

第 48 章

为学日益，为道日损。损之又损，以至于无为，无为而无不为。取天下常以无事，及其有事，不足以取天下。

第 49 章

圣人无常心，以百姓心为心。善者，吾善之；不善者，吾亦善之，德善。信者，吾信之；不信者，吾亦信之，德信。圣人在天下歙歙，为天下浑其心，圣人皆孩之。

第 50 章

出生入死。生之徒十有三，死之徒十有三。人之生动之死地，亦十有三。夫何故？以其生生之厚。盖闻善摄生者，陆行不遇兕虎，入军不被甲兵，兕无所投其角，虎无所措其爪，兵无所容其刃。夫何故？以其无死地。

第51章

道生之，德畜之，物形之，势成之。是以万物莫不尊道而贵德。道之尊，德之贵，夫莫之命而常自然。故道生之，德畜之，长之、育之、亭之、毒之、养之、覆之。生而不有，为而不恃，长而不宰，是谓玄德。

第52章

天下有始，以为天下母。既得其母，以知其子；既知其子，复守其母，没身不殆。塞其兑，闭其门，终身不勤。开其兑，济其事，终身不救。见小曰明，守柔曰强。用其光，复归其明，无遗身殃，是为习常。

第53章

使我介然有知，行于大道，唯施是畏。大道甚夷，而民好径。朝甚除，田甚芜，仓甚虚；服文彩，带利剑，厌饮食，财货有余，是为盗夸。非道也哉！

第54章

善建者不拔，善抱者不脱，子孙以祭祀不辍。修之于身，其德乃真；修之于家，其德乃余；修之于乡，其德乃长；修之于国，其德乃丰；修之于天下，其德乃普。故以身观身，以家观家，以乡观乡，以国观国，以天下观天下。吾何以知天下然哉？以此。

第55章

含德之厚，比于赤子。蜂虿虺蛇不螫，猛兽不据，攫鸟不搏。骨弱筋柔而握固，未知牝牡之合而全作，精之至也。终日号而不嗄，和之至也。知和曰常，知常曰明。益生曰祥。心使气曰强。物壮则老，谓之不道，不道早已。

第 56 章

知者不言，言者不知。塞其兑，闭其门，挫其锐；解其分，和其光，同其尘，是谓玄同。故不可得而亲，不可得而疏；不可得而利，不可得而害；不可得而贵，不可得而贱，故为天下贵。

第 57 章

以正治国，以奇用兵，以无事取天下。吾何以知其然哉？以此。天下多忌讳，而民弥贫；民多利器，国家滋昏；人多伎巧，奇物滋起；法令滋彰，盗贼多有。故圣人云，我无为而民自化，我好静而民自正，我无事而民自富，我无欲而民自朴。

第 58 章

其政闷闷，其民淳淳；其政察察，其民缺缺。祸兮福之所倚，福兮祸之所伏。孰知其极？其无正？正复为奇，善复为妖，人之迷，其日固久。是以圣人方而不割，廉而不刿，直而不肆，光而不耀。

第 59 章

治人事天莫若啬。夫唯啬，是谓早服。早服谓之重积德，重积德则无不克，无不克则莫知其极，莫知其极，可以有国。有国之母，可以长久。是谓深根固柢，长生久视之道。

第 60 章

治大国若烹小鲜。以道莅天下，其鬼不神。非其鬼不神，其神不伤人；非其神不伤人，圣人亦不伤人。夫两不相伤，故德交归焉。

第 61 章

大国者下流。天下之交，天下之牝。牝常以静胜牡，以静为下。故大国以下小国，则取小国；小国以下大国，则取大国。故或下以取，或下而取。大国不过欲兼畜人，小国不过欲入事人，夫两者各得其所欲，大者宜为下。

第 62 章

道者万物之奥，善人之宝，不善人之所保。美言可以市，尊行可以加人。人之不善，何弃之有！故立天子，置三公，虽有拱璧以先驷马，不如坐进此道。古之所以贵此道者何？不曰以求得，有罪以免邪？故为天下贵。

第 63 章

为无为，事无事，味无味。大小多少，报怨以德。图难于其易，为大于其细。天下难事必作于易，天下大事必作于细，是以圣人终不为大，故能成其大。夫轻诺必寡信，多易必多难。是以圣人犹难之。故终无难矣。

第 64 章

其安易持，其未兆易谋，其脆易泮，其微易散。为之于未有，治之于未乱。合抱之木，生于毫末；九层之台，起于累土；千里之行，始于足下。为者败之，执者失之。是以圣人无为，故无败；无执，故无失。民之从事，常于几成而败之。慎终如始，则无败事。是以圣人欲不欲，不贵难得之货。学不学，复众人之所过。以辅万物之自然，而不敢为。

第 65 章

古之善为道者，非以明民，将以愚之。民之难治，以其智多。故以智治国，国之贼；不以智治国，国之福。知此两者，亦稽式。常知稽式，是谓玄德。玄德深矣，远矣，与物反矣，然后乃至大顺。

第 66 章

江海所以能为百谷王者，以其善下之，故能为百谷王。是以欲上民，必以言下之，欲先民，必以身后之。是以圣人处上而民不重，处前而民不害，是以天下乐推而不厌。以其不争，故天下莫能与之争。

第 67 章

天下皆谓我道大，似不肖。夫唯大，故似不肖。若肖，久矣其细也夫。我有三宝，持而保之。一曰慈，二曰俭，三曰不敢为天下先。慈，故能勇；俭，故能广；不敢为天下先，故能成器长。今舍慈且勇，舍俭且广，舍后且先，死矣！夫慈，以战则胜，以守则固，天将救之，以慈卫之。

第 68 章

善为士者不武，善战者不怒，善胜敌者不与，善用人者为之下。是谓不争之德，是谓用人之力，是谓配天古之极。

第 69 章

用兵有言，吾不敢为主而为客，不敢进寸而退尺。是谓行无行，攘无臂，扔无敌，执无兵。祸莫大于轻敌，轻敌几丧吾宝。故抗兵相加，哀者胜矣。

第 70 章

吾言甚易知，甚易行。天下莫能知，莫能行。言有宗，事有君。夫唯无知，是以不我知。知我者希，则我者贵，是以圣人被褐怀玉。

第 71 章

知不知，上；不知知，病。夫唯病病，是以不病。圣人不病，以其病病，是以不病。

第 72 章

民不畏威，则大威至。无狎其所居，无厌其所生。夫唯不厌，是以不厌。是以圣人自知，不自见；自爱，不自贵。故去彼取此。

第 73 章

勇于敢则杀，勇于不敢则活。此两者，或利或害。天之所恶，孰知其故？是以圣人犹难之。天之道，不争而善胜，不言而善应，不召而自来，繟然而善谋。天网恢恢，疏而不失。

第 74 章

民不畏死，奈何以死惧之！若使民常畏死，而为奇者，吾得执而杀之，孰敢？常有司杀者杀，夫代司杀者杀，是谓代大匠斫。夫代大匠斫者，希有不伤其手矣。

第 75 章

民之饥，以其上食税之多，是以饥。民之难治，以其上之有为，是以难治。民之轻死，以其求生之厚，是以轻死。夫唯无以生为者，是贤于贵生。

第 76 章

人之生也柔弱，其死也坚强。万物草木之生也柔脆，其死也枯槁。故坚强者死之徒，柔弱者生之徒。是以兵强则不胜，木强则兵。强大处下，柔弱处上。

第 77 章

天之道，其犹张弓与！高者抑之，下者举之；有余者损之，不足者补之。天之道，损有余而补不足。人之道则不然，损不足以奉有余。孰能有余以奉天下？唯有道者。是以圣人为而不恃，功成而不处，其不欲见贤。

第 78 章

天下莫柔弱于水，而攻坚强者莫之能胜。其无以易之。弱之胜强，柔之胜刚，天下莫不知，莫能行。是以圣人云，受国之垢，是谓社稷主；受国不祥，是为天下王。正言若反。

第 79 章

和大怨，必有余怨，安可以为善？是以圣人执左契，而不责于人。有德司契，无德司彻。天道无亲，常与善人。

第 80 章

小国寡民，使有什伯之器而不用，使民重死而不远徙。虽有舟舆，无所乘之；虽有甲兵，无所陈之；使人复结绳而用之，甘其食，美其服，安其居，乐其俗。邻国相望，鸡犬之声相闻，民至老死不相往来。

第 81 章

　　信言不美，美言不信；善者不辩，辩者不善；知者不博，博者不知。圣人不积，既以为人，己愈有；既以与人，己愈多。天之道，利而不害。圣人之道，为而不争。

附录二 北大汉简《老子》释文

说　明

本释文基于北京大学出土文献研究所整理的《北京大学藏西汉竹书（贰）》（上海古籍出版社，2012）一书中的图版，并据拙著《北大汉简老子译注》（中华书局，2022）中的正文抄录。

汉简《老子》的分章点●，大都点在章首，今保留。衍文以下标的方式显示并加 { } 号；脱文补上，外加方括号［　　］；讹字在〈　〉中写出正确的字；通假字则在（　　）内写出本字；古体字、异体字也在（　　）内写出通行字。

查验汉简《老子》原图版可参看《北京大学藏西汉竹书（贰）》。

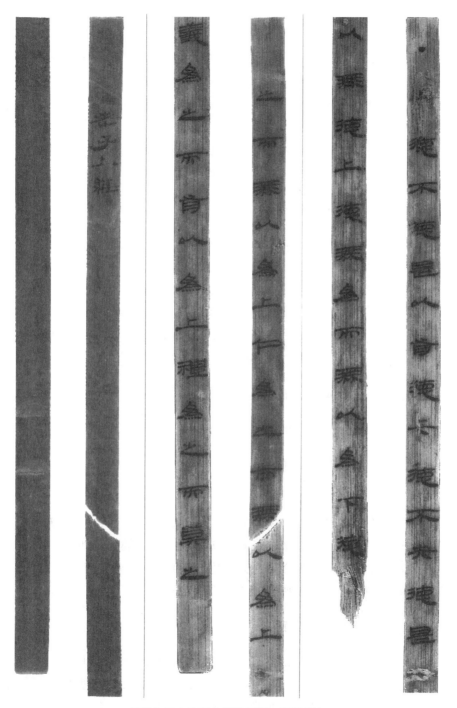

老子上经（此四字书写于第二简简背）

第一章（王弼本第 38 章）

●上德不德，是以有德；下德不失德，是以无德。上德无为而无以为，{下德[为]之而无以为。}上仁为之而无以为，上义为之而有以为。上礼为之而莫之应，则攘臂而乃（扔）之。故失道而后德，失德而后仁，失仁而后义，失义而后礼。

夫礼，忠信之浅而乱之首也。前识者，道之华而愚之首也。是以大丈夫居其厚，不居其薄，居其实，不居其华。故去被（彼）取此。

第二章（王弼本第 39 章）

●昔得一者，天得一以精（清），地得一以宁，神得一以灵，谷得一以盈，侯王得一以为正，其致之也。天毋已（以）精（清）将恐列（裂）；地毋已（以）宁将恐发（废）；神毋已（以）灵将恐歇；谷毋已（以）盈将恐渴（竭）；侯王毋已（以）贵以高将恐厥（蹶）。是故必贵以贱为本，必高以下为基。是以侯王自谓孤、寡、不毂，此其贱之本邪？非也？故致数舆（誉）无舆（誉）。不欲禄禄（琭琭）如玉，[珞珞如石]。

第三章（王弼本第 40 章）

●反者道之动也，弱者道之用也。天下之物生于有，有生于无。

第四章（王弼本第 41 章）

●上士闻道，堇（勤）能行；中士闻道，若存若亡；下士闻道，大笑之。弗笑，不足以为道。是以建言有之曰：明道如沫（昧），进道如退，夷道如纇；上德如谷，大白如辱，广德如不足，建（健）德如榆（偷），栣（质）真如翰（渝），大方无隅，大器勉（免）成，大音希声，天〈大〉象无刑（形），道殷无名。夫唯道，善貣（始）且成。

第五章（王弼本第 42 章）

●道生一，一生二，二生三，三生万物。万物负阴抱阳，中（冲）气以为和。人之所恶，唯孤、寡、不毂，而王公以自命也。是故物或损而益，或益而损。人之所教，亦我而教人。故强梁（梁）者不得死，吾将以为学父。

第六章（王弼本第 43 章）

●天下之至柔，驰骋于天下之至坚。无有人于无间。吾是以知无为之有益也。不言之教，无为之益，天下希及之矣。

第七章（王弼本第 44 章）

●身与名孰亲？身与货孰多？得与亡孰病？是故甚爱必大费，多藏必厚亡。故知足不辱，知止不殆，可以长久。

第八章（王弼本第 45 章）

大成如缺，其用不敝。大盈如冲，其用不穷。大直如诎（屈），大巧如拙，大盛如绌。

趮胜寒，静胜热，清静为天下政（正）。

第九章（王弼本第 46 章）

●天下有道，却走马以粪；天下无道，戎马产于鄗（郊）。故罪莫大于可欲，祸莫大于不智（知）足，咎莫憯（憯）于欲得。故智（知）足之足，恒足矣。

第十章（王弼本第 47 章）

●不出于户，以智（知）天下；不规（窥）于牖，以智（知）天道。其出壐（弥）德〈远〉，其智（知）壐（弥）少。是以圣人弗行而智（知），弗见而命，弗为而成。

第十一章（王弼本第 48 章）

●为学者日益，为道者日损。［损］之有（又）损之，至于无［为。无为无不为。取天下者恒以］无事，及其有事，｛有（又）｝不足以取天下。

第十二章（王弼本第 49 章）

［●］圣人恒无心，以百生（姓）之心为心。善者虏（吾）｛亦｝善之，

不善者虖（吾）亦善之，直（得）善也。信者虖（吾）信之，不信者虖（吾）亦信之，直（得）信也。圣人之在天下也，匧匧然，为天下浑［心］。而百姓皆属其耳目焉，圣人{而}皆晐之。

第十三章（王弼本第50章）

●出生入死。生之徒十有三，死之徒十有三，而民姓（生）生焉，动皆之死地{之}十有三。夫何故也？以其姓（生）生也。盖闻善聂（摄）生者，陵行不避家（兕）虎，入军不被兵革。虎无所错（措）其蚤（爪），家（兕）无所椯其角，兵无所容其刃。夫何故也？以其无死地焉。

第十四章（王弼本第51章）

●道生之，德畜之，物刑（形）之，热（势）成之。是以万物莫（尊）道而贵德。道之莫（尊），德之贵，夫莫之爵而恒自然。{故}道生之畜之，长之逐（育）之，亭（成）之孰（熟）之，养之复之。故生而弗有，为而弗持（恃），长而弗宰，是谓玄德。

第十五章（王弼本第52章）

●天下有始，可以为天下母。既得其母，以智（知）其子。既智（知）其子，复守其母，殁身不殆。塞其脱（兑），闭其门。终身不仅。启其脱（兑），齐（济）其事，终身不来（救）。见小曰明，守柔曰强。用其光，复归其明，毋遗身央（殃），是谓袭常。

第十六章（王弼本第53章）

●使我介有智（知），行于大道，唯蛇（施）是畏。大道甚夷，而民好街（径）。朝甚除，田甚芜，仓甚虚。服文彩，带利剑，厌［饮］食，资货有余，是谓盗竽，非道也！

第十七章（王弼本第54章）

●善建不拔，善抱不脱，子孙以其祭祀不绝。修之身，其德乃真；修之家，其德有余；修之乡，其德乃长；修之国，其德乃逄（丰）；修之天下，其德乃薄（溥）。以身观身，以家观家，以乡观乡，以国观国，以天下观天下。吾何以智（知）天下然哉？以此。

第十八章（王弼本第 55 章）

●含德之厚者，比于赤子。蠭（蜂）虿蚖蛇弗赫（螫），猛兽攫（攫）鸟弗薄（搏）。骨弱筋柔而抠（握）固。未智（知）牝牡之合而狡（朘）怒，精之至也。终日号而不幽（嗄），和之至也。和曰常，智（知）和曰明，益生曰详（祥），心使气曰强。物壮则老，谓之不道，{不道蚤（早）已}。

第十九章（王弼本第 56 章）

●智（知）者弗言，言者弗智（知）。塞其脱（兑），闭其门，和其光，同其畛，捽（挫）其兑（锐），解其纷，是谓玄同。故不可得而亲，亦不可得而疏；不可得而利，亦不可得而害；不可得而贵，亦不可得而贱。故为天下贵。

第二十章（王弼本第 57 章）

●以正之（治）国，以倚（奇）用兵，以无事取天下。吾何以智（知）其然也？夫天多忌讳而民彊（弥）贫；民多利器而固〈国〉家兹（滋）昏；人多智而苟（奇）物兹（滋）起，瀺物兹（滋）章（彰），而盗贼多有。故圣人之言云："我无为而民自化，我无事而民自富；我好静而民自正，我欲不欲而民自朴。"

第二十一章（王弼本第 58 章）

●其正（政）昏昏，其民䐢䐢（蠢蠢）；其正（政）计计（察察），其国夬夬（狭狭）。福，祸之所倚；祸，福之所伏。夫孰智（知）其极？其无正，正复为倚（奇），善复为芺（妖）。人之废（迷），其日固久矣。

第二十二章（王弼本第 59 章）

●方而不割，廉而不刖（刿），直而不肆，光而不燿（耀）。治人事天，莫如啬。夫唯啬，是以蚤（早）服。蚤（早）服是谓重积德，重积德则无不克，无不克则莫智（知）其极，莫智（知）其极则可以有国，有国之母，可以长久。是谓深根固抵（柢），长生久视之道也。

第二十三章（王弼本第 60 章）

●治大国若亨（烹）小鲜。以道位（莅）天下，其鬼不神。非其鬼不神，其神不伤人。非其神不伤人也，圣人亦弗伤。夫两不相伤，故德交归焉。

第二十四章（王弼本第 61 章）

●大国者下游也，天下之牝也，天下之交也。牝恒以静胜牡，以其静也，故为下。故大国以下小国，则取小国；小国以下大国，则取于大国。故或下以取，或下［而取。故大国不过欲并畜人，小国不过欲入事人。夫各得其欲，则大者宜］为下。

第二十五章（王弼本第 62 章）

●道者，万物之㮮〈橹〉（主）也。善人之葆（宝），不善人之所葆（保）也。美言可以市，奠（尊）行可以贺（加）人。人之不善，何弃之有？故立天子，置三公，唯（虽）有共（拱）之璧以先四（驷）马，不如坐而进此。古之所以贵此者，何也？不曰求以得，有罪以免虏（乎）？故为天下贵。

第二十六章（王弼本第 63 章）

●为无为，事无事，味无味。小大多少，报怨以德。图难虏（乎）其易也，为大虏（乎）其细也。天下之难事作于易，天下之大事作于细。是以圣人终不为大，故能成大。夫轻若（诺）必寡信，多易者必多难，是以圣人犹难之，故终无难。

第二十七章（王弼本第 64 章前半部分）

●其安易持也，其未兆易谋也，其脆（脆）易判也，其微易散（散）也。为之其无有也，治之其未乱也。合抱之木，作于豪（毫）末；九成之台，作于㟍（累）土；百仞之高，始于足下。

第二十八章（王弼本第 64 章后半部分）

●为者败之，执者失之。是以圣人无为，故无败也；无执，故无失也。

民之从事也，恒于其成事而败之。故慎终如始，则无败事矣。是以圣人欲不欲，不贵难得之货；学不学，而复众人之所过；以辅万物之自然，而弗敢为。

第二十九章（王弼本第 65 章）

●古之为道者，非以明民也，将以愚之也。民之难治，以其智也。故以智智（治）国，国之贼也；不以智智（治）国，国之德也。恒智（知）此两者，亦楷式。恒智（知）楷式，是谓玄德。玄德深矣，远［矣，与物反矣，乃至大顺。］

第三十章（王弼本第 66 章）

●江海之所以能为百谷王者，以其善下之也，故能为百谷王。是［以圣］人之欲高民也，必以其言下之；其欲先民也，必以其身后之。是以居上［而］民弗重，居前而民弗害也，是以天下乐推而弗厌也。不以其无争邪？故天下莫能与之争。

第三十一章（王弼本第 67 章）

●天下皆谓我大，以（似）不宵（肖）。夫唯大，故不宵（肖）。若宵（肖），久矣其细也夫！我恒有三葆（宝），侍（持）而葆（保）之：一曰兹（慈），二曰欦，三曰不敢为天下先。兹（慈），故能勇；欦，故能广；不敢为天下先，故能为成器长。今舍其兹（慈）且勇，舍其欦且广，舍其后且先，则死矣。夫兹（慈），以陈则正（征），以守则固。天之救之，若以兹（慈）卫之。

第三十二章（王弼本第 68 章）

●善为士者不武，善战者不怒，善胜适（敌）者弗与，善用人者为之下。是谓不争之德，是谓用人，是谓肥（配）天，古之极。

第三十三章（王弼本第 69 章）

●用兵有言曰："吾不敢为主而为客，不敢进寸而退尺。"是谓行无行，攘无臂，执无兵，乃无适（敌）。祸莫大于无适（敌），无适（敌）则几亡吾葆（宝）矣。故亢（抗）兵相若，则哀者胜矣。

第三十四章（王弼本第 70 章）

●吾言甚易智（知），甚易行；而天下莫之能智（知），莫之能行。言有宗，事有君。天〈夫〉唯无智（知），是以不吾智（知）。智（知）我者希，则我贵矣。是以圣人被褐而怀玉。

第三十五章（王弼本第 71 章）

●智（知）不智（知），上矣；不智（知）智（知），病矣。夫唯病病，是以不病。圣人［之不］病，以其｛不｝病［病也，是以］不病。

第三十六章（王弼本第 72 章）

［●民］不畏威，则大威至矣。毋柙其所居，毋厌（压）其［所］生。夫唯弗厌（压），是以不厌。

是以圣人自智（知）而不自见也，自爱而不自贵也。故去被（彼）取此。

第三十七章（王弼本第 73 章）

●勇于敢则杀，勇于不敢则枯（活），此两者，或利或害。天之所恶，孰智（知）其故？天之道，不争而善胜，不言善应，弗召自来，嘿（默）然而善谋。天罔（网）怪怪（恢恢），疏而不失。

第三十八章（王弼本第 74 章）

●民恒不畏死，奈何其以杀愳（惧）之也？若使民恒｛不｝畏死，而为畸（奇）者，吾得而杀之，夫孰敢矣？恒有司杀者，夫代司杀者杀，是代大匠斫也。夫代大匠斫者，希不伤其手矣。

第三十九章（王弼本第 75 章）

●人之饥也，以其取食脱（税）之多也，是以饥。百姓之不治也，以上之有以为也，是以不治。民之轻死也，以其［求］生之厚也，是以轻死。夫唯无以生为，是贤［于］贵生也。

第四十章（王弼本第 76 章）

●人之生也柔弱，其死也伎（僵）信（韧）坚强。万物草木之生也柔弱，其死也苦（枯）蒿（槁）。故坚强者死之徒也，柔弱者生之徒也。是以兵强则不胜，木强则核（橛）。故强大居下，柔弱居上。

第四十一章（王弼本第 77 章）

●天之道，犹张弓者也！高者抑之，下者举之，有余者损之，不足者辅（补）之。天之［道］，损有余而奉不足；人之道不然，损不足而奉有余。孰能有余而有（又）取奉于天者？唯有道者也。{是以圣人为而弗有，成功而弗居，其欲不见贤也。}

第四十二章（王弼本第 78、79 章）

●天下莫柔弱于水，而功（攻）坚强者莫之能失〈先〉也，以其无以易之也。故水之胜刚，弱之胜强，天下莫弗智（知），而莫能居，莫能行。故圣人之言云："受国之詾（诟），是谓社褫（稷）之主；受国之不恙（祥），是谓天下之王。"正言若反。和大怨，必有余怨，安可以为善？是以圣人执左契，而不以责于人。故有德司契，无德司肆（彻）。天道无亲，恒与善人。

第四十三章（王弼本第 80 章）

●小国寡民，使有什佰人之气（器）而勿用，使民重死而［不］远徙。有舟车，无所乘之；有甲兵，无所陈之。使民复结绳而用之。甘其食，美其服，乐其俗，安其居。邻国相望，鸡狗之音相闻，民至老而死，不相往来。

第四十四章（王弼本第 81 章）

●信言不美，美言不信；智（知）者不博，博者不智（知）；善者不辩，辩者不善。圣人无责（积），气（既）以为人，己俞（愈）有；气（既）以予人，己俞（愈）多。天之道，利而弗害；人之道，为而弗争也。

●凡二千九百卌二

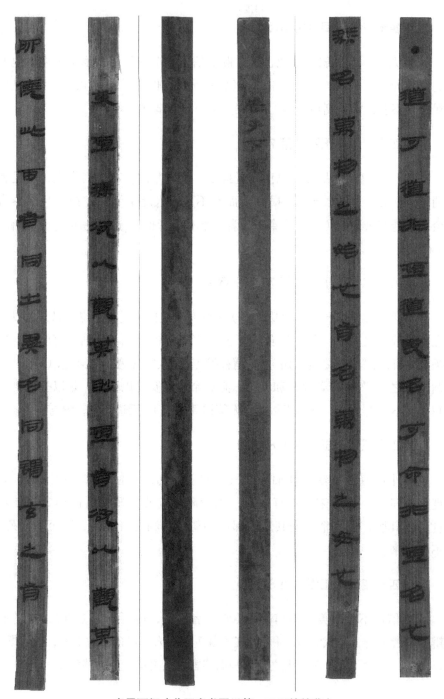

老子下经（此四字书写于第一二四简简背）

第四十五章（王弼本第 1 章）

●道可道，非恒道殹；名可命，非恒名也。无名，万物之始也；有名，万物之母也。故恒无欲，以观其眇（妙）；恒有欲，以观其所徼（徼）。此两者同出，异名同谓。玄之有（又）玄之，众眇（妙）之门。

第四十六章（王弼本第 2 章）

●天下皆智（知）美之为美，亚（恶）已（矣）；皆智（知）善之为善，斯不善矣。故有无之相生，难易之相成，短长之相刑（形），高下之相顷（倾），言〈音〉声之相和，先后之相遹（随），[恒也]。是以圣人居无为之事，行不言之教。万物作而弗辞（始），为而弗侍（志），成功而弗居。夫唯弗居，是以弗去。

第四十七章（王弼本第 3 章）

●不上（尚）贤，使民不争；不贵难得之货，使民不为盗；不见可欲，使心不乱。是以圣人之治也，虚其心，实其腹，弱其志，强其骨。恒使民无智（知）无欲，使夫智[者]不敢、弗为，则无不治矣。

第四十八章（王弼本第 4 章）

●道冲而用之，有（又）弗盈。渊旖（兮）！佁（似）万物之宗。{撞（挫）其脱（锐），解其纷，和其光，同其袗（畛）}湛旖（兮）！佁（似）或存。吾不智（知）其谁子？象帝之先。

第四十九章（王弼本第 5 章）

●天地不仁，以万物为刍狗；圣人不仁，以百姓为刍狗。天地之闲，其犹橐籥虖（乎）？虚而不屈，动而揄（愈）出。多闻数穷，不若守于中。

第五十章（王弼本第 6 章、第 7 章）

●谷神不死，是谓玄牝。玄牝之门，是谓天地之根。绵虖（乎）若存，用之不堇（仅）。天长地久。天地之所以能长且久者，以其不自生也，故能长生。是以圣人后其身而身先，外其身而身存。不以其无私虖（乎）？故能成其私。

第五十一章（王弼本第 8 章）

●上善如水，水善利万物而有（又）争（静）。［居］众人之所恶，故几于道矣。居善地，心善渊，予善天，言善信，正（政）善治，事善能，动善时。夫唯不争，故无尤。

第五十二章（王弼本第 9 章）

●持而盈之，不如其已。梪（敧）而允〈兑〉（锐）之，不可长葆（保）。金玉盈室，莫能守。富贵而骄，自遗咎。功遂身退，天之道也。

第五十三章（王弼本第 10 章）

●载荧魄抱一，能毋离虏（乎）？槫〈抟〉气致柔，能婴儿虏（乎）？修除玄鉴，能毋有疵虏（乎）？爱民治〈治〉国，能毋以智虏（乎）？天门启闭，能为雌虏（乎）？明白四达，能毋以智虏（乎）？ {故生之畜之，生而弗有，长而弗宰，是谓玄德。}

第五十四章（王弼本第 11 章）

●卅辐同一毂，当其无，有车之用也；挺殖（埴）［为］器，当其无，有 {殖（埴）} 器之用也；凿户牖，当其无，有室之用也。故有之以为利，无之以为用。

第五十五章（王弼本第 12 章）

●五色令人目眈（盲），毆（驱）骋田猎令人心发狂，难得之货令人行方（妨），五味令人之口爽，五音令人之耳聋。是以圣人为腹不为目，故去被（彼）取此。

第五十六章（王弼本第 13 章）

宠辱若［惊］，贵大患若身。何谓宠辱［若惊］？宠为下，{是谓宠辱}。得之若驚（惊），失之若驚（惊），是谓宠辱若驚（惊）。何谓贵大患若身？吾所以有大患者，为吾有身。及吾无身，吾有何患？故贵以身为天下，若可以囊（托）天下；爱以身为天下，若可以寄天下。

第五十七章（王弼本第 14 章）

●视而弗见，命之曰夷；听而弗闻，命之曰希；搏而弗得，命之曰微。参（三）也，不可致计，故运（混）而为一。参（三）也，其上不杲，其下不没（惚）。台台微微，不可命，复归于无物。是谓无状之状，无物之象，是谓没（惚）芒（恍）。随而不见其后，迎而不见其首。执古之道，以御今之有（域），以智（知）古以（始），是谓道纪。

第五十八章（王弼本第 15 章）

●古之为士者，微眇（妙）玄达，深不可识。夫唯不可识，故强为之颂曰：就（犹〈豫〉）虖（乎）其如冬涉水，犹虖（乎）其如畏四邻，严（俨）虖（乎）其如客，涣虖（乎）其如冰之泽（释），枕（敦）虖（乎）其如朴，沌虖（乎）其如浊，广（旷）虖（乎）其如浴（谷）。孰能浊以静之徐清？孰能安以动之徐生？抱此道者不欲盈，夫唯不盈，是以能敝不成。

第五十九章（王弼本第 16 章）

●至（致）虚极，积正督。万物并作，吾以观其复。天物云云（芸芸），各复归其根。［归根］曰静，静曰复命。复命，常也；智（知）常，明也。不知常，忘（妄）作，凶。智（知）常{曰}容，容乃公，公乃王，王乃天，天乃道，道乃久，没而不殆。

第六十章（王弼本第 17 章、18 章、19 章）

●大（太）上，下智（知）有之；其次，亲誉之；其次，畏之；其下，母（侮）之。信不足，安有不信。犹虖（乎）其贵言。成功遂事，百姓曰我自然。故大道废，安有仁义。{智惠（慧）出，安有大伪}；六亲不和，安有孝兹（慈）；国家捪（昏）乱，安有贞臣。绝圣弃智，民利百倍；绝民弃义，民复孝兹（慈）；绝巧弃利，盗贼无有。此参（三）言以为文未足，故令之有所属：见素抱朴，少私寡欲。

第六十一章（王弼本第 20 章）

●绝学无忧。唯与何（诃），其相去几何？美与恶，其相去何若？人之所畏，不可以不畏人。芒（恍）虖（乎），未央哉！众人熙熙（熙熙），若乡大（太）牢而菩（春）登台。我袙（泊）旖（兮）未佻（兆），若婴儿之未眩。縈旖（兮），台（似）无所归。众人皆有余，我蜀（独）遗（匮）。我愚人之心也，屯屯（沌沌）虖（乎）！猷（俗）人昭昭，我蜀（独）若昏；猷（俗）人计计（察察），我独昏昏。没（惚）旖（兮），其如晦；芒（恍）旖（兮），其无所止。众人皆有以，而我独抚（顽）以（似）鄙。我欲独异于人，而唯贵食母。

第六十二章（王弼本第21章）

●孔德之容，唯道是从。道之物，唯訨（恍）唯没（惚）。没（惚）旖（兮）訨（恍）旖（兮），其中有象旖（兮）；訨（恍）旖（兮）没（惚）旖（兮），其中有物旖（兮）。幽旖（兮）冥旖（兮），其中有请（精）旖（兮）。其请（精）甚真，其中有信。自今及古，其名不去，以说（阅）众父。吾何以知众父之然哉？以此。

第六十三章（王弼本第22章）

●曲则全，枉则正；洼则盈，敝则新；少则得，多则或（惑）。是以圣人执一以为天下牧。不自见，故明；不自视（是），故章（彰）；不自发（伐），故有功；弗矜，故长。夫唯无争，故天下莫能与之争。古之所谓曲全者，几语邪？诚全归之也。

第六十四章（王弼本第23章）

●希言自然。故剽（飘）风不终朝，趍（骤）雨不终日。孰为此？天地弗能久，而兄（况）于人虖（乎）？故从事而（于）道者同于道，得者同于德，失者同于失。故同于道者，道亦得之；同于失者，道亦失之。{信不足，安有不信}。

第六十五章（王弼本第24章）

●炊（企）者不立，自见者不明，自视（是）者不章（彰），自发（伐）者无功，矜者不长。其在道也，斜（余）食叕（赘）行，物或恶之，故有欲者弗居。

第六十六章（王弼本第 25 章）

●有物纶（昆）成，先天地生。肃（寂）觉（寥），独立而不孩（改），偏（遍）行而不殆，可以为天地母。吾不智（知）其名，其字曰道，吾强为之名曰大。大曰懲（逝），懲（逝）曰远，远曰反（返）。天大，地大，道大，王亦大。或（域）中有四大，而王居一焉。人瀍（法）地，地瀍（法）天，天瀍（法）道，道瀍（法）自然。

第六十七章（王弼本第 26 章）

●重为轻根，静为趮（躁）君。是以君子冬（终）日行而不远其辎重。唯有荣（营）馆，燕处超若。奈何万乘之王，而以身轻于天下？轻则失本，趮（躁）则失君。

第六十八章（王弼本第 27 章）

●善行者无弊（辙）迹，善言者无瑕适，善数者不用梼（梼）筴（策），善闭者无关键，不可启；善结者无绳约，不可解。故圣人恒善救人，而无弃人，物无弃财，是谓欲（袭）明。善人，善人之师也；不善人，善人之资也。不贵其师，不爱其资，唯（虽）智必大迷，此谓眇（妙）要。

第六十九章（王弼本第 28 章）

●智（知）其雄，守其雌，为天下谿。为天下谿，恒德不离，复归于婴儿。智（知）其白，守其辱（黬），为天下谷。为天下谷，恒德乃足，复归于朴。{智（知）其白，守其黑，为天下武〈式〉；为天下武〈式〉，恒德不貣（忒），复归于无极。}朴散则为成器，圣人用［之］则为官长。

第七十章（王弼本第 29 章）

●大制无眅（畍）。将欲取天下而为之，吾见其不得已！天下神器，非可为，为之者败之，执之者失之。物或行或随，或热或炊（吹），或强或撱〈挫〉，或怀（培）或隋（隳）。是以圣人去甚，去奢，去泰。

第七十一章（王弼本第 30 章）

●以道佐人主，不以兵强于天下，其事好寰（还）。师之所居，楚棘生之。善者果而已，不以取强。故果而毋矜，果而毋骄，果而毋发（伐），果而 {毋} 不得已。{物壮则老，谓之不道，不道蚤（早）已矣}。

第七十二章（王弼本第 31 章）

●夫隹（佳）美，不恙（祥）之器也，物或恶之，故有欲者弗居也。是以君子居则贵左，用兵则贵右。兵者，非君子之器也，不恙（祥）之器也，不得已而用之，恬（铦）偻（镂）为上，弗美；若美之，是乐之；乐之，是乐杀人；是乐杀人，不可以得志于天下。是以吉事上（尚）左，丧事上（尚）右；扁（偏）将军居左，上将军居右，言以丧礼居之。杀人众，则以悲哀立（莅）之；战胜，以丧礼居之。

第七十三章（王弼本第 32 章、33 章）

●道恒无名、朴。唯（虽）小，天下弗敢臣。侯王若能守之，万物将自宾。天地相合，以俞（降）甘露，民莫之令而自均安（焉）。始正有名，名亦既有，夫亦将智（知）止。智（知）止所以不殆。避（譬）道之在天下，犹小谷之与江海。故智（知）人者智，自智（知）者明。胜人者有力，自胜者强。智（知）足者富，强行者有志，不失其所者久，死而不亡者寿。

第七十四章（王弼本第 34 章）

●道泛旖（兮），其可左右。万物作而生弗辞，成功而弗名有，爱利万物而弗为主。故恒无欲矣，可名于小；万物归焉而弗为主，可名于大。是以圣人能成大也，以其不为大，故能成大。

第七十五章（王弼本第 35 章）

●埶（设）大象，天下往；往而不害，安平大（泰）。乐与饵，过客止。道之出言曰：淡旖（兮）其无味。视之不足见，听之不足闻，用之不可既也。

第七十六章（王弼本第 36 章）

●将欲欨（歙）之，必古（姑）张之；将欲弱之，必古（姑）强之；将欲废之，必古（姑）举之；将欲夺之，必古（姑）予之，是谓微明。柔弱胜强。鱼不可说（脱）于渊，国之利器不可以视（示）人。

第七十七章（王弼本第 37 章）

●道恒无为。侯王若能守之，万物将自化。化而欲作，吾将寘（镇）之以无名之朴。无名之朴，夫亦将不辱。不辱以静，天地将自正。

●凡二千三百三

附录三 《老子》身心修炼思想浅析

宋代李霖对《老子》一书"内则修心养命，外则治国安民"①的概括甚为精练，其中"修心养命"一语，很明确地指出了老子哲学思想工夫论性命兼修的特点。身和心乃是一体两面，并非两个各自分离的维度，具有交织融合的互摄属性。那种认为《老子》是修炼气功之书，或是认为老子根本没有涉及生命炼养实践的观点，都是失之片面的。②《老子》第十三章"贵以身为天下，若可以托天下，爱以身为天下，若可以寄天下"表明，"君人南面之术"固然是《老子》一书的核心关切，但老子思想体系显然也包蕴了身心安顿方面的内容，是否重视身心修炼是王侯具备为政治国资格的重要前提。本文首先通过另一部道家典籍《阴符经》和《老子》在身心修炼思想方面的比较，来探讨这一问题。

其次，历代学者在给《老子》进行注释时，由于养生、修德等身心修炼内容构成《老子》研究的重要方面，容易吸引为《老子》作注的文人、学者站在修行人的角度抒发己见，他们个人身心修炼方面的体验自然而然会在《老子》注释中得到体现。甚至有一些学者反客为主，不追求还原老子本意，以"《道德经》注我心"的方式，阐述其修行的自得之秘。本文第二部分内容是以宋元两代给《老子》作注的部分学者为研究对象，以他们给《老子》所作注释为主要研究材料，力图对宋元时期这些文人身心修炼思想做一个初步的考察。

---

① 李霖:《道德真经取善集》十二卷，任继愈主编《道藏提要》，中国社会科学出版社，1991，第513页。
② 吴文文:《北大汉简老子译注》，中华书局，2022，第47页。

一 《阴符经》与《老子》身心修炼思想之比较

《阴符经》全称《黄帝阴符经》,《新唐书·艺文志》归入道家类。王明认为:"《阴符经》文辞简朴,思精体大,可与《老子》《易传》相提并论。"[①]该书作者及成书年代存在争议,但因其内容深有哲理,受到历代文人关注和喜爱,注释者上百家。[②]作为一部道家色彩浓厚的典籍,《阴符经》在很多方面受到了《老子》的影响,但也有不少独特的思想。现从以下角度进一步探讨这两部道家经典在身心修炼思想上的异同。

(一)关于天地、人、万物之间的关系

《老子》认为人和宇宙间的万物都是一种玄同的存在。"天地不仁,以万物为刍狗",天地无仁爱等情感,它对待万物(包括人类)就像人们对待祭祀用的刍狗一样,仪式结束后即被丢弃。老子实质上完成了对"人"独特地位的消解,是对人类作为"万物之灵长、天地之精华"的否定。

和《老子》不同,《阴符经》认为人有着独一无二的超越于其他事物之上的"地位",人是天地之间具有灵性的存在,人心是宇宙的精神本质。《阴符经》说:"天性,人也。人心,机也。"人之于天,正如人心之于人,也就是说,宇宙的灵性聚焦在"人心",天、万物、人、人心显现为一种层级结构。并且在这一结构中,"人心"是可以牵一发而动全身的关键和机枢。所以《阴符经》说:"天地,万物之盗;万物,人之盗;人,万物之盗。"人在天地、宇宙中的作用被强调到一种无以复加的地步:"天发杀机,移星易宿。地发杀机,龙蛇起陆。人发杀机,天地反覆。"这段话大致可以理解为,人的潜能一旦被激发,并且善于运用个体貌似微不足道的力量形成"蝴蝶效应",可以促成宇宙机枢的启动和运转,从而形成巨大的连锁反应,显现出天翻地覆的威力。正因为人有如此之大的威力,所以天人互动、天与人的协调和交融才成为可能,故《阴符经》说:"天人合发,万化定基。"

这种张扬个体力量的思想,似乎和《老子》"人法地,地法天、天法

---

① 王明:《试论〈阴符经〉及其唯物主义思想》,《哲学研究》1962年第5期。

② 王宗昱:《从后代注释看〈黄帝阴符经〉的社会形象》,《宗教学研究》2013年第3期,第2页。

道，道法自然"等再三重申人对天地、天道的顺应和效法有所不同。然而归根到底，其所凸显的人心的妙用仍然是基于敬畏天道这一前提；面对天地自然，面对"勇于敢则杀，勇于不敢则活""天网恢恢，疏而不失"的天道，人要放下他们"人定胜天"的狂妄，永远保持其谦卑。《阴符经》说："立天之道，以定人也。"也就是说，《阴符经》和《老子》在人与天道的关系这一问题在立场上并不相悖，只不过更多地强调人可以在最大限度内借助、因应天道的威力。所以《阴符经》说："圣人知自然之道不可违，因而制之。"诸葛孔明"借"东风，其本质还是对天道规律的了如指掌和巧妙运用。总之，《阴符经》认为，这种天地、万物、人之间的相互制约、相互作用的关系，谓之"盗机"。能对这种关系进行运用，则"三盗既宜，三才既安"。

（二）绝利一源，用师十倍；三反昼夜，用师万倍

王明说："原来我国道家思想强调自然无为，往往抹杀人的主观能动性。如《淮南子·原道篇》说：'达于道者，不以人易天'；又说：'万物固以自然，圣人又何事焉。'这是消极听从自然的思想。"[1]相对《老子》等先秦道家经典，《阴符经》则更加鲜明地凸显了个体的主观能动性。那么，在天地、万物、人三才中，人如何实现其主观能动性呢？《阴符经》说："瞽者善听，聋者善视。绝利一源，用师十倍。三反昼夜，用师万倍。"《阴符经》作者观察到，生活中视觉障碍的人听觉往往特别敏锐；相反，听觉障碍的人往往视觉特别敏锐。由于外在原因，这些人"绝"除了部分感官通道，并因此获得屏蔽干扰、聚焦于一种感官感知的优势——"利一源"，从而"用师十倍"。并且，"瞽者"和"聋者"如果能聚精会神于一个目标，不分昼夜反反复复练习的话，他往往可以在此目标领域取得常人所不能达到的成就，也即"三反昼夜，用师万倍"。

（三）"机在目"：关于人心和外物的相互作用

《阴符经》说："心生于物死于物，机在目。"这里分两种情况讨论。

第一种情况是"心死于物"。"心死"是由于被外物所牵引，内在的

---

①　王明：《试论〈阴符经〉及其唯物主义思想》，《哲学研究》1962 年第 5 期。

灵明本体被外物所主宰遮蔽，其清静本性本体完全丧失，犹如昏死过去一般。而外物对人最具魅惑的力量往往是通过人的眼睛而发生作用，所以说"机在目"。这个"目"和《老子》第十二章"是以圣人为腹不为目"中的"目"类似，都是一个以局部代整体的符号。相对而言，《老子》第十二章则是"五色、五音、五味"等并举，认为沉迷于追求感官享受的极致会导致身心的双重损害，所以"圣人为腹不为目，故去彼取此"。这里，"腹"和"目"指代的是两种不同的生活方式和价值观。王弼注："为腹者，以物养己。为目者，以物役己。""腹"是一个"向内求"的符号，代表最简单也最素朴的需求；"目"是一个"向外求"的符号，代表外在的、让人眼花缭乱的诱惑以及因之而激起的浮华欲望。前面一种生活方式的妙处在于能较好地保持一种稳定、宁静的心境；后一种生活方式往往容易在对外在物欲的追逐中迷失自我心性，陷入迷惘、痛苦甚至导致内心狂乱。

第二种情况是"心生于物"。这句话可能和道家、道教一种观想内景的修行方式有关。比如宋代白玉蟾有一句诗"炼气忘形是金液，对景无心大还丹"。这句诗所描述的，即是修行者可以经由对内在清静之景象的观想，将内心中各种烦恼忧虑排挤而出并臻于空灵，使得内在心性本体如明月般破云而出，这一过程，谓之"心生于物"。这种情况，是《老子》等先秦典籍所未曾论及的，或许是东汉以来道家、道教修行者实践中总结出的新理论。

上述两种情况表明，无论是"心死于物"还是"心生于物"，都借由"眼睛"这一关窍得以达成，即"机在目"。

（四）关键用字的比较

"盗"字在《阴符经》中反复出现，是理解该书的一个关键字。而《老子》"玄德""玄牝""玄同""玄之又玄之"等，体现出对"玄"字的偏爱。两相比较，体现了书写者不同的风格。"盗"在古代大致可对应现代汉语的"偷"，有"不为人所知"或"神不知鬼不觉"这一类的含义。《阴符经》说："其盗机也，天下莫能见、莫能知。"又说："人知其神之神，不知其不神所以神也。"这两句话都强调这些潜藏规律为一般人所不易发觉，而有道者则应该洞察这些不为一般人所觉察的"盗机"，既能顺应天地，又能巧运其机，以达成"百骸理""万化安"的境界。

《老子》中的"玄"字在意义上与《阴符经》中的"盗"字不完全相同，但也有相通之处。"玄"字造字本义取象于从蚕茧中抽取细丝这一活动，蚕丝具有"细微、不易觉察"的特点，相应地，"玄"字也具有"细微""不易觉察"的意思。老子道学往往被也称为"玄学"，可见老子之"道"与"玄"字的内涵是可以相互印证的。比如，《老子》第三十二章"天地相合，以降甘露"中"甘露"的意象，是指道的运化和作用具有幽微而久远的特征，道以一种时时刻刻存在着的细微力量作用于宇宙间的每一个角落、作用于每一个事物，如同甘露普降天下，万物在不知不觉中受其滋润。正因为如此，道的作用"虽小，天下弗敢臣"。又如《老子》第七十三章"天网恢恢，疏而不漏"，意思是天道的威力和影响就像一张巨网，无声无息、无形无相，却又无所不在。

和书面语色彩浓厚的"玄"字相比，"盗"字更为直白，更口语化，更通俗易懂。由这个关键字的使用推测，作者可能是一个质朴少文，但却对道有真切体验的一个道家修行者。正如王明所说："作者大抵是北朝一个久经世变的隐者，对于天文历算，易老阴阳百家之学多所该涉，对历史事件以及当代事变亦能研综。他在兵荒马乱之中，度无名的隐居生涯。故他所著的书不露姓名。"[1]

《老子》第五十九章"治人事天莫若啬"之"啬"，"俭"为老子三宝之一，《阴符经》和"俭""啬"相对应的概念是一个"廉"字。但无论是"啬""俭"还是"廉"，都根源于内心的"清静"。先秦道家从本体论的角度论证了清静的重要性和其给人带来的益处。《老子》说："清静为天下正。"后世的《清净经》也说："人能常清静，天地悉皆归。"与上述两种经典有所不同，《阴符经》的表述十分独特："至静性廉。""性廉"这两个字的境界值得玩味。说明其素朴俭啬、少私寡欲已然成为一种习性，达到了相当稳定的状态。而"至静性廉"又表明，一个人内心清静达到了"至静"的高度，自然而然会选择"俭""啬""廉"。选择这几个字所代表的价值观和生活方式，几乎成为得清静真味者的一种本性。这样，《阴符经》把后天修行的习性养成和先天心性融合为一，将个体与天道融合为一，从而肯定了通过努力实现"用师万倍"奇迹的可能性。

---

① 王明：《试论〈阴符经〉及其唯物主义思想》，《哲学研究》1962 年第 5 期。

（五）都注重运用取"象"思维来说明阴阳辩证关系

王明曾经对两书进行了比较，他说："我觉得《老子》书里鲜明的部分是朴素辩证法，《阴符经》里突出的部分是朴素唯物论。"①但不可否认的是，《阴符经》中也有不少明显的朴素辩证法论述，比如"天之无恩而大恩生"，"天之至私，用之至公。禽之制在气。生者死之根，死者生之根。恩生于害，害生于恩"等。

《老子》和《阴符经》都注重运用"象"来阐述阴阳相冲相搏、矛盾双方对立又相互作用相互联系的道理。比如北大汉简《老子》第四十一章："天之道，犹张弓者也！高者抑之，下者举之，有余者损之，不足者补之。"意思是：天道岂不就像给弓安上弦并且调节弓弦的人一样吗？弦位高了，就往下压，弦位低了，就往上升；弓弦过长的，就截掉一些，弓弦过短的，便补足它。老子认识到天道作为一种无形的力量而存在，使万事万物保持一种动态的优美平衡。而人类社会失衡的状态，如同过松或过紧的弓，或是缺乏其应有的活力，或是处于崩裂危险的边缘。老子把天道比喻为"张弓者"，"弓"之象则是指代宇宙万物以及人类社会，用以论述天道辩证地维系宇宙万物以及人类社会动态平衡。相比较而言，《阴符经》中的"象"则体现于八卦、天干地支等抽象符号之中："八卦甲子，神机鬼藏。阴阳相胜之术，昭昭乎进乎象矣。"这些内容显然融合了后世一些阴阳五行学说，亦可作为佐证其撰写时代的证据。

二　宋元时期《老子》注释者身心修炼思想浅析

首先要明了的是，在《老子》注释中何以能窥知注释者的修行状况？前提是认可《老子》这一经典文本所能反映的哲学思想具有客观确定性。劳思光说："倘若我们进行对事实世界的认知活动，而并不能认定任何客观的确定性，则我们所谓的知识将全变为个人的心理活动的状态；我们将不能作任何陈述了。"②而注释者对《老子》文本的释读，往往出于注释者个人的生活体验和修行实践。注释者研读《老子》时，其修行体验因为与《老

---

① 王明：《试论〈阴符经〉及其唯物主义思想》，《哲学研究》1962 年第 5 期。

② 劳思光：《序》，载刘笑敢《老子古今》（修订版），中国社会科学出版社，2006。

子》文本共鸣而被唤醒，并由此产生了在注释中与他人分享其体验的愿望，由此，我们可以捕捉这些注释中闪现的身心修炼思想光芒。

我们选择了宋元两代给《老子》作注的 5 位学者为研究对象，以他们给《老子》所作的注释为主要研究材料，力图对宋元时期这些文人身心修炼思想做一个初步的考察。

（一）北宋宋鸾《道德经篇章玄颂》①

1. 宋鸾《道德经篇章玄颂》的特点

宋鸾是北宋时期的一名官员，据《道德经篇章玄颂》，其官职是"新授鄆州防御判官将仕郎试大理司直兼监察御史"。《道德经篇章玄颂》是一本形式较为独特的《道德经》注释著作，他将《道德经》八十一章每一章的大意和主旨用一首七律加以叙述、概括，同时也以注的方式对诗句中的典故和主题作进一步的说明。他在该书前言中说：

> 伏闻淳朴之性本乎自然，机智之源生于习作。乃知结绳阐化，可
> 行于太古之时。……因敢强味道经，辄编巴唱，随其篇目，咏其指归。
> 或一句以分吟，或全章而纪事。虽非骚雅，但慕玄虚，唯剖丹心，上
> 尘洞鉴。

宋鸾的注释中，带有一定的佛教思想影响的痕迹。比如把《老子》第五十五章中"毒虫不螫，猛兽不据，攫鸟不搏"附会为"贪嗔痴三毒"，"毒虫喻嗔，猛兽喻痴，攫鸟喻贪。绝此三毒，故不为其所伤"。

又如第五十二章："密用修行挫六根，竟无危殆保终身。"并注云："若开张六根，矜其视听以济其爱悦之事，则常有祸患，故终身不救。若挫其六根，则终身必无危殆之事。"

在"六根"中，宋鸾认为最难克制的就是"口"，主张节食、少言，"口在人身，为患最大，是非生焉，滋味攻焉。眼耳鼻之门，若不为嗜欲所牵，则终身无动劳之患"。

---

① 宋鸾：《道德经篇章玄颂》，《正统道藏》洞神部赞颂类，天津古籍出版社，1987。下文中引用此书时，只说明引文在该书中所在章次。

2. 从《道德经篇章玄颂》看宋鸾的修行

（1）宋鸾强调修行需"除情去欲"

他对《老子》经文的阐释，很多都围绕此思想。比如将"自胜者强"解释为"人能自胜，除去情欲，则天下无有与己争者，故为强"。将"大制不割"解释为"以大道制御天下，无所伤割。治身则以大道制御情欲，不害精神"。将"为道日损"解释为减损情欲："若能日损无情欲，方悟有为劳我形。"

围绕这一主题，宋鸾对《老子》第三十六章"将欲翕之，必固张之"进行了较为新颖的解释，主张不妨让修行者放纵其贪欲，使之体会这种放纵带来的困苦，从而使人能切实遵从收敛情欲这一修行方式："故将歙敛众生情欲，则先开张极其侈心，令自困于爱欲，则当歙然。"

宋鸾认为人若能除情去欲，恬淡自得，则无须遁迹山林而修行，他说："舍欲全真宗澹泊，不居岩谷自逍遥。"（第十二章）"了悟玄机不下堂，须知心是白云乡。"（第二十七章）他认为修行不假外求，反对烧金炼药等方术。"方圆用智修行处，全胜秦皇驾海求。"（第八章）"烧金炼药世皆惑，涉水登山人自忙。"（第二十七章）

作为北宋官员，宋鸾主张积极入世，"治国阴功功最大，却胜金鼎炼丹砂"（第三十八章），并注道："羲皇画卦以兴文，轩辕悬镜以静乱。陶尧垂衣，虞舜舞羽，大禹治水，成汤开网，咸有治世大功，政生民于化寿之域。岂炼丹独善，可齐其道德乎。"

（2）天人物同构

《老子》第五章"天地之间，其犹橐籥乎？虚而不屈，动而愈出"中的橐籥，通常理解为古人用于冶炼金属的风箱。[①]橐籥（风箱）对老子而言，是用来阐明"道"的一个很形象的"教学道具"。它可以很好地演示这么一个道理：我们原本以为是空无一物的"虚"，其实是绵绵不绝、生生不息的"有"，并且此"虚"与"动"有着密切的相关性，也即"动而愈出"。万事万物，只不过是运动着的虚空、是"真空的波动"。宋鸾认

---

① 如吴澄曰："橐籥，冶铸所用，嘘风炽火之器也。为函以周罩于外者，橐也。为辖以鼓于内者，籥也。"见（元）吴澄注，黄曙辉点校《道德真经吴澄注》，华东师范大学出版社，2010，第19页。

为天地之间犹如中空的橐龠①,同时人身修行也可遵循这一橐龠模式②。他在第五章的注释中引用了《河上公章句》的阐释来说明:"天地之间空虚,弘气流行,故万物自生。人能除情欲,节滋味,清五藏,即神明居之。"③在宋鸾看来,宇宙、人体和《道德经》中的橐龠,有着类似的结构和运行机制,因此人修行应当效法橐龠这一天地(宇宙)运作模式。三者的共同性见下表:

	结构	运作方式	效应
道	冲(虚空)	冲而用之,又弗盈	其用不穷
橐钥	中空	虚而不屈(竭)	动而愈出
宇宙(天地之间)	空虚	天地之间空虚,弘气流行	万物自生
人体	空	除情欲、清五藏、节滋味	神明居之

(3)借助琴等事物来说明修身、治国以"静正"为宗

宋鸾在《道德经篇章玄颂篇》中,反复提到琴、月、鹤等意象,以琴为例:

> 不染是非潜养素,暗嗟贪欲静调琴。(第十一章)
> 有虞演政调琴后,草木咸苏煦姬风。(第三十四章)
> 水还沧海垂衣日,琴引熏风煦物年。(第五十四章)

尤其值得注意的是第六十章:"月助鸣琴调永夜,雨笼圆沼湛高秋。"在此章的注中,宋鸾清晰解释了诗中"琴"的寓意:"此章立意,当以至治静正为宗。今以琴谕守正,秋谕澄静,取事证理。"宋鸾明白无误地指出,他是用"琴"这一表征来指代"守住心神,正心虔敬"的修行状态。陈进国在《古琴与修行》一文中提到:"琴心即道心,琴道即丹道。学琴与修道,

---

① 奚侗《老子集解》也作此解:"天地之生万物,以元气相鼓荡,如橐龠然。"
② 江陵张家山汉简《引书》中引用了《老子》这一段文字来说明养身的道理:"治身欲与天地相求,犹橐龠也,虚而不屈,动而愈出,……此利身之道也。"见张家山二四七号汉墓竹简整理小组编《张家山汉墓竹简(二四七号墓)》,文物出版社,2001,第299页。
③ (汉)河上公章句,王卡点校《老子道德经河上公章句》,中华书局,1993,第18页。

理无二致，关键都是守住精气与心神，性命双修，以道为宗。"① 这一论点和上述宋鸾的诗、注解，是可以相互印证的。

（二）北宋陈景元及其《道德真经藏室纂微篇》②

1. 陈景元《道德真经藏室纂微篇》的特点

陈景元（1024~1094），北宋道士，字太初，号碧虚子，建昌南城（今属江西）人。"少有方外志，年十八，从道士张无梦学，得《老》《庄》微旨。……北宋神宗熙宁五年（1072），进所注《道德经》，御札批降云：'剖玄析微，贯穿百氏，厥旨详备，诚可取也。'遂命为右街都监同签书教门公事，累迁右街副道录。"③

《道德真经藏室纂微篇》和其他批注相比较，一个突出特点是认为《老子》八十一章的先后排列有内在的义理联系，并且对这种排列的逻辑关系进行了说明。

《道德真经藏室纂微篇》还包含了较为详细的校勘方面的内容。该书广搜各版本，如王弼本、严遵本、河上公本、开元御注本、傅奕本、皇甫谧本等，对各版本进行比较，定其优劣。他还参照一些先秦典籍中的引文开展校勘工作，如第十三章注："今取《庄子·在宥篇》所引为定，王弼本次之，注解辅嗣、希声为优，疑开元御本校勘时以别本增损，有失古意。"

《道德真经藏室纂微篇》具有丰富的训诂方面的内容。陈景元对《老子》经文中的字、词进行了语言文字学方面的训诂考证，并参考多家批注，尤其推崇严君平的注释；他对《老子》《庄子》等文本烂熟于心，所以能以老解老，前后呼应，又能以庄释老。有些章节罗列各家解释，让读者自己判断；有些章节则评判优劣，给出自己的解释。

作为一个道士，陈景元虽然不排斥佛学思想，但在给道家经典作注时，能注意不将佛教思想掺杂到《老子》经文的释读中来。比如他在第十三章注释"及吾无身，吾有何患"时，将"无身"解释为庄子所说的"坐忘"，反对用佛学思想中的"灭坏空寂"来解释："无者忘也，外也。或以无身为灭坏空寂者，失老氏之宗旨矣。"

① 陈进国：《古琴与修行——以宋代白玉蟾的诗文为例》，《文化遗产》2016 年第 2 期。
② （宋）陈景元：《道德真经藏室纂微篇》，张永路校注，华夏出版社，2016。
③ 卿希泰：《陈景元》，《宗教学研究》1983 年第 2 期。

陈景元一方面认可道为世界本原，同时又以老子之道统摄儒家"仁义礼智信"，认为这些范畴皆为"道之用"，由此将儒道思想结合在一起，构成一个相对完整的哲学体系。就这一点而言，朱熹所构建的理学体系，在陈景元这里已经开始发端，当然，朱熹在融合儒道方面做得更为隐蔽、完备和精妙。

近人蒙文通认为："陈景元之学渊源于陈抟，后人每叹陈抟之学仅于象数图书，读陈景元老子注，而后知二程所论者，景元书中已有之，足见二程之学与景元渊源之相关。"[①] 这也肯定了陈景元对宋代理学的形成和发展有一定影响。

2. 从《道德真经藏室纂微篇》看陈景元的修行

（1）崇尚虚静之道

陈景元主张养生需清静澹泊，凝神守中，不为外物所诱。河上公《章句》："谷音育，训养也。"陈景元赞成河上公注将"谷神"解释为"养神"，认为人能养神则不死。那么如何养神呢？陈景元认为："人能清静虚空，以养其神，不为诸欲所染，使形完神全，故不死也。若触情耽滞，为诸境所乱，使形残神去，何道之可存哉。"（第十四章）他还进一步解释说："且无者有之本，静者躁之君，动之极也，必归乎静，有之穷也，必复乎无。草木之根重，静处下，则长生。花叶轻，动居上，则凋落。物尚如斯，何况人乎。故圣人举喻，使民息爱欲之心，归乎虚静之本，则可以复其性命之原矣。性命之原，即杳然冥然，视不见而听不闻者也。此唯明哲之自悟尔。能悟之者，则行住坐卧不离乎虚静寂寞，而应变不迁，是得常道，而复命者也。"（第二十六章）陈景元所崇尚的虚静，是要在日常生活的行住坐卧中一以贯之的。

（2）炼形

"炼形则呼吸太和，导接血气，饮难终之泉，咀延年之草，使其支节宣畅而不勤劳，此方可与天地同根，众妙共门也。"可见，陈景元认为，在形的层面进行修炼主要包括以下三个方面。第一，呼吸作用和人的血气运行直接相关；第二，难终之泉、延年之草等外在的水、食物对保持身体的活力有着重要作用；第三，不可劳形过极。

---

① 蒙文通：《道书辑校十种》，巴蜀书社，2001，第 48 页。

（3）修行以畏为本

陈景元主张修行以畏为本，畏道、畏天，畏小恶而不为；身死而道不亡。他在注释第七十二章"民不畏威，则大威至矣"时说："夫世俗不畏天威国威，则大威至矣。大威谓死兆也。君子畏天命，畏大人，畏圣人之言。夫人立身，以畏为本，若以小恶为无伤而不畏，积之盈贯，以致乎大威至而不可逃也。"

"无狎其所居"解释为"言畏慎之人，凡居处当择善邻，无习恶友，清净自守，卑退自持，灾祸莫干，形全神王，斯畏慎之深也"。

对于死亡，陈景元认为修行人应该"畏死"且"不畏死"。"畏死"所以应养生修德："养生谨慎之人畏天死而修德也。""不畏死"则是因为"达者得其常理而不畏死"（第七十四章），"生死得常，则何畏之有"。达观的人认为生死乃自然常理，死亡是道实现"以万物为刍狗"的体现，因此也无须过于恐惧，安时处顺即可，而遵道而行，就能实现生命意义上的长久和永恒，如他在第三十三章注所说的："动而不失其常，故可久；身死而道不亡，故谓之寿。"

（三）南宋叶梦得及其《老子解》[①]

叶梦得（1077—1148），字少蕴，宋代词人，苏州吴县人。绍圣四年（1097）登进士第，历任翰林学士、户部尚书等官职。"叶梦得身历五朝，出仕四朝，被四库馆臣称为'南北宋间之巨擘'，有着广泛的政治与文化影响。"[②] 叶梦得《老子解》二卷，宋陈振孙《直斋书录解题》存目，后散佚，其后裔清代叶德辉从宋代彭耜《道德经集注》等书籍中辑佚而成。从叶梦得《老子解》考察其修行如下。

1. 为我所用，融通儒释道

叶梦得生活旨趣丰富，交游广泛，现据文字可考的就有160多人，有官场之交、诗词之交，也有释梵隆、释宗义、光上人、僧道渊、慧觉道人、常悟道人、才上人、吴自然等方外之人。[③] 叶氏思想视域开阔，在解释《老

① （宋）叶梦得：《老子解》，严灵峰编《无求备斋老子集成》，台北艺文印书馆影印本，1965。下文中引用此书时，只说明引文在该书中所在章次。
② 潘殊闲：《叶梦得交游考》，《湘南学院学报》2007年第1期。
③ 潘殊闲：《叶梦得交游考》，《湘南学院学报》2007年第1期。

子》时，往往不拘泥儒释道之间的界限，以佛释道，以儒解道。首先，《老子解》具有很深的佛学思想印迹。如第一章即采用佛学中的"色空说"来解释"无名天地之始，有名万物之母"（校定后应如帛书本作"无名万物之始，有名万物之母"），将无名理解为"无"（空），将有名理解为"有"（色）。基于这一理解，修行人（圣人为修行有成者）不但能"超乎有无之外"，具备一种站在道的高度玄览万物，"以道观之，物无贵贱"的大格局、大视野，而且能"游乎有无之间"，能在观览万物时，在"有"和"无"、"色"和"空"这两个角度灵活切换的自由心灵。

又如，第三十三章用"见性"这一佛学境界来解释《老子》"自知者明"：

> 自知者见性，知人者未必能见性，为智而已。智者有别乎外也。故见性而后为明，明则无所不照也。

在第五十章，叶梦得用佛学思想批评老子"以有身为大患"：

> 十有三，四支九窍是也。老氏盖尝以有身为大患矣，而昧者不察。累于有身之患，皆无能外此十有三物之间。使能知其非我有，则超然乃立乎形骸之外。

其次，叶梦得善于用儒家经典解读《老子》。他多次采用《论语》中描写孔子生活状态的片段来说明《老子》中有道之士的境界。又如，在《老子》第三章注中，采用《孟子》中"养心莫善于寡欲"来说明"不见可欲，使心不乱"，甚为贴切。老子也谈"寡欲"，主张"见素抱朴，少私寡欲"。叶梦得将儒家君子阶层的修行主张和标准，作为一种爱民治国的手段，糅合、应用于道家治理百姓的理念当中，隐含了一种修行大众化、平民化的主张。在第六十二章注中，他也强调了这一点："夫妇之愚，未有求道而不得一有闻焉。"

2."静"与信仰

叶梦得《老子解》对"静"的解释是别开生面的。在第三十七章道常无名章"不欲以静，天下将自正"的注释中，叶梦得将"静"理解为修行人悟道且有了信仰皈依之后才能达到的人生状态："静者，尽性而至命者也。

夫然,天下不期而自正矣。"个体达到这种状态,自然清静安宁;天下人都有了信仰皈依,尽性而知命,则天下自然清静安宁。"各安其性命之情,是以谓之大顺。"(第六十五章)

叶梦得主张以"道"为信仰和皈依,他在第三十三章注中说:"人之所安,莫大于道。《易》曰:'艮其止,止其所也。'所犹有在,道变通不穷,则无所不在。随所在而安之,孰不可为久者。所谓'道乃久'也。"

每个个体都在追寻人生意义和价值,在这一过程中,常人内心易陷于浮躁,最根本的原因是缺乏信仰皈依。因此,叶梦得对"静"的理解,在当下具有一定的现实意义。

(四)苏辙及其《道德真经注》[①]

苏辙(1039~1112),历经仁宗、英宗、神宗、哲宗、徽宗五朝,与父洵、兄轼以"三苏"之号名世。年十九,与兄同登士第。其著作除《栾城》四集共九十六卷,代表其文学成就外,尚有《诗集传》二十卷、《春秋集解》十二卷、《古史》六十卷、《龙川略志》十卷、《龙川别志》二卷、《道德真经注》二卷、《论语拾遗》一卷、《孟子解》一卷等著作。

苏辙于三教皆通,李冬梅认为:"由于苏辙'以父兄为师',父兄的学术思想必然影响到他,苏洵、苏轼的学术思想就体现了三教合一的特色,苏辙自然不会例外。他的启蒙教育是以儒家思想为骨干,而后因养生而有道家的钻研,在其仕途困顿,屡遭贬斥的挫败中,为疗伤以调适心态,又与佛学名家交往频繁,于是乎于儒、于道、于佛,三教皆通。"[②]从苏辙及其《道德真经注》考察其修行如下。

1. 凝神、调息

在第十章注释中,苏辙以"性定神凝",也即"凝神"、不可劳神过极为修身方法:

> 圣人性定而神凝,不为物迁,虽以魄为舍,而神所欲行,魄无不从。则神常载魄矣。众人以物役性,神昏而不治,则神听于魄,耳目

---

① (宋)苏辙:《道德真经注》,严灵峰编《无求备斋老子集成》,台北艺文印书馆影印本,1965。下文引用此书时,只说明引文在该书所在章次。
② 李冬梅:《苏辙研究综述》,《许昌师专学报》2002 年第 3 期。

困以声色，鼻口劳以臭味，魄所欲行而神从之，则魄常载神矣。故教之以抱神载魄，使两者不相离，此固圣人所以修身之要。至于古之真人，深根固蒂，长生久视，其道亦由是也。

苏辙在此章注中还谈及调息的养生方式："婴儿不知好恶，是以性全；性全而气微，气微而体柔。抟气致柔，能如婴儿，极矣。"我们揣测，苏辙用"气微"这个词来解释人身体"柔"状态下的内在原因，是否苏辙在实践调息这一养生体验时，感受到呼吸深长、细微从而使身体柔软呢？

2. 复性

苏辙《道德真经注》的一个显著特点是援佛入道，在各章的注释中反复论述"性"也即"佛性"，如第十章解释"明白四达，能无知乎"时，认为：

夫镜之于物，来而应之则已矣，又安得知应物者乎？本则无有，而以意加之，此妄之源也。

又如第十二章：

视色听音尝味，其本皆出于性。方其有性而未有物也，至矣。及目缘五色，耳缘五音，口缘五味，夺于所缘而忘其本，则虽见而实盲，虽闻而实聋，虽尝而实爽也。

以及第十三章注：

性之于人，生不能加，死不能损，其大可以充塞天地，其精可以蹈水火，入金石，凡物莫能患也。……爱身之情笃，而物始能患之矣。生死疾病之变，攻之于内，宠辱得失之交撄之于外，未有一物而非患也。夫唯达人知性之无坏而身之非实，忽然忘身而天下之患尽去，然后可以涉世而无累矣。

苏辙用佛学思想重新阐释《老子》，主张佛性永恒，性之无坏，身之非宝，这已经远远偏离了《老子》一书以道为世界本原（改为佛性）、贵身（改为性之无坏，身之非宝）等思想。

他在解释《老子》第三十三章"自胜者强"时借用儒家"克己复礼"的说法，宣扬"克己复性"："克己复性，则非力之所及，故可谓强矣。"

由上述注释可知，苏辙认为体会、回复到本原之"性"，是人生修行最重要的任务和终极追求。

（五）元代吴澄及其《道德真经注》

吴澄（1249~1333），字幼清，号草庐，抚州崇仁（今属江西）人，元代理学的重要代表人物，与许衡齐名，有"南吴北许"之称。

1. 吴澄《道德真经注》的宇宙观：道、德、气三个层次

他的《道德真经注》对宇宙的看法大致可以分为三个层次：道、德、气。首先，道是宇宙本原；其次，德是虚无之"道"所演化而产生的第一阶段，这一阶段也即"道"得以化生出万事万物的初始形态。吴澄在第十八章云："德自道中出，而道则无也。德者道所为物，而似无似有，不可得而见，故曰'恍惚'。"① 作为构成万事万物的初始状态，"德"既无限小，又是一种实有；既有"无"的特性，又有"有"的客观存在。"似有似无"，是处于"无"和"有"的过渡阶段。

他在第十三章注云：

> 德者，其源出于道，其流溥于万物，故曰"执古之道，以御今之有"。古始者，道也，谓古先天地之所始也。道纪者，德也，谓道散为德，如理丝之缕，有条而不紊也。能知此道，则知此德，为道之纪也。

能认识和体验"德"这一古始状态，也就抓住了道的枢纽。由此，"道、德、物、象、精、信"这些范畴在吴澄的《道德真经注》中得以连贯：道生成德，德为物、象之精，物、象真实有信，在于其中有德，而德之中又有至实之道存焉。

---

① （元）吴澄注，黄曙辉点校《道德真经吴澄注》，华东师范大学出版社，2010，第27页。

"德"不但上承"道",还下启"气",是吴澄宇宙观的一个承上启下的阶段。吴澄将《老子》一书中的重要范畴"德"解释为"所得于天之冲气",也是"万物身形之母"。(第五十章)"保守身形由于积德","保有身形者,以能保有身形之母也,故可长久","深根固蒂,形之留气;长生久视,形之留气也"。(第五十九章)

2. 从《道德真经注》看吴澄的修行主张

涉及养生修德治国等修行,在具体操作上是在"德"的下一层面"气"而展开的。

(1)养气:存神、调息

吴澄说:"凡气用之逸,则有养而日增;用之勤,则有损而日耗,言神常存于中则气不消耗也。"①不消耗气的方式包括两方面。一是存神于中。虽然吴澄认为"神栖于目",但存神的方式不仅仅限于一般闭目养神,还包括基于"妄见尽灭""目虽有见而心境两忘"等认识的高度上不为外界所牵引,凝神于中。二是调息。吴澄将"塞其兑,闭其门"解释为不言、调息,并叙述了调息的大致步骤:

> 塞其兑,谓杜口不言,使气不自口出。门者,气所出入之门,谓鼻也。先塞兑而后可闭门,由不言而渐调息减息以至无息也,如此则气专于内,终身不因劳而致耗矣。②

吴澄修身的一些观点集中体现在《道德真经注》第九章(相当于王弼本第十章)注:

> 专气于内,薰蒸肌骨,极其软脆,如母腹之婴儿,此出世之人能存气者也。
> 神栖于目,目有所见,则神驰于外,闭目藏视,黑暗为玄,虽玄之中犹有所览,是犹有疵也。玄中所览,亦并涤除,妄见尽灭,然后无疵,此出世之人能存神者也。(闭目存神)

---

① (元)吴澄注,黄曙辉点校《道德真经吴澄注》,华东师范大学出版社,2010,第9页。
② (元)吴澄注,黄曙辉点校《道德真经吴澄注》,华东师范大学出版社,2010,第74页。

爱民治国，谓君国子民用仁用智，神用于外，未能交媾于内，然身虽有事，而清静自然，形不疲劳，所谓无为也。此住世之人能养形者也。（节劳养形）

天门开阖，谓鼻息呼吸有出有入，气分于外，未能专一于内，然鼻虽有息而调帖纯熟，气不粗猛，所谓为雌也。此住世之人能养气者也。（调息养气）

明白四达，谓目见光明，周视四向，目接于外，未能无览于内，然目虽有见而心境两忘，无所辨识，所谓无知也，此住世之人能养神者也。（齐物养神）

（2）养生修行的最高境界是"无以生为"的"太上真人"

九之外有其一，太上真人也。"摄"，犹"摄政"、"摄官"之"摄"，谓不认生为己有，若暂焉管摄之，以虚静为里，柔弱为表，块然如木石之无知，侗然如婴儿之无欲……盖其查滓消融，神气澹漠，如风如影，莫可执捉，无可死之质，纵有伤害之者，何从而伤害之哉？（第四十二章）

在吴澄看来，太上真人对生死抱有一种超然的态度，乃至于达到"一生死"的境界。这样才能不至于执着于生、过于畏惧死亡而"生生之厚"。

（六）从上述材料看宋元时期《老子》注释者的修行

作为"三玄"之一，《老子》的研读和探讨对一些才华横溢的学者而言本身就是一种智力游戏和挑战，宋鸾用诗歌的方式给《老子》作注使得这一智力游戏更是增加了一些文学趣味。上述给《老子》作注的文人，陈景元以学问渊博著称，苏辙、叶梦得分别在18岁、20岁中进士，理学家吴澄也是宋末元初名震天下的大学者。在给《老子》注释这一活动中，学者身份（大多是儒家学者）、道家经典以及当时的佛学思想风尚，使得上述5种《老子》注中或多或少具有儒释道思想融通的特征。这也给他们提供了丰富的思想资源、圆融无碍的思维训练、开阔宏大的哲学视野、兼容并包的人生格局和胸怀。

　　上述学者通过对《老子》以及其他经典的研读，对宇宙、个体与宇宙的关系等问题都有较为透彻的认识，因此也能较好地明确个体在宇宙中的位置，对自身如何修炼也都形成了相对常人而言十分理性、成熟且成系统的修行理论，并且大多数还具备了养身、修德、治国等方面的切身体验。他们大多数采纳了老子以"恒常之道"作为世界本原的观点（苏辙除外），赞成老子"少私寡欲、视素抱朴"等基本主张；他们对死亡、生命终极意义和永恒感的获得等问题都有自己的思考，并且给出了自己的答案。比如宋鸾认为养身、治国等修行实践可以实现生命长久："若治身全气，治国成功，必继赤松王乔，同朝绛阙。"陈景元虽然不主张修行可以成仙，但他认为"动而不失其常，故可久；身死而道不亡，故谓之寿"。在他看来，时时刻刻遵道而行，不离开道所要求的状态，如此可享天命所赋予的长久；身体死去，但与道融合、同道一体化，还可以实现生命意义层面上的永恒。叶梦得在《老子解》"清静为天下正"的解释中，通过赋予"静"令人耳目一新的内涵，强调了信仰皈依对人生、对国家长治久安的重要意义；他所主张的信仰对象"道"，事实上融合了《老子》之道和儒家之道，包含了世界本原之道和儒家的伦理体系。这和陈景元在《纂微篇》中所点明的恒常之道作为道之体、仁义礼智信作为道之用是相呼应的。苏辙以"性"取代"道"作为世界的本原，在阐释中彻底地将老子思想佛学化，主张通过"复性"这一佛学修行路径实现永恒。元代吴澄主张在积极修行的同时，对生死问题持超然态度，这一主张或源自庄子"安时而处顺""一生死"的观点。

附录四　北大汉简《老子》研究论著目录

一　著作

［1］北京大学出土文献研究所编《北京大学藏西汉竹书（贰）》，上海古籍出版社，2012。

［2］汤漳平、王朝华:《〈老子〉译注》，中华书局，2014。

［3］陈剑:《〈老子〉译注》，上海古籍出版社，2016。

［4］北京大学出土文献研究所编《古简新知——西汉竹书〈老子〉与道家思想研究》，2017。

［5］王中江:《老子》，国家图书馆出版社，2017。

［6］〔日〕汤浅邦弘:《竹简学——中国古代思想的探究》，白雨田译，东方出版中心，2017。

［7］陈徽:《老子新校释译:以新近出土诸简、帛本为基础》，上海古籍出版社，2017。

［8］复旦大学出文献与古文字研究中心编《出土文献与古典学重建论集》，中西书局，2018。

［9］〔日〕池田知久:《问道——〈老子〉思想细读》，王启发、曹峰等译，广西师范大学出版社，2019。

［10］宁镇疆、赵争:《考证与释义——出土四古本〈老子〉综合研究》，中西书局，2019。

［11］陈徽:《老子今释今译》，上海古籍出版社，2019。

［12］李滨:《老子大学》，中国文史出版社，2019。

[13] 裘锡圭:《老子今研》,中西书局,2021。

[14] 罗志霖:《老子今注新解》,巴蜀书社,2021。

[15] 李开:《语言学和文史语言研究集稿(续集)》,凤凰出版社,2022。

[16] 吴文文:《北大汉简老子译注》,中华书局,2022。

[17] 谭宝刚:《北京大学藏西汉竹书〈老子〉研究》,上海古籍出版社,2023。

二　论文

(一)硕博士学位论文

[1] 张冬冬:《20世纪以来出土简牍(含帛书)年代学暨简牍书署制度研究》,吉林大学博士学位论文,2012年。

[2] 乔天一:《清代老学文献文本研究》,首都师范大学硕士学位论文,2013年。

[3] 李红薇:《北京大学藏西汉竹书集释及字表》,吉林大学硕士学位论文,2015年。

[4] 张世珍:《北大汉简〈老子〉异文研究》,河南大学硕士学位论文,2017年。

[5] 李桂玲:《北大简〈老子〉用字研究》,青岛大学硕士学位论文,2017年。

[6] 褚旭:《北大藏汉简〈仓颉篇〉书法研究》,中国美术学院硕士学位论文,2017年。

[7] 逯瑶:《〈北京大学藏西汉竹书(贰)、(叁)〉笔形变化研究》,河北师范大学硕士学位论文,2018年。

[8] 郭娜:《北京大学藏西汉竹书文学研究》,济南大学硕士学位论文,2018年。

[9] 高永康:《马王堆、北大〈老子〉书法比较研究》,南京艺术学院硕士学位论文,2019年。

[10] 朱雯欣:《汉代隶书形体演变研究》,青岛大学硕士学位论文,2020年。

[11] 李欣:《西汉简帛隶书形态研究 ——以〈老子〉为例》,苏州大学硕士学位论文,2020年。

（二）发表在刊物、报纸上的相关论文

［1］韩巍:《北京大学藏西汉竹书本〈老子〉的文献学价值》,《中国哲学史》 2010 年第 4 期。

［2］韩巍:《北大汉简〈老子〉简介》,《文物》2011 年第 6 期。

［3］刘洪涛:《北大藏西汉〈老子〉简识小》,《中国语文》2011 年第 5 期。

［4］曹峰:《〈老子〉首章与"名"相关问题的重新审视》,《哲学研究》2011 年第 4 期。

［5］王中江:《北大藏汉简〈老子〉的某些特征》,《哲学研究》2013 年第 5 期。

［6］王博:《西汉竹书〈老子〉与严遵〈老子指归〉》,《中国哲学史》2013 年第 3 期。

［7］曹峰:《"玄之又玄之"和"损之又损之"——北大汉简〈老子〉研究的一个问题》,《中国哲学史》2013 年第 3 期。

［8］李锐、邵泽慧:《北大汉简〈老子〉初研》,《中国哲学史》2013 年第 3 期。

［9］魏宜辉:《北大汉简〈老子〉异文校读五题》,《安徽大学学报（哲学社会科学版）》2013 年第 6 期。

［10］魏宜辉:《简帛〈老子〉校读札记》,《古典文献研究》2013 年第 7 期。

［11］虞万里:《由简帛〈老子〉重论其书之形成和篇章分合》,《中国文化》2013 年第 1 期。

［12］刘笑敢:《简帛本〈老子〉的思想与学术价值——以北大汉简为契机的新考察》,《国学学刊》2014 年第 2 期。

［13］王中江:《汉简〈老子〉中的"异文"和"义旨"示例及考辨》,《湖北大学学报（哲学社会科学版）》2014 年第 1 期。

［14］池田知久:《〈老子〉的形而上学与"自然"思想——以北大简为中心》,曹峰译,《文史哲》2014 年第 3 期。

［15］丁四新:《早期〈老子〉文本的演变、成型与定型——以出土简帛本为依据》,《中州学刊》2014 年第 10 期。

［16］丁四新:《论刘向本（通行本）〈老子〉篇章数的裁划依据》,《哲学研究》2014 年第 12 期。

［17］矢野千载：《北京大学藏西汉竹书〈老子〉的笔法与隶变初探》，《出土文献研究》2014年。

［18］白奚：《西汉竹简本〈老子〉首章"下德为之而无以为"考释》，《哲学研究》2015年第2期。

［19］崔晓姣：《"水善利万物而有争"——从北大汉简〈老子〉看〈老子〉第八章及〈老子〉文本的发展与演变》，《中国哲学史》2015年第1期。

［20］苏建洲：《北大简〈老子〉字词补正与相关问题讨论》，《中国文字》新41期，台北艺文印书馆，2015。

［21］吴文文：《北大汉简〈老子〉通假字及用韵研究》，《广西师范大学学报（哲学社会科学版）》2015年第4期。

［22］邢文：《北大〈老子〉辨伪》，《光明日报》2016年8月8日。

［23］李开：《关于北大简〈老子〉的辨伪》，《光明日报》2016年9月12日。

［24］邢文：《"辩证之美"与"散点透视"——北大简〈老子〉再辨伪》，《光明日报》2016年9月12日。

［25］姚小鸥：《由拼接与书法看真伪——与邢文先生商榷》，《光明日报》2016年12月12日。

［26］邢文：《技术书法学与简牍辨伪——答姚小鸥先生》，《光明日报》2016年12月19日。

［27］方勇：《谈北大藏汉简〈老子〉中的"或热或炊"》，《南开语言学刊》2016年第1期。

［28］徐莹：《从楚简本、帛书本、北大汉简本及今本看〈老子〉的编纂》，《文史哲》2016年第2期。

［29］崔立军：《读北大简〈老子·下经〉首章》，《管子学刊》2016年第3期。

［30］黄灵庚、李凤立：《北大藏汉简本〈老子〉札记》，《文献》2016年第4期。

［31］方勇：《谈北大藏汉简〈老子〉中的"或热或炊"》，《南开语言学刊》2016年第1期。

［32］李桂玲：《北大简〈老子〉假借字研究》，《国家教师科研基金管理办公室专题资料汇编》，2016。

［33］徐莹：《从楚简本、帛书本、北大汉简本及今本看〈老子〉的编纂》，

《文史哲》2016 年第 2 期。

[34] 任蜜林:《北大汉简〈老子〉"楅"字考释与思想探微》,《哲学动态》2017 年第 9 期。

[35] 宁镇疆:《汉简本"积正督"与〈老子〉十六章古义臆诂》,《出土文献》(第十辑),中西书局,2017。

[36] 廖名春、李程:《〈老子〉篇序的新解释》,《历史研究》2017 年第 6 期。

[37] 尹志华:《〈老子〉通行本分章问题再探讨》,《哲学研究》2017 年第 7 期。

[38] 吴文文:《汉简〈老子〉中"建言"是老子引用的典籍》,《简帛语言文字研究》(第九辑),巴蜀书社,2017。

[39] 白于蓝、王锦城:《今本〈老子〉第四十一章"大器晚成"新探》,《中国文字研究》2018 年第 2 期。

[40] 赵争:《从出土文献看汉代〈老子〉文本及流传》,《史林》2018 年第 6 期。

[41] 吴文文:《老子政治哲学思想体系的考察——基于北大汉简〈老子·上经〉首章的校释》,《广西师范大学学报(哲学社会科学版)》2018 年第 6 期。

[42] 丁四新:《"数"的哲学观念与早期〈老子〉文本的经典化——兼论通行本〈老子〉分章的来源》,《中山大学学报》2019 年第 3 期。

[43] 任蜜林:《论汉简〈老子〉对于认识〈老子〉王弼注本的意义》,《哲学研究》2019 年第 2 期。

[44] 夏世华:《〈老子〉"恍惚"考辨及释读》,《哲学研究》2019 年第 5 期。

[45] 谭宝刚:《汉简本〈老子〉"方而不割"四句章段归属考》,《荆楚学刊》2019 年第 2 期。

[46] 李开:《西汉竹书〈老子〉下经校勘考述》,华学诚主编《文献语言学》(第十辑),中华书局,2020。

[47] 甘影杰:《北大汉简〈老子〉研究综述》,《商丘师范学院学报》2020 年第 2 期。

[48] 袁永飞:《北大汉简〈老子〉载体、内容与思想述评》,《商丘师范学院学报》2020 年第 7 期。

[49] 吴文文:《从无名到无为——基于北大汉简〈老子·下经〉首尾两章的

校勘和释读》，方勇主编《诸子学刊》（第二十辑），上海古籍出版社，2020。

［50］吴文文：《从同源字角度探讨〈老子〉"大器晚成"等语句的释读》，《吉林师范大学学报（人文社会科学版）》2020年第3期。

［51］吴文文：《"玄"字造字理据的考察与〈老子〉中"玄"的内涵》，《中国文字学报》（第十辑），商务印书馆，2020。

［52］张薇、刘峻杉：《〈老子〉文本演变及其影响——基于教育史和课程开发的视角》，《教育学术月刊》2020年第2期。

［53］丁四新：《出土简帛四古本〈老子〉研究及其展望》，《国学学刊》2021年第1期。

［54］丁四新、王琼燕：《早期〈老子〉文本及其文义、思想变化》，《东岳论丛》2021年第9期。

［55］李若晖：《〈老子〉八十一章本早期形态探索》，《浙江大学学报（人文社会科学版）》2021年第6期。

［56］李锐：《老子〈道〉〈德〉篇历时研究》，《江淮论坛》2021年第5期。

［57］李锐：《〈老子〉第28、29章解读》，《中华文化论坛》2021年第1期。

［58］叶树勋：《老子"物"论探究——结合简帛〈老子〉的相关信息》，《中国哲学史》2021年第1期。

［59］叶树勋：《〈老子·德经〉首章的文本与义理问题——兼论老子哲学与周代思想传统的关系》，《四川大学学报（哲学社会科学版）》2021年第5期。

［60］杨栋：《〈淮南子〉引〈老子〉的文本特征及文献价值》，《老子学刊》（第十八辑），巴蜀书社，2021。

［61］吴文文：《〈老子指归〉和汉简〈老子〉的分章特征及其义理依据》，《老子学刊》（第十八辑），巴蜀书社，2021。

［62］黄悦：《读北大简〈老子〉札记六则》，《四川职业技术学院学报》2021年第2期。

［63］李若晖：《〈老子〉章数及其经典化》，《光明日报》2022年3月21日。

［64］吴文文：《汉简〈老子〉"道冲而用之又弗盈"等"弗"字相关语句的释读》，《老子学集刊》（第六辑），中国社会科学出版社，2022。

图书在版编目（CIP）数据

北大汉简老子研究 / 吴文文著 . -- 北京：社会科
学文献出版社，2024.8（2025.9 重印）. --（出土文献与中国文学研究
丛书）. -- ISBN 978-7-5228-3987-5

Ⅰ. B223.15

中国国家版本馆 CIP 数据核字第 20248BH967 号

出土文献与中国文学研究丛书

北大汉简老子研究

著　　者 / 吴文文

出 版 人 / 冀祥德
责任编辑 / 李建廷　王霄蛟
责任印制 / 岳　阳

出　　版 / 社会科学文献出版社·人文分社（010）59367215
　　　　　地址：北京市北三环中路甲29号院华龙大厦　邮编：100029
　　　　　网址：www. ssap. com. cn
发　　行 / 社会科学文献出版社（010）59367028
印　　装 / 北京盛通印刷股份有限公司

规　　格 / 开　本：787mm×1092mm　1/16
　　　　　印　张：14.5　字　数：234千字
版　　次 / 2024年8月第1版　2025年9月第2次印刷
书　　号 / ISBN 978-7-5228-3987-5
定　　价 / 98.00元

读者服务电话：4008918866